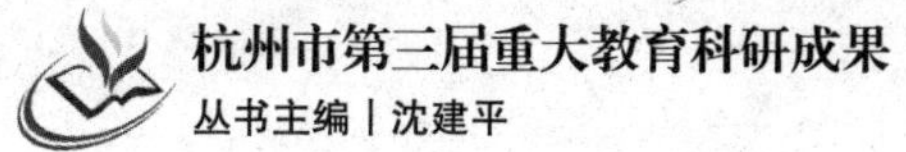

素养本位的时代课堂

SU YANG BEN WEI DE SHI DAI KE TANG

唐彩斌　王云英 / 编著

中国出版集团
现代出版社

杭州市第三届重大教育科研成果丛书

编委会名单

紧跟时代发展的课堂变革(序)

杭州市第三届教育科学重大研究项目“基于素养本位的时代SMART灵动课堂”之成果《素养本位的时代课堂》即将公开出版,这是杭州市时代小学第二次承担杭州市重大课题,这项成果也是该校课改系列成果之一。作为首批读者和了解时代课改的朋友,我感到特别欣喜,在此说几点感想以作序。

第一,时代在发展,学校课堂教学亟待根本性变革,需要每一位教师一点一滴做起,需要大家胸怀远大目标、集思广益不断去探索。杭州市时代小学紧跟时代发展,创办20年来,秉持“学得扎实·玩出名堂”的育人理念和学校文化内核,在“学玩相融、学玩一体”上下功夫,在课程、学习与教学等不同方面进行持续改革,取得了丰硕成果,赢得了社会的充分信任和赞誉。可以说,这样一个年轻的学校,没有光荣的历史,缺乏显摆的资本,唯有改革,唯有学习教育理论,唯有努力实践,才能开创局面,赢得先机,永立潮头。

第二,时代在发展,学校课堂教学必须在新理念指引下完善育人实践,在培养学生的核心素养上下真功夫。本项目研究将时代SMART灵动课堂概括为“人人爱思考,人人善表达,人人能实践,人人会合作”——“四个人人”,在此基础上形成一个总体框架,同时细化出课堂操作示例(如“人人爱思考”这一维度中又勾勒出“人人爱提问,人人善联系,人人会推理,人人勇批判”四个侧面),这样就确定了课堂教学变革的宗旨、对象、策略和具体路径。本书为读者展示了时代小学教师是如何在新教学理念指引下通过“四维课堂”完善育人实践的。我们不妨引用一段话予以体会:

教学内容不应该追求“超前、超标、超多”,而要追求“有意思、有意义、有

挑战”。知识掌握不在于记忆而在于理解,素养的发展不靠知识的再现,而是靠能力的迁移。长远看来,理想的学习不是看谁学得早、学得快,而是看谁学得久、学得深。做得多,并不意味着学得好。如果学生做题都在低层次水平上徘徊,不断重复操练,做得再多也只是个熟练的机械工;如果做的题目能让学生的思维活跃在高层次的水平上,哪怕做得不多,也能会思考,去迁移。

第三,时代在发展,学校课堂教学效能的评价方法需要有突破。“时代学子个个棒,个个棒得不一样。”本书从多元化评价理念、多维度评价体系和多样化评价实施三个方面予以总结,具体且有质有料地提供了小学三个学段不同学科的“四维”评价标准,四季课程的“四维”评价标准,档案袋评价、雷达图评价等做法,值得读者给予特别关注。

《素养本位的时代课堂》是一本有看头、可借鉴、能启发的课堂教学改革成果总结,在此特别向广大中小学教师推介。我们相信,杭州市时代小学会一如既往地在学校改革的道路上勇往直前,不断带给大家新的惊喜和发现。

盛群力

2020年10月于浙江大学

作者系浙江大学教育学院课程与学习科学系教授、博士生导师。

目 录

CONTENTS

第一章
绪　论

随着全球化、信息化时代的到来,人才的培养重心由知识本位转向重视核心素养。强调核心素养是培养能够自我实现与促进社会和谐发展的高素质国民与世界公民的基础。这已成为时代和社会发展的共识。

核心素养概念的演变和发展,与社会的进步、经济的发展以及教育改革的深化息息相关,是人类社会生产力与生产方式在教育领域内部发生系统变革的体现。从本质上说,关注核心素养就是关注“教育要培养什么样的人”的问题。

在学校教育中落实核心素养,实现“人人成才”的目标,需要经过复杂系统的多层次逐级转化。在以学科课程为主的现有课程体系中,只有将核心素养框架融入学校各个学段、各个学科的课程目标和教学目标,构建指向素养本位课堂的目标体系,才能实现对学生核心素养的培养。唯其如此,才能回应时代和社会发展的需求,实现教育系统的变革、教育教学范式的转变和素养本位课堂的构建。

第一节　人人成才：面向时代需求，实现范式转变

未来社会对人才的需求是什么？从《中华人民共和国职业分类大典》近5年来更新的新职业上可以窥见一斑，新增在列的有“区块链工程技术人员”“互联网营销师”“全媒体运营师”等。各种新职业不断出现，据2016年世界经济论坛的报告《未来的工作》所言：65%正在上小学的孩子最终会做一份现在甚至不存在的工作。我们不能预见未来的职业类型，但可以预见的是，随着科技发展和人工智能的广泛应用，单纯的体力劳动或机械操作职业将明显减少，逐步让位于综合性的、互动性的、创新性的工作。如果说工业时代需要培养以体力为中介的生产劳动者，那么信息时代则需要以脑力为中介的知识劳动者。这也就意味着在指向人人成才的现代社会中，教育系统的范式转变已成为时代的必然。

一、信息时代对教育范式的新需求

在以工业经济为主导的现代社会背景下，人才的培养是能力本位的，尚未全面考虑人的健全发展所需的情感、态度和价值观等。在以信息经济、低碳经济等经济形态为主导的当代社会背景下，为了适应快速变迁的多元化需求，人们对传统的能力、技能等概念内涵进行了扩展和升级，提出了同时包含知识、能力与态度的素养概念。从知识本位走向以智慧为特质的素养本位，尤其是以“学生为中心”、使学生“全面发展”的教育教学宗旨，都揭示了伴随着信息时代的到来，中国基础教育已迈入核心素养的新时代，也预示着传统教育范式在信息时代的新需求面前，必将迎来一场崭新的变革。

（一）系统改良与范式转变的区别

面对新时代社会需求的转变，基础教育领域已经做出改变。1999年，我国开启了课程改革的转型发展，通过新课改重构了课程典范、创新了课程理念、发展了课程体制、再生了课程文化。然而，1999年到2013年间的新课改带来的变化看似并不明显。从本质上说，这是因为教育范式还没有发生根本性转变。这可以从两个角度来理解：从整体来看，在课程目标和课程内容之外，课程实施和课程评价方面的改革没有完全跟上；从部分来看，还有学校在实践中尚未明晰符合时代需求的课程目标和课程内容，仍在延续旧有范式。

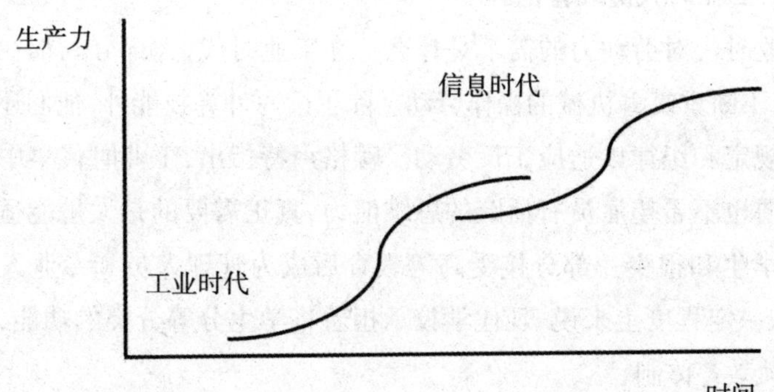

图1-1　教育系统中两种范式的S曲线

范式有一个共同的发展模式，即"S曲线"（见图1-1）。在范式发展的起始阶段，系统性能会远远低于它的潜在性能；随着积累发展，其性能会进入一段快速提升期；最后在接近上限时，发展速度又逐渐缓慢下来。[①]从图1-1可以看出，当工业时代的教育范式接近上限时，沿着单条S曲线发展的零散变革（Piecemeal Change）所推进的发展速度是极其有限的。要超越其上限，就必须发展另一个范式，即信息时代的新教育范式。当然，对于单个学校而言，可以通过零散变革的方式进行改善，比如替换高效的教师团队，但同时失去高效教师的学校会受到牵连，因此教育系统从整体上来说未必能得以

① [美]查尔斯·M.赖格卢特，詹妮弗·R.卡诺普. 重塑学校：吹响破冰的号角[M]. 方向译，盛群力校. 福州：福建教育出版社，2015.

提高。[①]显而易见,长期来看,与系统内部的部分改良相比,将教育资源用在范式转型上,才是我们该做的选择,也是一种历史必然。这不是一个教育范式是否会转变的问题,而是我们的社会对于这样的转变给予多大优先度的问题。教育范式转变是政策导向的问题,也是观念转变的问题,更是意识觉醒的问题。很多人并不清楚什么是教育范式的转变,也不知道信息时代需要什么样的教育范式,只是一味在工业时代教育范式中做改进。要想实现范式转变,我们必须弄清楚"我们在哪里"——工业时代教育范式的特点和弊端,"我们去哪里"——信息时代教育范式的本质以及"我们如何去"——范式转换的途径。

(二)工业时代的教育范式

工业时代对劳动力的需求是什么?在工业时代,大部分人都在流水线上工作,不断重复着机械的操作劳动。除了读写计算技能外,他们还需要学会遵守规定和纪律以适应工厂劳动。赖格卢特指出,工业时代早中期的雇主不需要也不希望雇员有活跃的思维能力,真正需要的是大量能适应工厂劳动的学生和很少一部分接受高等教育后成为管理人员和专业人员的学生。[②]从一定程度上来说,现代学校承担着将学生分等分类的功能,因而形成了双轨教育体制。

什么样的教育范式是适应工业时代需求的?当下我们力图改变的传统教育范式便是答案。传统的教育范式是以教师为中心,单向地向学生传递教科书上的知识,而学生则以记住这些知识为目的,来展开习得知识的活动。这类教学活动一般靠"分数"来持续支撑——知识越多,分数就越高,记忆者的学习成果是借助考试来测量的。[③]

这种应试教育很早就受到了教育舆论的讨伐。杜威指出:"在传统教室里,让学生活动的余地是非常少的。儿童能用以从事建造、创造和积累探究

① [美]查尔斯·M.赖格卢特,詹妮弗·R.卡诺普. 重塑学校:吹响破冰的号角[M]. 方向译,盛群力校. 福州:福建教育出版社,2015.

② [美]查尔斯·M.赖格卢特,詹妮弗·R.卡诺普. 重塑学校:吹响破冰的号角[M]. 方向译,盛群力校. 福州:福建教育出版社,2015.

③ 钟启泉. 课堂转型[M]. 上海:华东师范大学出版社,2018.

的工场、实验室、材料、工具甚至必要的空间大都是缺乏的……(这种教室)说明的另一件事就是,一切事情的安排是为了管理更多的学生……学生被看作是被动的。在这种环境中,不可能培养儿童的个性,也剥夺了儿童自主自发的活动。"[①]但在一定时期内由于社会需求的延续,教育系统内不需要也无法发生范式转变,直到工业时代教育范式的惯性大到难以转型。随着中国经济发展和义务教育的普及,教育竞争愈演愈烈,学生、家长和学校教师都倾注全部心力来让学生得高分。这就是为什么这种"被动学习"尽管受到舆论的抨击,特别是受到近20年来新课程改革实践的冲击,但仍然根深蒂固的深层原因。

(三)信息时代的范式转型

如果说现代学校教育以"双轨制"为其根本特征,那么当代学校教育改革的方向则是由两个基轴交叉而成的:一个是推进教育水准的维系与拓展的"均等化"水平轴,另一个是追求质量提升的"卓越性"垂直轴。教育双轨制已然完成了它的历史使命,它所强调的读写算技能是学生素养发展的基础,不能摒弃。在学校的课程与教学中,我们应当同样重视基础的、基本的知识"习得"和借助知识技能的"运用"培育思考力、判断力、表达力的教育方式。换句话说,学生不仅要知道"是什么"的知识,还要知道在现实的问题情境中"怎么用"。这是21世纪以来发达国家的教育目标中出现的新动向,是国际教育界对信息时代社会需求的回应——核心素养。我国把核心素养界定为:"学生在接受相应学段的教育过程中逐步形成起来的适应个人终身发展与社会发展的人格品质与关键能力"。这是顺应时代潮流的,也是我国课程发展的必然诉求。核心素养的界定是我国教育范式从"知识本位"向"素养本位"转型的信号。

素养本位的教育范式与传统的工业时代范式有什么区别?赖格卢特把两者之间的转变概括为从"关注分等"转向"聚焦学习",从达尔文的"适者生

① [美]杜威.学校与社会·明日之学校[M].赵祥麟,等译.北京:人民教育出版社,1994.

存”到更人道的“人人成才”，即发挥每个人的潜能。[①]这就意味着新的教学范式必须是满足学习者需要的，是量身定制的，是能促发思考理解的。范式转型的根本性标志在于让每一个学生成为学习的主权者，从知识的记忆者变为问题的思考者，从被动学习转为主动学习。这种“思考者”的学习是建构式的学习、有意义的学习。它是一种综合运用知识、技能、情感、态度等社会心理资源，通过解决复杂情境中各种问题而获得持久性能力改变的实践活动。有过这种有意义学习经历的学生，将成为一个“会行动”“会思考”“会协作”“会沟通”的人。

二、素养本位教学范式的核心理念

提出并完善“核心素养”概念，旨在推进教育教学改革。将核心素养从一套理论框架或育人目标体系，落实到具体的教育教学和社会活动中去，进而充分发挥其育人功能和教育价值，努力形成人人渴望成才、人人努力成才、人人皆可成才、人人尽展其才的良好局面，需要在中观层面的教学范式上有所创新。具体到一个学校，要实现基于素养本位的教学范式转变，不仅需要有一定的时代背景和政策支持，还需要秉持以下核心理念并加以践行。

（一）重在素养发展

核心素养是一个复杂的结构，其所涉及的内涵并非单一维度，而是多元维度，包括认知和实践技能、创造力以及态度、动机和价值观等其他社会心理资源。核心素养整合知识、技能与态度的特质有助于克服“知识本位”的弊端，进而走向“全人发展”[②]。同时，核心素养具有跨领域性，即超越学科边界的跨学科性。核心素养并不指向某一特定学科，核心素养的获得也不是一门单独的学科可以完成的，任何学科都对核心素养的发展具有共性与个性的贡献。每一门学科都有对人的核心素养发展的独特贡献和作用，又具有在学生身上体现和落实的独特教育价值，这便是“学科素养”。

核心素养不同于一般素养之处，在于它能带动或撬动其他素养的发

① [美]查尔斯·M.赖格卢特，詹妮弗·R.卡诺普.重塑学校：吹响破冰的号角[M].方向译，盛群力校.福州：福建教育出版社，2015.

② 唐彩斌.素养本位的时代课程[M].北京：现代出版社，2018.

展，对人的工作、学习和生活环境具有很强的适应性。正是在这个意义上，核心素养也被称为共同性素养、跨界素养等。此处的跨界不是说这些素养是不同学科之间的共同要素，而是指超越学科，可以用于其他社会场域和职业领域的素养。同时，学生发展核心素养具有发展性。这里所说的发展性，一方面体现在学生发展核心素养的连续性和阶段性；另一方面也体现在核心素养体系的构建必须尊重学生的身心发展规律，不能跨越，更不能颠倒。

在基础教育领域，“重在素养发展”突出表现为：学校对个体的评价不应过度着力于“选拔功能”，更应当关注“发展功能”。每一个人都有其各自的学习能力优势，应该给予充分的学习时间保证鼓励其发展潜能；至于每一个人需要共同发展的通用能力，则由学习者而非教师来决定相应的学习投入。每一个学习者是否要进入新的学习主题或选择新的能力应依据其是否达到了素养标准，而不是依据花费了多少学习时间来评判。传统的应试教育以甄选为目的，以考试作为评价方式，将分数等同于学业成就，采用的是重在横向比较的常模参照评估。在这样的教学范式中，时间是常量，学习是变量，在统一的学习时间内没有完成学习任务的学习者往往会进入一个恶性循环，逐渐丧失学习信心。

而在素养本位的教学范式下，评价模式从基于时间转变为基于素养发展。学生不再是简单地追赶学习进度时间表，而是在掌握了现有的课程内容之后，从容地进入下一阶段的学习。

例如，学校为了促进素养发展，可以借助个性化电子档案来追踪每个学习者的学习状态，用各种作品来呈现学生掌握主题的情况，并作为评判学习者“最近发展区”的重要基础；合理应用小范围的总结性评估来考查学生是否达到了某项能力标准，并结合个别化教学用以改进学生的学习；改革传统的报告单形式，以包含了显示学生已达到能力标准的成绩列表或图示呈现，让学生的能力或素养优势一目了然。

（二）扩展课程视界

传统的语、数、英、科等分科课程学习，是否能够自然而然地发展学生学科素养和核心素养？显然是不能的。学校课程必须从“知识本位”的课

程设计转向“素养本位”的课程设计。这无异于提出了学科知识系统改造的课题,也提出了平衡学科知识和跨学科知识的课题。要研究透这些课题,我们首先需要解决两个问题:一是梳理学科素养和核心素养的关系。核心素养是学习者面对真实的环境时能够解决问题的整体能力的表现,与学科素养之间不存在简单的条目对应关系;各门学科是核心素养得以实现的基础,但并不能机械地把核心素养等同于学科素养之和。二是厘清基于核心素养的学科教学面临的挑战——洞察“学科本质”(构成学科的核心概念或称大概念),把握“学科素养”(软化学科边界,实施跨学科整合),展开“学科实践”。

基于素养发展需要,不同的国家或国际组织在传统的学科之外引入跨学科主题作为补充。例如,欧盟核心素养框架所提出的八大核心素养中的前三个素养(母语交流、外语交流、数学素养与科技素养)与传统学校科目相连,指向“学科素养”。后五个素养(数字化素养、主动与创新意识、学会学习、社交和公民素养、文化意识与表达)在本质上是跨学科的。又有“批判性思维、创造力、主动性、解决问题、风险评估、决策和建设性管理”等跨学科主题在所有八个核心素养中发挥作用。又如在美国的《21世纪学习框架》中,与“21世纪技能”(核心素养)并列的是“核心学科”与“21世纪主题”。“核心学科”包括:英语、阅读或语言艺术、世界语言、艺术、数学、经济学、科学、地理、历史、政府与公民。在保留传统核心课程的基础上还增加了5个“21世纪主题”,包括全球意识,金融、经济、商业和创业素养,公民素养,健康素养和环境素养。

2020年8月26日,教育部在北京召开义务教育课程修订第二次全体会议。义务教育课程修订组近300位专家现场、在线参加了会议。教育部党组成员、副部长郑富芝指出,本次义务教育课程修订重在解决存在的问题,重在面向未来做好提升,使课标更好,要在更好上做文章、下功夫。一是政治站位更高,要以习近平新时代中国特色社会主义思想为指导,全面落实习近平总书记在全国教育大会上的讲话精神,从着眼培养时代新人的要求、立足应对当今世界复杂局面的挑战、针对疫情防控暴露出的问题、服务国家义务教育发展的战略等来修订课标。二是目标导向更强,要将党的教育方针转化为各门课程的核心素养和课程目标，积极为学校育人画像，为教师教学架桥，为学生成长导航。三是科学定位更准，要处理好通适性与差异性、经典性与时代性、全面性与个性化、规范性与灵活性等关系。四是创新意识更浓，要注重培养学生创新人格，引导教师变革教学方式，用评价引导创新。五是实践要求更实，要明确实践育人具体要求，加强对实践教学指导，确保劳动教育要求落地。六是衔接贯通更顺，要注重幼小、小初、初高中衔接，合理设计，实现学段纵向有序衔接，横向学科间有机配合。

我国义务教育阶段的课程方案和课程标准虽然还没有发布，但从最新的《普通高中课程方案和课程标准(2017年版)》可以看出明显的素养本位特征，满足学生个体素养发展需求。高中课程由必修、选择性必修、选修三类课程组成。其中，选择性必修课程是国家根据学生个性发展和升学考试需要设置的；选修课程一部分是国家在必修和选择性必修基础上设计的拓展、提高及整合性课程，另一部分是学校根据学生的多样化需求以及当地社会需要和校情等设计的校本课程。在部分义务教育阶段课程改革先行实验省份的实践中也可以看出这样的趋势，比如浙江省提出在基础性课程上增设拓展性课程，并鼓励学校积极探索拓展性课程的开发、实施、评价和共享机制。这就意味着学校可以通过校本化设计素养本位课程的方式扩展课程视界，在分科课程之外补充合科式的、学科群的或跨学科的课程，为学科教学实践开辟新的时空。

(三)生本课堂教学

“人人可教，皆可成才。”当前，基础教育改革进入了生本课堂时代，由此产生了以学为中心的教学模式，即生本课堂模式。“生本课堂教学”是指学生自主调节学习阶段，控制学习进度的教学范式。它强调学生作为学习主体的重要性与参与性，在课堂上给予学生充分的思考时间与空间，旨在增进学生的全面发展，实现“五育”并举的培养目标。在这样的教学范式中，学生能自我调整学习，从被动学习转为主动学习；学生能自定步调，从教师提供的教学内容或教学支持中选择合适的资源。

一方面，以生为本的教育遵循了少年儿童身心发展的规律，把学生当作学习的主人，为了学生好学而设计的教育，它是一种理念，也是一种教育教

学方式。具体策略表现为以下四种：

1.以学生为本。面向全体学生，注重学生的全面发展，关注学生的差异发展，从而促进学生的主动发展和可持续发展。

2.以生命为本。承认生命的巨大潜能，承认学生与生俱来的向上、向善的内驱力，从而创造良好的环境，让学生的生命得到充分而自主的发展。

3.以生动为本。生动活泼的课堂能促使学生全情投入学习，学生能够在课堂上呈现出良好的学习状态。

4.以生长为本。教育的目的是促进人的生长，应创造良好、开放的空间，让学生得到个性化的发展。

另一方面，教师可以采用一些有代表性的生本课堂教学形态，让学生通过对话互动、协同作业、体验探究等学习方式展开学科实践。

1.合作学习。在分科课程和整合课程中，都可以应用合作学习方式。合作的形式多样，可以是两两合作或多人合作，可以是同质合作或异质合作，可以是短时组合的或长期固定的，但都指向“对话”“互动”。合作学习与自主学习并不矛盾，自主学习不是孤立地推进学习，而是在同伙伴与教师的交互作用之中自律地调控学习的过程。

2.项目学习。项目学习是一套能使教师指导儿童对“真实世界主题”进行深入探究的教学活动，学生通过构想、验证、完善、制造出某种学习产品或解决一个真实问题，掌握所需的知识技能，提升相应的核心素养。项目学习是对复杂、真实问题的探究过程，也是精心设计项目作品、规划和实施项目任务的过程。在项目学习中，每一个学生都能够在教师的指导下，从自己的兴趣爱好出发，自主选择学习资源、学习空间、学习时间、学习形式、学习伙伴等。

3.体验性学习。它指的是学生通过生活体验与体验性活动进行知识建构的学习方法，关键词是参与、体验和小组。[①]在参与过程中，学生不是单纯地听讲记录，而是基于自己的知识与体验，相互交流见解，积极互动；在体验活动中，学生在作业中获取“具身”和感性的实际感受；在小组交互中，学生

① 钟启泉.课堂转型[M].上海：华东师范大学出版社，2018.

能够倾听、交流,分享心得,深化学习。

以上学习方式并不能完全覆盖素养本位教学范式下所应用的教学形态。本着“人人成才”的教育理念,我们可以根据实际教学需要,选择合适的教学方式。当然,教学新范式并不意味着对传统教学范式的抛弃,而是可以且应当保留传统教学范式中已经被实践证明行之有效的基本教学方法,比如讲解、示证和练习等。

第二节 系统变革：锚定素养目标，逐级下沉推进

随着新一轮基础教育课程改革的不断推进和课程教学改革的不断深化，课堂呈现出了前所未有的艰巨性、复杂性，加上教学活动本身的特殊性、多变性和不确定性，让聚焦核心素养的教育课堂变革成为一项系统工程。

这项系统工程的难度正如德国哲学家雅斯贝尔斯所说："问题是永无终了的，心灵是永无止境的，结论性的答案是永无可能的。"面对接踵而至的问题与挑战，改进原有的课堂教学模式，构建让生活唤醒课堂、让智慧滋润学生素养、让新范式引领教师成长的"SMART课堂"，具有鲜明而重大的时代价值。

一、为什么要关注课堂

21世纪是课堂革命的世纪。从精英教育转型为大众教育是当代世界教育改革的潮流。在当今知识社会的时代背景下，国民核心素养的养成是决定一个民族、一个国家软实力的主要因素之一，而决定这种核心素养形成的根本要素，在于从课堂出发的学习的革命。课堂是课程的"实践版"，也是教师的"培养基"。优秀的教师应当是"双料专家"，是研究学问的学科专家和研究儿童的发展专家。他们不仅要关注教材，关注儿童，更要关注课堂。①

① 钟启泉.读懂课堂[M].上海：华东师范大学出版社，2018.

(一)课堂是学校课程改革的主要载体

课堂是学校落实课程改革理念的主要载体。《基础教育课程改革纲要(试行)》(以下简称《纲要》)提出:"改变课程过于注重知识传授的倾向,强调形成积极主动的学习态度,使获得基础知识与基本技能的过程同时成为学会学习和形成正确价值观的过程。"学生积极主动学习态度的形成,主要通过课堂上教师教学方式的改变才能得以实现。离开了教师的引导,心智还不成熟的学生就很难形成"积极主动的学习态度"。

当前,我国的教育改革开始聚焦于课堂,在倡导重建课堂教学的大背景下,关注学生在课堂教学中的生存状态以及生活意义和生命价值的实现,使课堂教学焕发出应有的生机与活力。课堂实施是课程改革的关键环节,也是检验课程方案的一个不可或缺的环节。课程目标的设定、课程内容的编制、课程资源的开发、课程设计、课程实施、课程评价等都必须瞄准课堂。走进课堂,关注课堂,研究课堂教学,成为基础教育课程改革的主要方向。新课程理念的落实,在很大程度上要依靠教师教学行为一点一滴的改进与累积。如果仅仅将新课程的理念作为一种文本,而不与具体的教育教学行为发生碰撞,再好的教育计划、课程蓝图也只能束之高阁,成为可望而不可即的摆设。许多的教育问题需要回到课堂求答案。课改的症结在课堂,课改的点睛之笔也在课堂,课改深处更是在课堂。①

(二)课堂是学生思维发展的主要阵地

学习是一种对话性实践。课堂教学中的学习并不是基于知识的传递与解释让学生理解与习得,而是引导学生借助知识的运用,展开思考与探究活动。如果说人的发展过程跟学校教育息息相关,那么课堂教学则是学生思维能力发展的最主要阵地。学生在校学习期间,除少量校外活动外,几乎都是在课堂上度过,课堂教学不仅占课时数量最多,而且内容广博,它几乎囊括了一个人如何适应未来"完美社会生活"的全部知识,是学生获取知识的最重要途径。

《纲要》提出:"改变课程实施过于强调接受学习、死记硬背、机械训练的

① 姜新生.关注课堂:基础教育课程改革的应然取向[J].教育导刊,2019(6):47-50.

现状，倡导学生主动参与、乐于探究、勤于动手，培养学生搜集和处理信息的能力、获取新知识的能力、分析和解决问题的能力以及交流与合作的能力。”这些能力的培养无不与具体的课堂教学息息相关。随着网络技术的推广，学生获取知识和发展能力的渠道虽然多样，但是教师的引导、同伴的互助、课堂中各种隐性因素对学生价值观念的形成、综合能力的提高是其他任何方式无法替代的。另外，教材是按知识的逻辑与学生的心理发展逻辑编写的，学科间的内容联系是这样，各个学年段的课程内容也是如此。教材能保证学习活动有序开展、循序渐进地进行，使学生获得系统、扎实而又完整的科学知识。从这个层面上说，课堂是学生素质培养连续发展的中心，也是各阶段教师对学生施教的“接力赛”的中心。由此看来，课堂教学仍然是培养人才的主渠道，教师应当在课堂教学实践中借助知识的意义功能的运用，来构筑学生学习与发展的基础。①

（三）课堂是教师专业成长的主要舞台

我国中小学事实上存在两种课堂，一种是基于行为主义的“教师讲、学生听”的教师“一言堂”式的课堂，另一种是基于建构主义的“自主、探究、合作”的生成课堂。从前者“灌输中心”的“教的课堂”转型为后者“对话中心”的“学的课堂”，这种转变归根结底取决于教师角色的转型，即由“教书匠”转型为“反思型教学实践家”。②

优秀教师或专家型教师不仅要具备扎实的专业知识、丰富的教育教学理论，还要具有灵活解决复杂教学问题的教学实践智慧。所以，教师的专业成长必须同日常的“课堂分析”结合起来。美国心理学家波斯纳认为，“没有反思的经验是狭隘的经验，至多只能是肤浅的知识”。他提出了教师成长的公式：成长＝经验+反思。不论是新教师的成长，还是名特优教师的发展，都要求教师以一个研究者的身份进行课堂教学实践，并成为一个对自己实践不断反思的“实践者”。只有将课堂教学与自我反思结合起来才会更好地促进教师的成长。教师要基于课堂从经验中学习，从实践中反思，运用自己所

① 姜新生.关注课堂：基础教育课程改革的应然取向[J].教育导刊，2019(6)：47-50.

② 钟启泉.课堂分析：教师成长的密码[J].基础教育课程，2011(12)：59-60.

拥有的知识对自己教育实践中出现的问题进行多层次、多角度、多学科的分析，不断提升自己的教育教学能力，发展自己的教学智慧，从而形成自己的教学风格。可以说，教师的教学生命在课堂，课堂教学实践是教师教学智慧生长的根基。①

二、课堂已成为新时期中国教育系统变革的落点

国际教育一直重视“微观改革”，即课堂层面的改革。“课堂不变，教师不会变；教师不会变，学校不会变”——这是学校教育改革的定律。1993年，国务院公布的《中国教育改革和发展纲要》明确指出：“中小学要由‘应试教育’转向全面提高国民素质的轨道，面向全体学生，全面提高学生的思想道德、文化科技、劳动技能和身体心理素质，促进学生生动活泼地发展。”至此，“素质教育”成为中小学教育改革的价值取向。

自2001年实施新课程改革以来，我国中小学的课堂正处于转型之中。学校教育是未来取向的学习，国民核心素养的培育是至高无上的课题。决定这种核心素养形成的根本要素，在于教育思想的进步与教育体制的健全发展。如果说我国近20年来的新课程改革主要侧重自上而下的顶层设计与思想变动，那么新的10年新课程改革将会侧重自下而上的基层学校的课堂创造。

（一）国家理念引领：立德树人为先　素养落地为实

发现并提炼学生核心素养，旨在推进教育教学改革。如何将核心素养从一套理论框架或育人目标体系落实到具体的教学实践中，进而实现其育人价值与功能，是我国教育领域面临的重大问题。2014年，国家以全面深化课程改革作为新时代落实立德树人根本任务的标志性工程。为落实这一根本性任务，受教育部委托，由北京师范大学牵头的研究团队于2016年提出了我国学生发展的核心素养：“学生在接受相应的学段教育过程中，逐步形成的适应个人终身发展和社会发展需要的必备品格与关键能力。它是关于学生知识、技能、情感、态度、价值观等多方面要求的结合体；它指向过程，关注

① 姜新生.关注课堂：基础教育课程改革的应然取向[J].教育导刊，2019(6)：47-50.

学生在其培养过程中的体悟，而非结果导向；同时，核心素养兼具稳定性与开放性、发展性，是一个伴随终身可持续发展、与时俱进的动态优化过程，是个体能够适应未来社会、促进终身学习、实现全面发展的基本保障”。

核心素养落地的主战场在课堂。2017年9月，教育部党组书记、部长陈宝生在《人民日报》撰文，吹响了“课堂革命”的号角。他提出：“坚持内涵发展，加快教育由量的增长向质的提升转变。把质量作为教育的生命线，坚持回归常识、回归本分、回归初心、回归梦想。深化基础教育人才培养模式改革，掀起‘课堂革命’，努力培养学生的创新精神和实践能力。”可见，在当前基础教育改革迈入以核心素养为导向的新时代背景下，学习核心素养的相关观念、基本原理和形成机制，准确理解核心素养导向下的课堂革命，全面把握核心素养导向下课堂教学的基本策略，既是促进现代教育发展的必然，也是实现教师自身发展的应有之义。①

培养学生核心素养是落实立德树人根本任务的强大动力。2019年6月，《中共中央、国务院关于深化教育教学改革全面提高义务教育质量的意见》中指出：“坚持以习近平新时代中国特色社会主义思想为指导，全面贯彻党的教育方针，落实立德树人根本任务，遵循教育规律，强化教师队伍基础作用，围绕凝聚人心、完善人格、开发人力、培育人才、造福人民的工作目标，发展素质教育，培养德智体美劳全面发展的社会主义建设者和接班人。”立德树人根本任务的提出，为时代小学确立SMART灵动课堂标准，进而把握学生核心素养、学科基本素养的关键特征，促进指导学业考试评价，指明了根本方向和基本思路。

（二）地市政策支持：鼓励课程改革　支持课堂变革

为全面贯彻党的教育方针，落实立德树人根本任务，更好地帮助每一名学生实现全面而有个性的发展，2015年4月，浙江省在认真总结各地义务教育课程改革经验的基础上，正式发布《浙江省教育厅关于深化义务教育课程改革的指导意见》，遵循课堂革命的总原则——以人为本，以生为本，以学为本，从“完善课程体系”“加强课程建设”“改进课程实施”“变革教学方法”“深

① 余文森.核心素养导向的课堂教学[J].教学月刊·中学版(政治教学)，2018(6)：63-64.

化评价改革”五大方面进一步改革育人模式，推进因材施教，保护和培养每一位学生的学习兴趣，充分调动每一位学生的学习积极性，开发和培育每一位学生的学习潜能和特长，让每一位学生愉快学习、幸福成长。

近年来，杭州市着力于全面推进义务教育课程改革，总结和推广课程改革实践经验，进一步提升教育效能，推动“轻负高质”目标的实现。2016年6月，杭州市“轻负高质”暨“课程改革”交流会在上城区举行。浙江省教育厅基础教育处副处长朱国清、时任杭州市教育局副局长马里松发表讲话，指出要厘清课程改革与课堂教学改革、考试评价改革与课程改革、核心素养与课程改革、基础性课程与拓展性课程、课程数量与质量、课程自主开发与守好底线、课改加法与减法及课改几个文件之间等八对关系，重点抓好落实主体责任、重视顶层设计、加强专业指导、探索评价改革、培树典型引路、提供条件保障六项工作，推动课改落实。

学生发展的核心素养如何落实？在“轻负高质”目标指引下，杭州教育界逐渐认识到，学生发展核心素养的主要途径还是在课堂，在学科课程的学习中。因此各学科都需要研究本学科在发展学生核心素养上的作用效力，这也成为学科核心素养的由来。2018年12月，杭州市“轻负高质”暨“课程改革”第十五次现场交流会在浙江师范大学附属丁蕙实验小学召开。会议提出，“轻负高质”除了要注重“减负”之外，还要着力于“提质”，而“提质”的主阵地就在课堂上。学校尝试探索“学科之美”，要求每个学科的教研组提炼相应学科的学科素养，将学科知识与生活实践相结合，让学生能够在学习过程中感受学科之美，打破以往学生对学科的枯燥的、传统的理解，以培养师生的高阶学科思维。

学科教学具有育人价值。《教育部关于全面深化课程改革落实立德树人根本任务的意见》中强调，要“加强学科间的相互配合，发挥综合育人功能”。这意味着课程改革和课堂革命要以立德树人为出发点，聚焦学生核心素养的培养，彰显每一学科、每一节课的育人价值。理论是实践的先导，2019年12月，杭州市“轻负高质”暨“课程改革”第十六次现场交流培训活动在萧山举行。在如何推进课堂变革、优化教学行为、提升教育质量这一问题上，萧山区代表认为，真正的落脚点在每位教师的课堂上，在新教案的设计

中，萧山区尝试“素养指向”的教学设计，即通过落实每一课核心素养的侧重点和突破点，实现知识育人的追求。

（三）上城区域实践：推动思维课堂　创新教学范式

课程改革一直是杭州教育界的一件大事，上城区的课改始终走在全市前列。近年来，上城教育聚焦核心素养，深化课改工作，着力推进课程建设的宽度与深度；聚焦思维品质，全面启动思维课堂的研究与实践，继续深化细化教学目标，不断提升教育教学服务品质，回应杭城百姓对美好教育的需求和向往。

为了更好地研究“思维课堂”，找到实现“知识立意”“能力立意”到“素养立意”的研究支点，以能够促成思维发展的课堂教学为突破口，让学生核心素养落地。2019年3月19日，上城区“思维课堂”教学观摩活动顺利开展。课堂设计以学生思维发展为主线，整个课堂知识是明线，思维是暗线，着重引导学生思维方式，提升思维能力。

2019年4月，上城区教育学院组织开展浙江省教育规划课题“思维课堂：指向学科思维能力培养的教学范式研究”开题论证活动。上城区教育学院副院长、学生发展研究中心主任孔晓玲从区域学生学习现状，区域研究基础、研究历程以及面临的困惑难点和后续工作等方面进行了详细介绍。与会专家认为，要改变学生的思维习惯和思维品质，落脚点应在课堂、在教师日常教学行为的改变。2019年11月，全国首届中小学“思维课堂”高峰论坛暨“审辩式思维”教学研讨活动在上城区教育学院举行。杭州市基础教育研究室副主任方丽敏指出，“思维课堂”的要义就是在课堂中能够培养和发展学生思维，引导学生懂思维、会思维、能思维。

从建立“思维课堂”分析观察实验室到构建学科思维能力培养的教学范式，从看见思维到诊断思维，最后提升思维，以及经过大数据支持的课堂观察分析评价，上城教育着力于促进学生学习活动的真实、积极、持续的发生。在上城区推动“思维课堂”、创新教学范式的区域改革实践浪潮中，杭州市时代小学近年来的教育教学改革主要通过两个阶段向前推进：一是在课程建设上的突破，面向未来，设计并实施了基于素养本位的时代课程；二是在课堂革命上的突破，通过课堂学习变革，看见“学习”，落实“思维课堂”“新型学习中心”“综合评价改革”等研究。

第二章

素养本位课堂的时代变革

核心素养从总体上勾勒了新时代人才的必备品格和关键能力，规约了学校教育的方向与方法。教育改革的核心在课程改革，课程改革的核心在课堂教学改革。如何紧扣素养发展的时代脉搏，让学生主动地学？如何以学为中心，推动学教方式变革，让教师更有针对性地教？这是摆在杭州市时代小学师生面前的重大课题。

2018年秋，在创新驱动、教育转型的背景下，时代小学审视课堂教学现状，开展了对杭州市第三届重大课题“素养本位的时代SMART灵动课堂”的研究，旨在进一步深化课堂教学改革，变革学教方式，激发“教”与“学”的活力。为素养而教，为素养而学，通过聚焦学生素养，建立素养本位的SMART灵动课堂，学校找到了适应时代变化、满足社会需要的一把“金钥匙”。

第一节　课堂研究：聚焦学生素养，实现减负提质

站在新时代的高度来重新检视课堂、反思课堂，我们认为，在重构时代小学课堂教学价值观的时候，要着力突出以下四个方面：第一，课堂不是教师个人展示的空间，而是师生积极沟通、互动的舞台；第二，课堂不是对学生进行机械训练的场所，而是引导他们自我提升、自我发展的平台；第三，课堂不只是教师单向传授知识的机构，而更应该是和学生一起探究、发现知识的园地；第四，课堂不是教师照搬照抄某一种固定化教学模式的场所，而是教师发挥创意、展现智慧的天地。这四个方面可归纳为两点，即聚焦学生素养，实现减负提质。

一、研究意义

研究课堂的目的也是研究课堂的价值所在。课堂的价值体现着学校的教育目标和教育哲学。叶澜教授认为，课堂教学价值的主要内容是拓展学科丰富的育人价值、按育人价值实现的需要重组教学内容、综合设计弹性化的教学内容。[①]建立时代小学的课堂价值观，即确立时代小学课堂中所要追求的最有价值和最为根本的目标是什么。

(一)落实学生核心素养发展

在传统教学模式下，学生在课堂中很难获得知识中最有价值的思维内核，无法将新知系统地内化，也无法在课堂中形成独立思考的能力与素养。

① 叶澜.重建课堂教学价值观[J].教育研究，2002(5)：7–9.

核心素养理论重在引导学生自己去发现和探索新知，并把这些知识通过“经验的能动再建或者统整”。这种经验的能动再建或者统整，即是英国哲学家波兰尼所说的“默会知识”。只有掌握了“默会知识”，才意味着课堂中的学生实现了真正的学习和理解。

落实学生核心素养的发展，不仅需要以课程为依托，更需要以教育教学实践为阵地。核心素养具有跨领域性，传统的教学模式必然不能支撑其良好发展；核心素养具有情境性，只有依据具体情况进行多种学习情境设计，才能使素养在情境中得到积极的锻炼与发展；核心素养形成后又能适应不同情境的变化，适用于生活的多个领域。创新课堂则是落实核心素养的主要阵地。这就意味着课堂教学的内容、实施及评价要随之变化。我们追求的是发展学生核心素养，而不仅仅是外显的学习成绩。核心素养促使课堂定位从知识、能力走向思维、智慧，把课堂建构从传授知识、培养能力转到“人人爱思考，人人善表达，人人能实践，人人会合作”的核心素养高度，即为改变思维而学，为启迪智慧而教。

重塑课堂教学的价值也让时代小学走在杭州课改的前沿。学校创办至今，在区域范围内的美誉度日益增高。大家普遍认可时代小学学生学业成绩，学生在公开课上更能自信、阳光、从容地表达，并善于提出不同见解。人们不禁要问：时代小学的孩子们何以有如此优秀的表现呢？我们需要进行归因分析，寻找学生成长的密码，要把平时教育教学中的经验集中起来、归纳起来，让无意识的经验经过实证检验后成为有意识的经验，让原来零散的无意识的行为变成有意识的、更高效的、更自觉的行为，从而惠及每一个学生，让学生素养更加全面，发展更有个性。

我们认为，最重要的事情要发生在最重要的时间和场域。立德树人，应该在课堂上贯彻，核心素养应该在课堂上培养，深化课程改革需要在课堂上实施。对学校而言，最重要的事情应该在课堂上完成，只有抓住课堂这个核心地带，教育教学才能真正发展。然而，在深化课程改革的进程中，我们也发现，传统课堂的惯性异常强大。很多时候，孩子们该做的作业好像一样也没有少，老师该批评的话一句也没有少，教学课件依然是老样子，依赖于这样的教育惯性，很难培养出适应学生终身发展和适应社会发展所需要的必

备品格与关键能力。于是，我们尝试着给这样“顽固”的课堂来一个变革。

从素养本位出发，来定位我们的课堂教学价值和目标，就是传递民族文化，培养个体智力，塑造公民精神，解放学生天性，促进他们的自我实现。课堂是为了作为活生生的个体的学生全面发展而设立的，是为了全体学生的全面发展而不断调试、不断演进的。在研究“素养本位的时代课程”实践中，我们发现学校的教师与学生都能适应课程的调整和学校的变化，因此我们有一定的改革资本和相对宽松的心境来进行课堂变革。同时，浙江省小学的第一块“钱学森班”的牌子也敦促着时代小学进行课堂的挑战与变革。

（二）实现教育教学减负提质

在强调效率的当下，如何使规模化的教学保持较高的质量和效益，是很多人思考和关注的现实问题。也许在不少家长看来，成绩是选择学校最重要的标杆。课堂中知识讲解是否清晰、容量是否充足、结构是否完整、练习是否充分，成为考量课堂质量的基本指标；如何在最短的时间内将最大容量的知识点嵌入课堂，嵌进学生的认知结构，成为衡量课堂价值的最基本标准。这种将知识、效率推向极致的课堂价值导向，把原来鲜活和富有个性的学生框定在抽象而冷漠的书本世界，认为机械重复、被动接受、死记硬背是通向“成功”的阶梯，想象力在标准答案面前形同虚设，好奇心在固化思维中不值一哂。

与传统课堂相伴的是学生学业负担的普遍偏重。当前，学习超前、难度超标、数量超多情况普遍存在。减轻学生课业负担是全社会对教育的诉求。然而，在深化课程改革进程中，很多学校仍然存在着诸多传统课堂教学的弊端。只顾升学率，不顾学生全面发展，把升学率当作教育GDP的做法屡见不鲜：教师滔滔不绝地灌输知识，学生作壁上观的现象几乎是常态；学生整日忙忙碌碌地读、记、写、算，大量反复操练的例子绝非个别。在这样的课堂环境中，精心设计的素养课程无法落实，学生往往掌握不了学科观念，发展不了学科思维。

学生课业负担重的另一个原因是课外培训负担多。我们在校园里有时会听到学生对老师说，培训作业来不及做，学校作业能否少做点、迟点交，可以说是“零食吃多了，连主食都不好好吃了”。培训路上的奔波正占据着孩子们本该玩耍的童年时光,杂乱琐碎的知识正取代孩子们对感兴趣事物的好奇和想象。这必然导致孩子对学习的热情降低,对探索的动力丧失。因此,我们进行课堂创新,希望能解决孩子在校期间的学玩矛盾,让学生在有限的课堂时间内掌握学科观念,习得学科知识,提升学科能力,从而减少或不参加课外培训,有更多的时间投入自己感兴趣的活动中,真正发展自己的个性特长。

改革课堂教学模式是减轻学生学业负担的重要途径。减轻学业负担问题实质上是教育工作者要严肃回答的一个根本问题,即我们的课堂上到底有没有学生。这也是目前提高基础教育质量、落实素质教育的突破口。要改革课堂教学模式,首先要激发学生的学习兴趣,使他们爱上课堂、爱上学习;其次要更新课程观和知识观,让学生掌握学会学习的本领、开发自身潜能,同时防止教师将教学负担转嫁到学生身上;最后是探讨如何通过课堂教学实现减负提质,改革不适宜的课堂运作程序,并积极倡导各个层面和不同形式的师生对话,实现教学的良性互动。

(三)促进教师自主发展

教师是学生人生航船的领路人。在课堂中,学生如何与教材相遇?学习什么?怎样学习?在这些问题上,教师起着重要的引导作用。将书本内容照本宣科地传递给学生,这样机械的做法对教师来说并不困难。真正困难的既不是呈现教材,也不是提供信息,而是帮助学生去发现、理解教材的意义,并且付诸行动。为了展现课堂教学行为的探究意义和发现意义,教师在教学设计时,做到凸显师生间的交互作用,就显得尤其重要。

核心素养理论十分强调学习共同体的创建,意在通过师生之间、生生之间的交互作用,通过个人与知识的对话互动,使教学的过程成为学生核心素养生成的过程,使教学和学习的过程成为生产知识与发现真理的过程,在促进学生发展的同时,也促进教师的自主发展。

长期以来,教师是知识的占有者和传授者,是学生获得知识的唯一来源。在时代SMART灵动课堂中,这种情况发生了根本的变化:学生希望探究的很多问题超出了教师的专业领域,有的问题即使在教师专业范围内,也可能是教师平时不关心、没留意的,对学生将要学习的很多内容,教师几乎

没有专业知识的优势可言。同时,学生学习内容的开放性使学生的认识领域大为拓展,吸收知识的途径由单一变为多元,教师已经不再是学生唯一的知识来源,失去了对学生学习内容的权威和垄断。

在时代SMART灵动课堂的建设过程中,我们的教师不断更新教学观念,淘汰陈旧概念,保留对现在和未来发展有重要价值的核心概念;不再传授过时或局限性强、烦琐的知识和技巧,而是选择那些基础性知识和核心概念进行渗透,为学生在学习过程中探索性地发现问题做好准备。

著名教育家叶圣陶先生认为:“好的先生不是教书,不是教学生,乃是教学生学”,他主张“教师之为教,不在全盘授予,而在相机诱导”。只有在课堂教学中传授学生方法,才能放心地把时间交给学生去求索新知,进而锻造学生善表达、能实践、有思考、会合作的必备品格和关键能力。

时代SMART灵动课堂教学模式彰显了学生主体地位,把课堂重点放在了培养学生的自学能力和探究精神之上,把课堂的焦点放在了教师的精讲释疑上。教师大胆放手,落实了学生主体地位,发展了学生的思维能力和动手能力。教师既把舞台还给学生,做到了不越位、不抢镜,帮助学生把学习这出大戏演足演好,又担当导演职责,不缺位、不错位,把课堂的高潮指导得恰如其分、有声有色。在时代小学,学生自学成为课堂实效的基础,教师导学成为学生自学的必要辅助,有力助推了学校“学得扎实·玩出名堂”的教学特色。

二、研究目标

时代小学的办学历程和课改实践表明,每当课改出现新趋势,学校总能率先把握新动向,追求发展新高度,把发生在校园的教学改革推向新的高潮。毫无疑问,时代小学已经存在某种特质,即大家比较认同的优秀品质。基于每一个学生都需要在现有基础上提升核心素养,我们不会全盘否认旧的经验和做法。相反,我们需要探寻学生优秀现象背后的缘由和产生的机理,让这些不自觉的现象变成自觉的行为,让尚未确定的经验变成经得起反复推演的确信无误的结论。

一方面,我们要把过去确认的优秀经验和成果扎扎实实地进行课堂实践，以保证全校24个班级都落实。例如，我们倡导合作学习，过去在做，今天依然要做，但我们希望每一天每一位老师的每一次课堂都要有合作意识。另一方面，我们要调动所有人的积极性，提炼时代课堂创新要素，依托大数据分析，对课堂进行从量变到质变的干预，以实现学校学教范式的转型，从而达成创新课堂的培养目标：天天有合作，人人会表达，课课有创意，时时有思考，人人很主动……我们要关注日常课堂中每一个学生的每一节课是如何度过的。生活不仅需要个人独唱的天籁之音，还需要人人会歌唱，享受音乐的美好。我们的课堂也是这样，应该倡导参与面，而不仅仅是精致度；不该是个别学生的“一枝独秀”，而应该是所有学生的“百花齐放”。

(一)教学目标转型：不仅要学到知识，更要学会学习

“未来的文盲，不再是不识字的人，而是没有学会学习的人。”培养兴趣、锻炼思维，让学生学会学习，是课堂教学变革的价值追求和根本宗旨，对学生的全面发展具有重要意义。

在新课改的背景下，教师不仅仅是“传道、授业、解惑”，更应该在课堂上注重激发学生探究解决问题的好奇心。2016年诺贝尔生理学或医学奖得主大隅良典曾说：“一个人在幼年时通过接触大自然，萌生出最初的天真的探究兴趣和欲望，这是非常重要的科学启蒙教育，是通往产生一代科学巨匠的路。”“学不会，以后还可以学；不想学，以后连学下去的可能都没有了。”浙江省教育厅副厅长韩平在时代小学对话小记者也强调：“习惯养成、兴趣培养应该成为小学阶段的主要任务。”让孩子们喜欢学习，在学习中体会到成长的乐趣，应该是小学课堂的底线。这也正是当前教育改革和课程改革的一个重要目标：“改变课程过于注重知识传授的倾向，强调形成积极主动的学习态度，使获取基础知识和基本技能的过程同时成为学会学习的过程和形成正确价值观的过程。”

培养兴趣，锻炼思维，让学生学会学习，是实施素质教育、培育创新思维的需要。实施素质教育的根本目的是培养“五育”并举、具有创新精神和实践能力的人才，仅靠学校提供的知识就能够受用终身的传统教育模式已经过时。信息时代，获得海量的知识已变得轻而易举。然而，课程的内容不是简单的知识堆砌，也不是零散的知识“拼盘”，而是需要有机地构建起整体的

学习“金字塔”。决定着学生素养的已不再是知识的数量,而是质量;衡量一个学生的获得也不再是题目的多少,而是思维能力的形成和素养的发展。因此,我们的课堂要从知识课堂向思维课堂转型。

(二)教学内容整合:不求学科门类“多而繁”,但求素养本位“少而精”

1902年,杜威在《儿童与课程》一书中指出:“任何学科知识,无论多么有价值和多么高深,如果不能和学生的经验联系起来,那它就不能被称为学生的课程。”这样的课堂也不可能成为学生的课堂。传统教学过程是教师向学生传递现成知识和客观真理的过程。偏执地迷信知识、坚定地传授知识,让学生在最短时间内掌握最多的知识,这种意识在我们的课堂教学中根深蒂固。课程改革的根本任务是减轻学生过重的课业负担,不能因为改革,增加了过多课程,最终增加学生成长负担。因此,教学内容不应追求超前、超标、超多,而要追求有意思、有意义、有挑战。知识的掌握不在于记忆而在于理解,素养的发展不是靠知识的再现而是靠能力的迁移。

长远看来,理想的学习不是看谁学得早、学得快,而是看谁学得久、学得深。做得多,并不意味着学得好。如果学生做题都徘徊在低层次的水平上重复操练,做得再多也只是个熟练的机械工;如果做的题能让学生的思维活跃在高层次的水平上,哪怕做得少,也能会思考,去迁移。从减轻学生过重课业负担的角度来说,教学内容应该“少而精”,应该多做整合,做减法,少做或不做加法。

时代小学SMART灵动课堂的指导思想可以归纳为“两个减轻”和“两个提高”。所谓“两个减轻”,一是指减轻教师的教学负担,二是指减轻学生的学业负担。所谓“两个提高”,一是指提高教师的教学效益,二是指提高学生的学习效益。SMART灵动课堂的实施,最终达到的是提高学校整体教育教学质量的目的,即在减负的同时,实现提质的目标。这也是时代小学在杭州市“美丽学校”建设的大背景下,实施科学教育与人文教育并重,促进“五育”并举,全面发展学生核心素养的根本所在。

国家课程是国家培养国民基本素质的重要载体,是学生学习成长的主要精神食粮。在基础教育阶段,国家课程的校本化实施和创造性使用,是深化课程改革,实现立德树人的主旋律。在时代小学SMART灵动课堂中,学科知识不再是等待学生记忆和内化的静态的现成结论。我们的课堂也没有充斥着被简化为各种形式的标准答案,而是充满与学生的思想、体验、生活经验积极互动的对象。学生不再是课堂上各种信息流的被动接受者,而是各种信息的积极建构者。对时代小学而言,创造性使用主要是对国家课程的整合与加工。时代课程学科知识纳入课程、进入课堂的根本目的是产生学生的学科理解,丰富学生的生活体验。这样的知识是动态的知识,这样的课堂是看得到"人"的课堂。

(三)教学方式转变:不是"跟着学,照着做",而是"主动想,合着做"

教师与课堂的关系不应是分离或从属关系,而是有机统一的融合关系。在教室里,一堂课的学习方式到底有没有发生变化,发生了哪些变化,最清楚的莫过于站在讲台上的教师。教师对知识的理解和运用,教师的经验、生命本身就是课堂教学的一部分。诚然,有时公开课上精彩的展示也掩盖不住日常教学的单调乏味。"跟着学,照着做,反复练",也许是学习的日常,但教师不是课堂教学的被动执行者,而是课堂的理解者和创造者。所谓理解者,是指教师基于批判意识和思维,对学科知识产生自己的独特观点和认识。所谓创造者,是指教师要基于自己的专业理解和学生需求,对教材内容进行改变和创造,以满足学生个性化发展的需要。

我们承认,每一个人都有属于自己的舒适区。对于教学来说,处在教师的最佳舒适区时,不一定是学生学习的最佳发展区。为了学生,我们鼓励教师从舒适区跳出来,至少让学生的发展多了可能和假设。在学法指导上也可以是多种多样的,教师不再是照本宣科地教,而是把书本知识、学科知识转化为自己的经验,然后通过时代课堂转化为学生的经验。把时间和空间留给学生,把主动权交给学生,让他们操作起来、讨论起来、思辨起来、合作起来,他们总会带给我们精彩。素养视域下的SMART灵动课堂使学科知识有了文化意义、思维意义和价值意义,即"人的意义"。

素养本位的SMART课堂积极倡导基于真实情境下的项目式学习、多学科和跨学科整合、主题项目制活动等课堂教学方式,改变学与教的性质。教学不再是知识传授的过程,而是师生合作探究和共同创造知识的过程。教师要在倾听、理解学生的基础上,不断创生出适合学生需要的探究主题和问

题情境，在课堂教学中围绕这些问题与主题，和学生开展积极的对话，不断将学生思想引向深入。

我们期望的日常课堂的学教方式应该是：既有独立思考，又有小组合作；既有动手操作，又有表达写作；既有师生互动，又有生生互动；既有学，也有玩，学玩相融；教学中有提问，有质疑，有批判，有创新。我们要借助先进的教学手段，如电子白板、智能抢答器、智能机器人学伴、时代云平台等。时代课堂不应是机械的模板，而是可以按照需要灵动的、有机选择组合的若干模块，有的是必选模块，有的可以是选择模块。这样的教学不再是传统意义上的目标任务式教学，这样的课堂也不再是完全按照既定流程按部就班地实施。它有可能在一节课中教不了多少新知识，教学环节也没有做到环环相扣，甚至有可能连原先设定的教学目标都无法按时完成。然而，正是在这样近乎原始形态的教育和课堂中，学生的思维能力得到提升，学习能力得到发展，探究的精神和求真的品质也得以滋养和成长。这样的课堂张扬着学生自由的个性，展示着学生个体的才智。

（四）教学评价多元：不是"唯分数、唯结果"，而是"重表现、重过程"

长久以来，我们提到课堂评价时，常聚焦于对教师教的分析，如评价教师的教学素养如何，对教材的把握是否到位，教学目的是否合理，教学结构是否完整，教学方法是否得当等。即使学习过程再怎么丰富多彩，到最后常常就是剩下一个冷冰冰的分数，无法再现孩子们曾经积极的思考和勃勃的生机。然而，教育者的眼里不能只有"分"，而没有"人"。教师教的效果如何，归根结底是要通过学生学得如何，学生获得了哪些发展、取得了哪些进步来判断的。

素养视域下的课堂评价，充分关注课堂中学生的学，根据学生学的质量来判断课堂的质量。当然，对学的评价不是简单地评价学生对知识点的掌握程度，更不是通过测定学生的学业成绩来评价课堂。即使是分数，我们也将其置身于大数据的背景下，刻画同龄人中的相对位置，描述学业的等级绝对水平。我们也努力拓宽维度，从多个角度来评价学生学习所得，除了传统学业评价对知识、技能的评价外，还包括思维、习惯、情感等高级认知领域的多方面考察，留下学习过程中的资料作为档案，留下鲜活可感、现场重现的学习痕迹,来展示学生学习的丰富收获,让学生增强学习的信心,体验学习的成长与成功。

SMART灵动课堂评价的目的不是将学生分类、甄别、选拔,而是为了学生的发展。在教学过程中侧重成绩等第的测定本身,不能算作真正的课堂评价。我们期望的课堂学习评价是多维的评价,注重表现性,依托大数据,呈现动态发展的雷达图,指向素养课堂指数的研究。比如评价学生的主动学习,可以从学生参与程度的四个维度(消极、不积极、比较积极、非常积极)进行观察记录;然后把日常的课堂观察大数据记录下来,用以形成素养课堂的指数数据,为评价学生的全面发展提供大数据支撑。可见,时代小学课堂评价的要义之一,就在于重视评价的反馈功能,及时反馈教学状态,根据反馈结果及时矫正教学活动。

此外,SMART灵动课堂评价也注意到了学科教学的平等性。在时代小学,很多音体美等学科教师甚至比语数英学科教师更受学生欢迎。我们发现,在校园文化的熏陶下,不少参加学校社团和兴趣小组的学生不但在学习进度上与其他学生并驾齐驱,在学习习惯、意志品质、兴趣爱好等非智力因素的发展上也不遑多让。他们的表现正如获得"全美最佳教师奖"的雷夫老师在《第56号教室的奇迹》中说的:"接触艺术教育的孩子学到的,远远超过他们所学的艺术本身。加入管弦乐团的孩子们不只学到如何拉小提琴或吹单簧管,也学到了纪律、责任、牺牲、联系、更正错误、倾听以及时间管理。"

(五)教学研究升级:不再主观、片面,而是"基于数据,超越技术"

传统教学研究的基本模式是"问题—实践—总结",逻辑性、针对性和可操作性强,易于被教师接受和运用。缺点是往往基于教师经验,对学情的把握缺乏实证研究数据支撑,总结与经验也常常是主观、感性和浅表化的,所得出的结论很多时候具有特殊性、片面性,很少具备大规模推广的价值。究其原因,在于教师很少做定量调查,手中缺乏大量数据的支持,更缺少科学的数据挖掘和分析。

在素养本位下,我们积极研究互联网背景下与教育新形态相匹配的课堂教学与教研形式。一方面,SMART课堂教学研究是基于现代科学技术的。在大数据支持下,基于互联网和云计算技术,我们可以获得与分析更多

的数据，而不再依赖于小规模的采样，进而可以更清楚地发现样本无法揭示的细节信息，提高对课堂上各种这类问题的洞察力和决策力。这种对课堂、对教学以及对学生本身的研究，必然导致研究方法由主观经验向客观实证转变。例如，对课堂中学生学习水平的研究，可以借助视频传输、数据采集与分析，得到精确的量化和体验，从而使精准教学成为现实。另一方面，SMART课堂教学研究又是超越技术的。在课堂中，不但学生是鲜活的主体，教师也是充满感情和随时需要教育机智的个体。师生之间的互动和课堂教学的完成是在和谐友爱的氛围中进行的。在这个过程中，教师的情感、价值观得到了充分的展示，教师的幸福感和成就感油然而生。这正是研究时代SMART灵动课堂的隐性魅力。

第二节　学校方略：规划素养课程,开放课堂时空

培养学生核心素养需要什么样的课程意识？需要如何规划学校课程、明晰课程建设路径？在核心素养的视野下,杭州市时代小学调动一切与课程相关的资源,如教师、学生、学校环境、学校活动、乡土文化、社区资源等,把国家课程、地方课程和校本课程进行了统一规划,打破了三者之间的界限,根据学校实际情况,树立核心素养视野下的大课程观,构建了具有时代小学特色的现代学校课程体系:时代素养课程。在这一过程中,我们对原有课堂的时间与空间都进行了相应的调整,使之与素养课程体系相适应,也为后续变革学教关系,创建新的时代SMART灵动课堂教学模式奠定了坚实的基础。

一、规划素养本位时代课程

时代小学的校训"学得扎实·玩出名堂"源自天长小学20世纪80年代的集体智慧,是在时任校长李承龙和杭州大学张定璋教授团队共同开展"小学生最优发展综合实验"的背景下提出的。时代小学办学近20年,一直在实践中赋予其更深厚的内涵,并与时俱进地拓展其外延。学生不仅要会学,更应该会玩,但是怎么玩,如何玩出名堂,指向的是学生思维发展、创新意识、问题解决能力的培养,是对时代教育、时代课堂的考量。我们希望学生学中有玩,玩中有学,玩中强身、玩中明理、玩中审美、玩中生慧。信息时代之"学得扎实·玩出名堂",既指向课堂内外教学的统一目标,也指向课程的整体融合,更上升为学校文化和办学的指导思想。我们不断审辨、清晰、创建符合

小学生年龄特点，促进其可持续发展，具有学校特色的育人理念和操作体系，从“玩出名堂”的活动育人到“学得扎实”的学科育人，发展为“学玩相融”的课程育人。

2015年，在深化课程改革的背景下，我们将“学得扎实·玩出名堂”与国家学生发展核心素养有机融合，校本化地表达为三个“学会”：学会关爱、学会学习、学会创造，选取“中国学生发展核心素养”框架中的九个基本要点作为重点培育目标，并初步构建了相应的核心素养课程体系（见图2–1），包括“搭建素养本位的课程框架”“调整与课程相适应的课时安排”等；我们努力实现素养与课程之间的实质性连接，开设好两大类（基础性课程与拓展性课程）与四小类（奠基类基础性课程、资优类基础性课程、体艺特长类拓展性课程与综合实践类拓展性课程）课程。这部分研究通过此前两年多的探索基本完成，且在持续优化中。目前我们研究的，一方面是继续加强基础性课程的整合，提升拓展性课程的质量；另一方面是创新课堂——SMART灵动课堂的研究，转变学教范式，促进深度学习，实现理解评价。当然，素养是综合体，并不能与某一课程建立绝对的一一对应关系，只是有所侧重，为了更好地落实。素养只有与日常的课程发生密切关联，才可能成为学生身上的素质，课程才能发挥育人功能。

核心素养必须在课程建设和课堂教学模式两个方面去落实。二者相辅相成，缺一不可。在某种程度上说，当前创新课堂学习方式和教学模式来实现课程建设提出的目标更为重要。核心素养的落实如果仅仅局限在课程建设方面，就不可能真正发展学生素养。因此落实核心素养必须以课堂变革为保证，同时我们的课程建设也必须为课堂变革做好充分的准备。

（一）两类课程：让课堂学习活动更丰富

根据国家和地方课程设置要求，时代素养课程由基础性课程和拓展性课程组成。基础性课程是国家和地方课程对应的学习内容，由道德与法治、语文、数学、英语、科学、体育、艺术等组成，占比85%。其中奠基类基础性课程（70%）保证落实国家课程标准规定的小学生必备知识能力要求，其内容与课堂组织形式相对固定；资优类基础性课程（15%）是在国家统一的学习内容

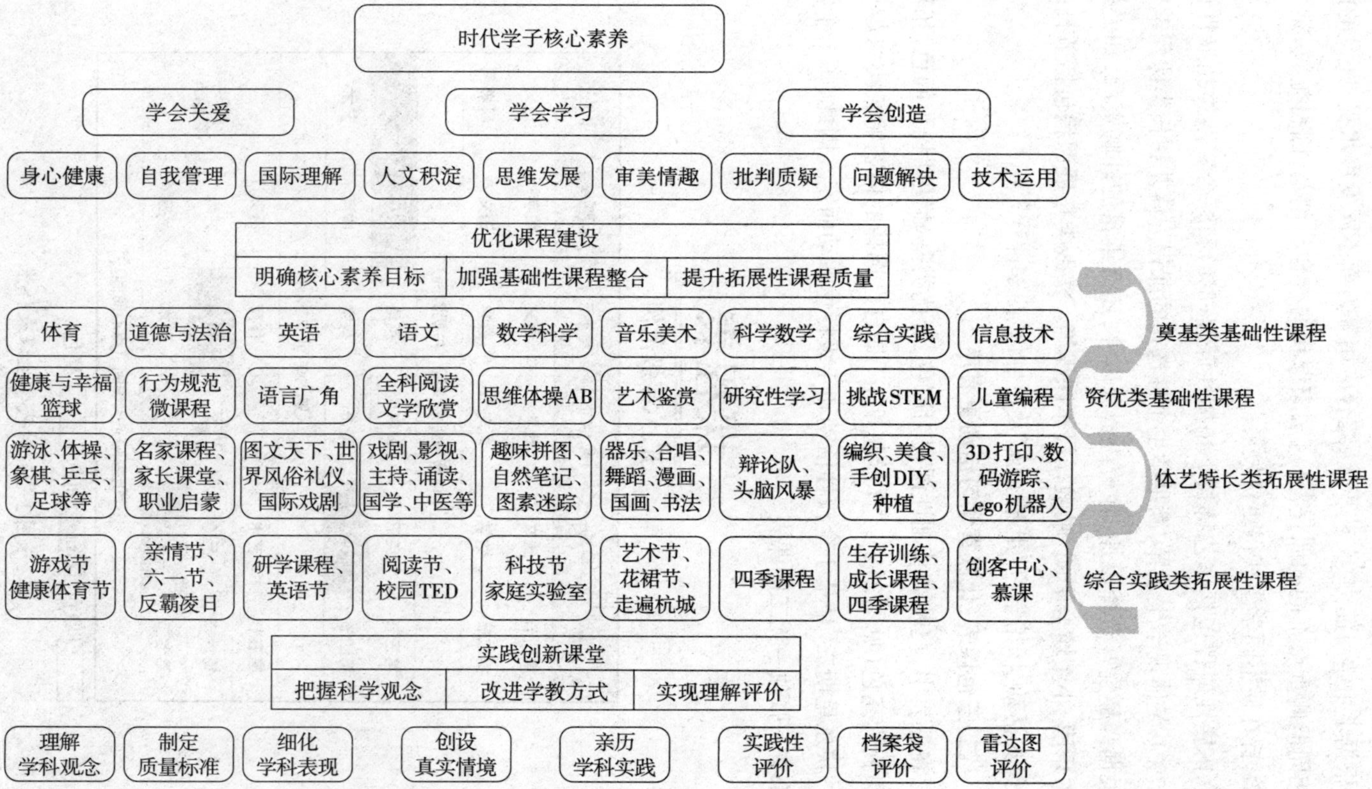

时代学子核心素养

学会关爱　学会学习　学会创造

身心健康　自我管理　国际理解　人文积淀　思维发展　审美情趣　批判质疑　问题解决　技术运用

优化课程建设

明确核心素养目标　加强基础性课程整合　提升拓展性课程质量

体育	道德与法治	英语	语文	数学科学	音乐美术	科学数学	综合实践	信息技术	奠基类基础性课程
健康与幸福篮球	行为规范微课程	语言广角	全科阅读文学欣赏	思维体操AB	艺术鉴赏	研究性学习	挑战STEM	儿童编程	资优类基础性课程
游泳、体操、象棋、乒乓、足球等	名家课程、家长课堂、职业启蒙	图文天下、世界风俗礼仪、国际戏剧	戏剧、影视、主持、诵读、国学、中医等	趣味拼图、自然笔记、图素迷踪	器乐、合唱、舞蹈、漫画、国画、书法	辩论队、头脑风暴	编织、美食、手创DIY、种植	3D打印、数码游踪、Lego机器人	体艺特长类拓展性课程
游戏节健康体育节	亲情节、六一节、反霸凌日	研学课程、英语节	阅读节、校园TED	科技节家庭实验室	艺术节、花裙节、走遍杭城	四季课程	生存训练、成长课程、四季课程	创客中心、慕课	综合实践类拓展性课程

实践创新课堂

把握科学观念　改进学教方式　实现理解评价

理解学科观念　制定质量标准　细化学科表现　创设真实情境　亲历学科实践　实践性评价　档案袋评价　雷达图评价

图2-1　时代素养课程3.0总体框架

下，根据学生学习能力、文艺积淀、综合应用等方面不同发展水平，开设的内容相同但侧重点不同的课程，是对国家课程的整合与创新，因材施教，走班教学，旨在使不同学生获得更优发展。

拓展性课程包括体艺特长类拓展性课程（8%）和综合实践类拓展性课程（7%），是体现学生差异，满足学生个性选择的课程。体艺特长类课程学生可根据兴趣爱好选择参加，除校内资源以外，还有丰富的外聘资源，如爱乐打击乐团、小魔坊合唱团、啦啦操冠军课程等。实践类拓展课程包括节日课程、经典活动、场馆学习"走遍杭城"及项目化"四季课程"等。

（二）三色课表：让课堂学习活动更有序

在课表中，奠基类基础性课程为原色，资优类基础性课程为间色，拓展性课程为亮色（见图2-2）。"体验星期五"是自己选择的体艺特长类兴趣课程，"快乐星期二"是基于全校性活动和年级特色活动而定。因此，每一个学生都有一张独一无二的课表。

课程表

五、六年级范例

星期 节次	星期一	星期二	星期三	星期四	星期五
第一节	语文	数学	语文	数学	语文
第二节	数学	语文	数学	语文	科学
体育锻炼大课间（牛奶时间）					
第三节	英语	科学	英语	语言广角	体育·健康
第四节	思维体操	英语	科学	体育	艺术
魅力午间					
第五节	艺术	快乐星期二	体育	语文	体验星期五
第六节	品德		全科阅读	艺术	
第七节	文艺欣赏		艺术	品德	
七彩阳光大课间（点心时间）					

原色　间色　亮色

图2-2　时代学生课表样张

每学期初，学校会根据上一学期对学生需求的调研和学校新开发的资源重新调整周二、周五两个下午的课程，力求满足每一个学生个性发展的需求。供全校840人选择的“体验星期五”课程从最初的30多门发展到现在的50多门。“快乐星期二”课程也从最初的摸索走向规范和有序。近5年来，我们以儿童熟悉的自然现象和事物为主题，组织学生开展项目式学习。每个主题学习跨度一个月，一个季节一次，故名“四季课程”（见表2-1）。

表2-1 “四季课程”项目学习主题列表

	秋	冬	春	夏
2015学年	秋之叶	冬之雪	春之花	夏之水
2016学年	秋之果	冬之味	春之茶	夏之桥
2017学年	秋之月	冬之箱	春之风	夏之艺
2018学年	秋之菊	冬之创	春之鸟	夏之乐
2019学年	秋之国	冬之彩	春之家	夏之城

二、开放儿童课堂学习时空

为保障不同学生个体或学生群体能够充分参与课程学习，满足学生多样化、个性化发展需要，我们首先在课时与场地上做优化，更强调开放与融合的新概念教育时空。

（一）优化课时，调整课堂活动节奏

素养本位课程设置在保证课时总量不变的前提下，将原来固定的每节课40分钟，根据课程内容特点和差异，分别调整为80、60、35、15分钟的长课、标准课、短课。

1.谨慎压缩标准课时，让学科学习更高效

在保证课时总量不变的前提下，将原来固定的每节课40分钟调整为35分钟一节标准课，主要用于基础性课程的教学，更强调自主、合作、探究的学习方式，提高课堂效率。

2.灵活设置课时长短，让拓展活动更充分

根据其他课程内容特点和差异，分别调整为80、60、15分钟的长课、标准

课、短课。长课60～80分钟，分别安排在周二、周五两个下午，确保体艺特长类与综合实践类拓展性课程“玩”的时间；短课10～15分钟，将习惯培育、礼仪熏陶、常规教育等化零为整地融入课程。

（二）拓展空间，丰富课堂学习内容

课程实施有赖于足够的场地资源。学校充分叠加校园场地功能、利用周边资源、开通网络空间，发现并创造无限的育人空间。

1.叠加功能，小校园是学习主阵地

决定校园能发挥教育作用的不是学校的占地面积，而是学校的四维空间。学校努力让小校园每一方空间发挥育人功能。如常规教室的阅览区可阅读，可交流，还可个别辅导；美术教室桌椅可拼可拆，便于个体与小组学玩交互；音乐教室座椅不同侧面能敲出不同鼓声；科学教室窗帘就是一幅幅科学图谱……我们还将阅览室、餐厅、礼堂、走廊、操场及墙壁等都变为课程“教室”。所以，供全校840名学生选择“体验星期五”课程最多时达58门。

2.走遍杭城，大社会是学习大课堂

学校利用地方资源和生活场景研发设计传递中华优秀传统文化的“快乐星期二”之“走遍杭城”行走德育课程（见表2-2），学生在地域特色的文化脉络里行走体验，在“玩”的过程中收获成长。

表2-2 “走遍杭城”行走德育课程

年级	走桥读故事		寻根访非遗	
	春	秋	夏	冬
一	绕西泠桥，了解西湖名人	行走断桥，读西湖民间故事	手帕扎染	雕版技艺
二	游苏堤六桥，诗读宋代杭州	游杨堤六桥，读西湖古传说	千年锤染	面塑技艺
三	春游锦带桥，感受西湖荷风	觅长桥桂香，解“三绝”谜	土布纺织	杭曲艺术
四	步行斗富桥，读建桥故事	走访拱宸桥，看老运河市井	土布书皮	南宋瓷器
五	走访广济桥，解读杭州变迁	走钱塘江大桥，了解建杭功臣	书籍装帧	中国团扇
六	游跨湖桥遗址，读千年文明	行跨海大桥，看国际杭州足迹	天竺筷	中医文化

3. 线上互动，互联网是学习自留地

作为杭州市首批智慧教育示范校，多年来，积累了许多优秀网络资源和特色课程资源，通过网络分享，师生可以随时取用。除校园网和微信号，还自主研发“全科阅读App”“青云端科学App”“小学数学公开课公众号”。学校还与中国移动公司共建“5G移动数字校园”，为学生搭建了更多的“云空间”。许多老师习惯通过网络与学生和家长交流。如理科组利用平台，制作不同类型的微视频从翻转课堂、练习提升、总结归纳等方面，满足不同学生的自主学习需求，帮助学生突破重难点，提高效率。

课堂时空的开放与融合，让课堂学习内容与方式变得丰富多样。时代小校园人人天天学中玩：天天有画展、天天有歌声、人人爱运动、人人会劳动；生生处处玩中学：研四季课程、种一米菜园、养太空百合、解校园迷踪、学非遗技艺、演经典剧目等；名家上阵助学玩：学森课程、吴鹏游泳、郑武篮球、王超音乐、美林教室、名医课堂、非遗传人等；时事要事也去学：G20国际会议鲜花队、全国大运会开幕式、国际友好城市交流演出、政府迎新会、央视大舞台……

第三节　SMART灵动课堂：凝练素养要素，变革学教行动

当前，课堂教学正处于深度转型的巨大变革中，尽管城市小规模学校不能算是推动这一转型的根本动力，却不可否认它是其中一股重要的推动力量。小规模学校有自己的改革目标和价值取向，有自身发展的必然逻辑。在构建时代课程基础上，遵照课改发展的必然逻辑，并结合我校教育教学改革发展的自身需要，我们提出了素养本位的时代SMART灵动课堂的概念。这一概念的提出，既是对一类优质课堂教学模式的总结，也是对当前教育教学改革的一种回应。对广大中小学校特别是优质的小规模学校而言，是学生自我成长、教师专业提升和学校内涵发展的重要抓手。

一、SMART灵动课堂的基本模式

课堂教学模式有广义和狭义之分。广义的课堂教学模式是从课堂教学的整体出发，根据教学规律、原则而提炼出的，包括课堂教学形式和方法在内的具有稳定性、典型性和易学性的教学样式。狭义的课堂教学模式是指教师在课堂上针对学生学习而使用的教学策略与方法。我们对时代SMART灵动课堂模式的界定从三个方面展开。

首先，时代SMART课堂的首要特征是素养本位。核心素养包括跨领域素养、跨学科素养和特定领域素养（尹后庆）。很多国家及国际组织普遍认同的未来核心素养都强调4C，即批判性思维（Critical Thinking）、沟通能力（Communication）、创造性（Creativity）、合作（Collaboration）。

我们认为，核心素养之于小学课堂的意义和价值，最重要的应是为每一个孩子打好学习基础。因此,我们把“人人善表达,人人能实践,人人爱思考,人人会合作”作为时代学子课堂素养目标,意味着我们旨在打造“适合当下时代,指向未来时代”的素养本位课堂。SMART中S代表着“每一个学生(Students)”,M代表学生“善于沟通、传递信息(Message)”,A代表“会运用(Apply)实践”,R代表“能反思(Reflect)批判”,T代表“会团队合作(Team-work)”,即我们的课堂指向“人人善表达,人人能实践,人人爱思考,人人会合作”的素养目标。而英文中的“smart”做形容词时意为:“聪明的,敏捷的,漂亮的,整齐的。”因而,“时代SMART课堂”也可释义为“时代灵动课堂”。简单地说,我们的SMART灵动课堂力求培养每一个时代学生成为善表达、能实践、爱思考、会合作的主动学习者(见图2-3)。

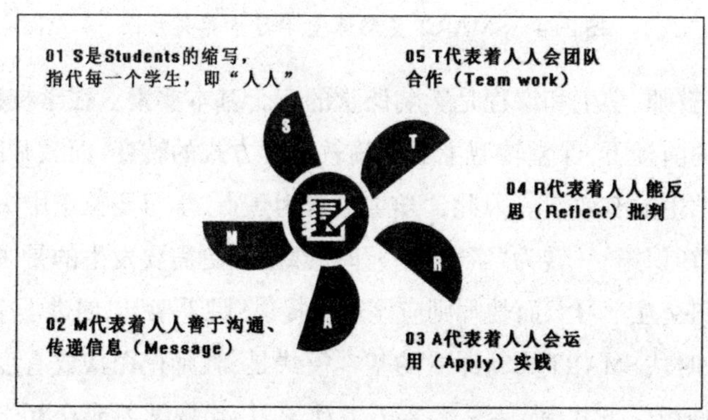

图2-3 SMART灵动课堂五要素

其次,思考、实践、合作与表达这四种学习素养都是学生在21世纪学习生活所必备的能力,也是其学习过程中弥足重要的学习经历。在某种程度上,四者之间并无主次关系,也不是截然区分的关系,而是有相互的交叉和融合。其中任何两点学习要素之间都会有交互关系,例如:会表达的思考者与会思考的表达者,会表达的实践者和会实践的表达者,会合作的实践者和懂实践的合作者,能合作的思考者和会思考的合作者,会实践的思考者和会思考的实践者(反例即是“学而不思”和“思而不学”)。在每一次学习过程中,至少会涉及两种要素,其中思考是不可或缺的。在一些综合性的学习活动中,四种学习素养则会全部覆盖(见图2-4)。

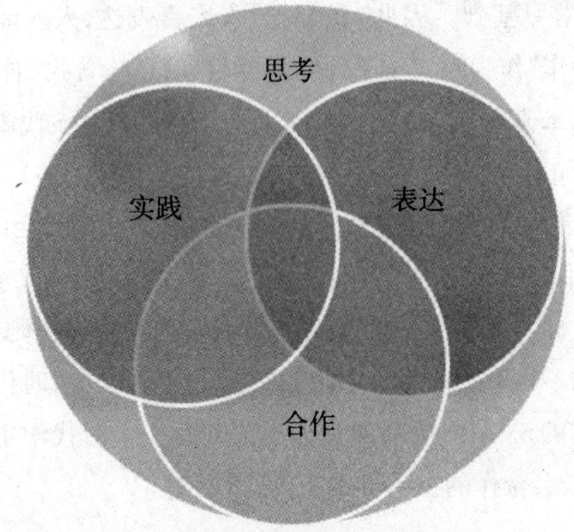

图2-4　SMART灵动课堂学习素养关系图

最后，教师、学生和课程是影响课堂的三个基本要素。在学校课程架构基本稳定的前提下，课堂转型主要依赖教与学方式的转变，而教师的有效教旨在促进学生的有效学。因此，“学生应成为焦点，学习要位于中央”。当课堂目标从“知识第一”转为“素养第一”时，课堂上更需要发生的是主动学习、建构学习和交互学习。而教师则应该适度提供“脚手架”以促进学生的学。

因此，时代SMART灵动课堂的基本模式是：教师遵循扶放有度原则，综合运用各种教学方式，促使学生亲历主动学习、建构学习或交互学习，达成“人人善表达，人人能实践，人人爱思考，人人会合作”的灵动课堂。

二、SMART灵动课堂的总体框架

考察一种课堂教学模式需要不同的视角。从教学设计的角度看，需要注意三点。第一，这一课堂模式在整体架构上是否有利于科学、有效地分析学情。包括是否有利于教师在课前对学情做全面、准确的把握，这就需要考虑学生的已有经验和潜在能力是否能得到有效激发，需要考虑这一课堂模式是否有利于课后改进对学生的学情分析。第二，这一课堂模式在整体架构上是否有利于科学、有效地对教学目标进行定位。包括这一课堂模式在整体架构上的目标定位是否得当，是否有利于在单一学科、多学科和跨学科教学上的目标达成，是否有利于在课后对教学目标做进一步调整。第三，这一课堂模式在整体架构上是否有利于科学、有效地设计教学过程。包括是否有利于评估教师设计的教学过程与教学目标的契合情况，教师设计的教学过程在逻辑上能否合理展开以及是否有利于教师课后对教学过程的设计加以改进。

基于以上考虑，我们在实践过程中搭建起了SMART灵动课堂的总体框架。这一框架不仅考虑到课堂教学模式的自身逻辑，也深深扎根于我们对学生学习过程的认识之中。如果按照一般的学习过程来说，我们的学习会有一定的顺序，例如，先有观察和思考，思考之后再进行表达，完成表达后再去实践，在具体的实践当中进行合作，由此构成一个循环。因此，在我们的SMART灵动课堂中，每一个学生都会经历"观察思考—积极表达—动手实践或合作实践"的过程。具体地说，学生会经历"及时启动元认知—自觉发现问题—在学科活动中灵活运用学科方法组织整合信息，抓住其内在联系—进行基于依据的学科表达—进行相应的学科实践—尝试解决问题—不断反思总结"的学习历程。同时，我们倡导以小组合作学习的方式促进同伴之间的互助学习，以期培养他们积极互赖、人人尽责、交往倾听等合作素养。这样一个学习历程构成了学生学习素养螺旋上升的模型，也构成了SMART灵动课堂的总体框架图（见图2-5）。

从SMART灵动课堂的总体框架图可以看出，时代SMART灵动课堂模式从静态上看是一种教学结构，从动态上看则是一种教学程序。它既反映了教学的共性、模式的规范性，也反映了时代小学课堂的特性、实践的灵活性。"人人善表达，人人能实践，人人爱思考，人人会合作"这"四个人人"与SMART灵动课堂的关系是："四个人人"是SMART灵动课堂的目标追求，SMART灵动课堂是实现"四个人人"的载体。在这对关系的基础上，通过教学实践，时代小学完成了凝练素养要素，变革学教关系的行动。

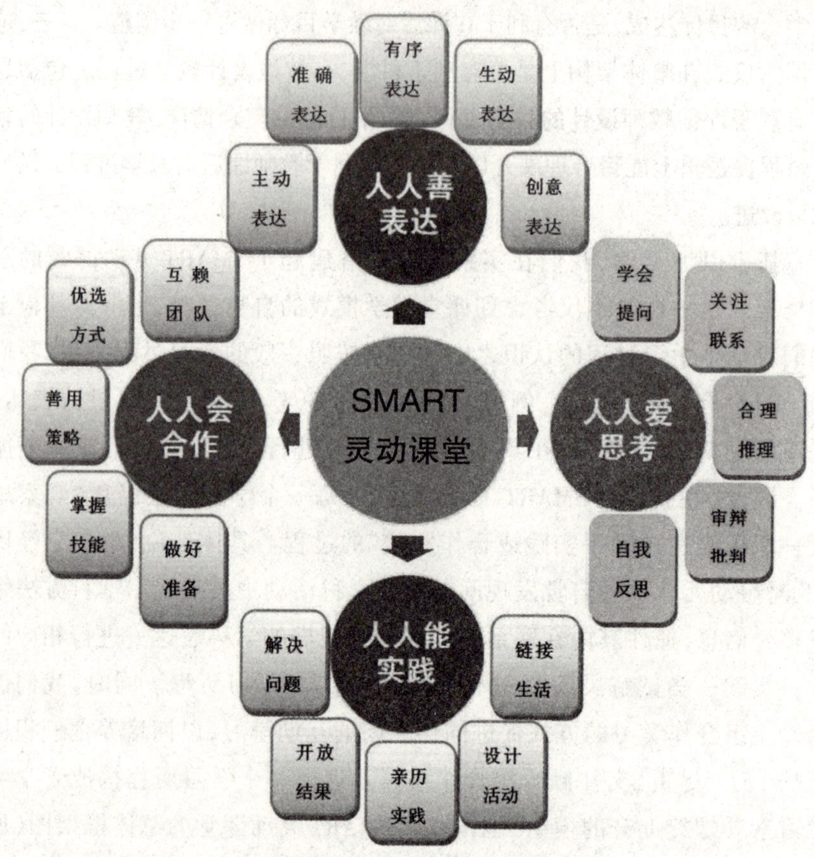

图2-5　SMART灵动课堂的总体框架图

美国学者施瓦布等在《教学:一种模式观》中说道:“教学模式就是导向特定学习结果的一步步的程序。”不过,正如上文所指出的,SMART灵动课堂模式并非一个固化的结构和体系,其程序的起始与终结也并非按部就班。我们所说的“灵动”,其含义之一就在于学生在课堂学习历程里,每一个学习素养的获取与提升都可以作为一个独立的学习历程(学习循环)的开始环节,因为这是一个开放的、螺旋上升的学习模型。简单地说,我们想要通过这个历程达成“四个人人”的素养目标,需要在学生学习方式、教师教学方式、教学组织方式和教学评价方式等方面做出针对性的变革,要有具体的课堂表现与教学行为的变革。

三、SMART灵动课堂的核心要素

SMART灵动课堂是充分彰显教育本体功能的课堂，是自觉遵循教学内在规律的课堂，是力图体现学习本质内涵的课堂。这一课堂模式立足对学生生命的尊重与关怀，弘扬“爱”的崇高立意，彰显“育人”的核心主题，坚持素养培育的鲜明主线，追求学生健康成长的终极目标。它追求教育立意与育人境界的高尚，追求课程目标和学习过程的丰厚，追求课堂内涵和教学机制的本真，追求教学行为与学习活动的灵动。SMART灵动课堂具有四个核心要素，分别是：人人爱思考、人人善表达、人人能实践和人人会合作。我们根据学段特点，制定了SMART灵动课堂素养指标（见表2-3）。

表2-3　SMART灵动课堂素养指标

素养目标＼分类指标		第一学段指标	第二学段指标	第三学段指标
人人爱思考	及时启动元认知，自觉发现问题，提出问题；主动建立联系，学会推理、批判、反思	学生学习独立思考；能够围绕学习内容尝试提出简单问题；能发现事物（信息）间存在一定联系	学生能够初步具备自我觉察、反省、评价与调节的元认知能力；能够围绕学习内容发现并提出关键问题；能对事物（信息）进行简单的分析、综合、推理、判断等，领会并呈现事物（信息）的内在联系	学生能够具备自我觉察、反省、评价与调节的元认知能力；善于提出高阶思维问题；能对事物（信息）进行一定的分析、综合、推理、判断等，领会并表达出事物（信息）的内在联系，并找到本质特征

续表

素养目标＼分类指标		第一学段指标	第二学段指标	第三学段指标
人人善表达	愿意表达、准确表达、有序表达、生动表达、创意表达	学生喜欢表达，能够把观察到的客观事物和主观感受等借助语言、图形、声音、形体动作及简单的文字和数据等信息形式表达出来	学生乐于表达，能够比较熟练地用文字、语言、图形、声音、形体动作、数据等信息形式把观察到的客观事物和主观感受表达出来	学生乐于表达，善于综合使用文字、语言、图形、数据等信息形式把观察到的客观事物和主观感受有创意地表达出来
人人能实践	积极参与学科活动、善于选择活动材料、熟练运用学科方法、善于解决问题	学生能在课堂上尝试进行"做中学""玩中学"，通过观察、阅读、尝试、交流、争辩、提炼、概括、操作、运用、拓展等学科实践活动，知道并能说出一些简单的方法性知识（学科方法与学习方法）	学生能在课堂上进行基本的"做中学""玩中学"，通过观察、阅读、尝试、交流、争辩、提炼、概括、操作、运用、拓展等学科实践活动，不仅能说出常用方法（学科方法与学习方法），而且能主动地去做，乐于尝试解决问题	学生能在课堂上"做中学""玩中学"，通过观察、阅读、尝试、交流、争辩、提炼、概括、操作、运用、拓展等学科实践活动，不仅知道基本的方法性知识（学科方法与学习方法），并能在学科活动中有意识地、创造性地综合运用，并解决问题
人人会合作	会倾听、能沟通、会妥协、能尽责、善合作	知道倾听的重要性，会努力倾听；能用"请""对不起""谢谢"等礼貌用语与同伴商议，并会适当让步；知道自己的分工并努力完成	能倾听团队成员的意见；能比较委婉表达自己的建议，适当做出有原则的妥协；能信任同伴，并更好地完成自己的分工任务	能倾听并尊重团队成员意见；能委婉表达自己的建议，做出有原则的妥协；能相互依赖，人人承担责任，能帮助完善他人的分工任务

(一)人人爱思考

"思考"是指针对某一个或多个对象(信息)进行分析、综合、推理、判断等,是借助语言、表象、动作来理性认识客观现实,揭示事物(信息)内在联系和本质特征的思维活动。"小学生思维发展的基本特点是以具体形象思维为主要形式逐步过渡到以抽象逻辑思维为主要形式;但是这种抽象逻辑思维在很大的程度上仍然是直接与感性经验相联系的,仍然具有很大成分的具体形象性。"[①]"爱思考"的素养目标意味着学生能够热爱并享受这样的思维过程。

在SMART灵动课堂中,我们要培养学生从具体形象思维向抽象逻辑思维过渡,从而提升其发现和解决问题的能力,批判与反思的能力以及自我觉察、反省、评价与调节的元认知与适应力。具体而言,要培养学生学会提问、关注联系、合理推理、审辩批判、自我反思等能力。那么,如何通过教学行为来培养这些能力呢?以"提出问题能力"为例,我们可以从"提出问题"的情境设置、课堂实施、方法引领、评价反馈等方面来培养。在具体的学科课堂教学后,我们可以形成"提出问题"的课例或案例,在此基础上不断反思改进我们教与学的行为,最后达成学生"人人能提问"能力,帮助实现灵动课堂"人人爱思考"的素养目标(见表2-4)。

表2-4 指向"人人爱思考"课堂操作示例

素养目标	课堂表现	教学行为	举例	备注
人人爱思考	学会提问	·提出问题的情境设置 ·提出问题的课堂实施 ·提出问题的方法引领 ·提出问题的评价反馈	·三角形面积怎么计算 ·为什么底×高还要除以2 ·为什么要用完全相同的三角形来拼	
	关注联系	·学会比较发现联系 ·借助图示呈现联系 ·联系生活迁移运用	·三角形面积与梯形面积之间的关系,与平行四边形面积之间的关系	

① 朱智贤.儿童心理学[M].北京:人民教育出版社,1980.

续表

素养目标	课堂表现	教学行为	举例	备注
人人爱思考	合理推理	·关注内容合情推理 ·直观图示类比推理	·为什么要用两个三角形推导面积公式？用一个三角形能推导出面积公式吗	
	批判反思	·打破定式质疑 ·激活思维批判 ·回顾问题反思	·是不是求三角形的面积一定要知道底和高	
	……	……	……	

（二）人人善表达

“善表达”是指学生善于将内在的思想、感情或态度外化为文字、语言、图形、图像、声音或形体动作等信息形式的行为。在不同学科中，信息表达的形式可以是不同的，表达的内容可以是主观的，也可以是客观的。比如，学生可以用一段文字、一幅画或一首歌来传递个人的想法与感受，也可以用一些图形、图表来表示数据关系。表达是学生思维外化的一个重要表现，学会表达是学生学会学习的基础能力。

在SMART灵动课堂中，我们要培养学生各种基于客观世界与主观感受的表达能力。具体而言，我们要让学生在表达心向上愿意说、在表达内容上有话说、在表达条理上有序说、在表达情感上乐于说，还要培养学生在创新表达上善于说的能力。那么，如何通过教学行为来培养这些能力呢？以“表达条理有序说”为例，我们可以通过思维导图、句式模仿、填空补白等方式帮助学生厘清表达内容之间的联系，然后以此为扶手学习规范、流畅、严谨、有序地表达。在课堂教学后，我们可以形成“言之有序”的课例或案例，在此基础上再不断反思改进我们教与学的行为，希望达成学生“人人能有序表达”能力，帮助实现灵动课堂“人人善表达”的素养目标（见表2-5）。

表2-5 指向“人人善表达”课堂操作示例

素养目标	课堂表现	教学行为	举例	备注
人人善表达	激发心向，愿意表达	·借助教材，趣味引导，尊重学生，让学生积极参与	·创设对话情境	
	模仿运用，准确表达	·语音、动作、句段的模仿、学习、运用	·英语学科的配音练习	
	搭建支架，有序表达	·运用思维导图、句式模仿、填空补白、关联词等，让学生表达规范、流畅、严谨	·从“没有句式—有句式—不限于句式”的语文句式学习，如“如果……那就……”句式	
	联结体悟，生动表达	·联结多种经验，运用表达技巧，使学生表达感情充沛，富有感染力，等等	·“好说—好好说—说好”	
	释放想象，创意表达	·创意表达，理性争辩，等等	·文字、图画、肢体等多种表达，如戏剧表演	
	……	……	……	

(三)人人能实践

“实践”是指学生能动地改造和探索现实世界一切客观物质的学习活动。对于本课题而言，“能实践”指的是课堂的学习实践，实际上就是指“做中学”。(学习)实践是学生认识的来源和认识发展的基础，学生在课堂上阅读、观察、尝试、操作、运用等都是在“做中学”，一般通过实践掌握的知识大多属于方法性知识，包括学科方法和学习方法。

在SMART灵动课堂中，我们要培养学生动手操作、运用知识、综合学习、问题解决、探究创新的能力。具体而言，我们可以通过游戏化学习、项目式学习、STEAM学习等方式，让学生在“做中学”。以“综合学习”为例，如科学老师要求学生完成的养蚕活动就是一种综合学习实践，学生可以通过查阅相关资料，进行观察、尝试、操作等，了解蚕的成长过程，懂得怎样喂养蚕

宝宝。而创新是一种创造性实践行为,是人类特有的认识能力和实践能力,也是学生认识发展的最终目标。有些学生借助"自然笔记"的方法记录养蚕的过程,这就是一种学习创新实践。通过这样的学习实践之后,我们反思改进形成具体的案例,再指导我们的教学实践,旨在形成学生"人人能实践"的素养目标(见表2-6)。

表2-6　指向"人人能实践"课堂操作示例

素养目标	课堂表现	教学行为	举例	备注
人人能实践	从生活中选材料	·"做中学",游戏化学习,等等	·数学算24点 ·科学课的生活化实验	
	设计应用性活动	·运用学科知识完成新的学习任务,等等	·美术学科:为教师节设计海报 ·语文学科:用总分结构介绍景点	
	实践中解决问题	·STEAM,基于学科的综合学习,基于核心问题的项目化学习,等等	·垃圾分类等 ·四季课程	
	开放结果求创新	·结果展示对真问题的探索,等等	·产品或项目展示 ·科学小发明与小制作	
	……	……	……	

(四)人人会合作

"会合作"就是学生个体之间或群体之间为达到共同目的,彼此相互配合的一种联合行动、方式。合作能力具体包括:会倾听、尊重和理解组员的意见;学会向组员做出必要的妥协,并掌握妥协的灵活性、原则和意愿;能够与组员承担共同责任,协同工作;能珍视每个团队成员的个人贡献。合作学习要具备以下要素:积极互赖、同时互动、人人尽责、善用技能、小组自治。合作是人际交往中十分重要的方式,特别是在全球化进程中,如何与不同文化背景的人群合作更是一种必备的能力。我们认为,合作既是一种学习内容,也是一种学习方式。在日常课堂教学中,我们都将渗透合作学习,创造更多机会让学生在合作中成长。

在SMART灵动课堂中,我们既要培养学生“人人为我,我为人人”积极互赖、人人尽责的合作意识,也要培养学生倾听、认可、接纳等合作交往技能,在此基础上学习小组互动学习的方式和方法。我们以“交往技能”培养为例,要教给学生合作的规则:弱者先说,大家补充,强者概括总结;要让学生学会倾听:愿意并能听懂他人意见;要能够做出适当的妥协:在理解并尊重他人意见的基础上再提出自己的想法,等等。在课堂开展小组合作学习的时候,教师要适时介入,提醒学生注意合作的技能,并通过具体的例子来展开反思研究,进一步促进学生合作技能的形成(见表2-7)。

表2-7 指向“人人会合作”课堂操作示例

素养目标	课堂表现	教学行为	举例	备注
人人会合作	积极互赖:人人为我,我为人人	·目标互赖:确定任务,合理分工 ·奖励互赖:目标达成后人人均奖 ·角色互赖:成员承担不同角色 ·资源互赖:合并共享所有资源 ……	·较为复杂开放的教学任务:长方形的纸,四个角减去一个正方形,剩下的纸围成一个长方体。减去正方形边长越大,围成长方体的体积越( ) ·小组代表发言第一句话:我们小组认为……	
	促进互动:学生面对面的鼓励和支持	·成员互相提供帮助 ·成员之间交流、反馈、质疑各类信息,推进任务的完成……	·合作小组交流时,学生能积极记录讨论中生成的观点、思路方法等	
	人人尽责:人人承担并掌握一定任务,对小组有贡献	·检测每一个学生 ·记录每个成员为小组完成的任务 ·能将自己所学教给其他成员 ·用自己的例子来说明别人的结论或观点 ……	·如4人小组完成一份小报作业,要求1人收集资料、1人整理资料排版、1人美工装饰、1人负责汇报展示	

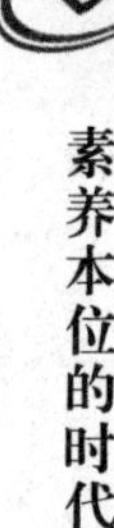

续表

素养目标	课堂表现	教学行为	举例	备注
人人会合作	交往技能：认可与信任、接纳与支持、准确交流	·懂规则：弱者先说，大家补充，强者概括总结 ·会倾听：愿意并能听懂他人意见 ·能妥协：理解并尊重他人意见 ……	·推导梯形面积计算公式时，可以让方法少的组员先表达，倾听者记录并补充，多种方法可以讨论后，形成团队结论	
	团队自评：适时反省，自我评价合作成效	·列举你们小组做得好的三件事和需要改进的一件事 ·小组成员中谁的活动有益，谁的无益；小组活动哪个可继续，哪个要暂停 ……	·利用自评表完成评价，个人自评和小组互评相结合，促成个人反思和团队成长	
	……	……	……	

四、SMART灵动课堂的实践路径

（一）由点及面，双轮并进

"基于素养本位的时代SMART灵动课堂"教学模式研究工作始于2018年10月。学校确立了"由点及面，双轮并进"的课题推进原则，逐步构建起"1+X"的课堂教学研究机制。其中"1"是指"基于素养本位的时代SMART灵动课堂"教学模式，"X"是指"教师助力，百花争艳"理念引领下的"课堂教学+课题攻关"模式。

由点及面：2018年10月起，课题研究组在杭州师范大学马兰教授的悉心指导下，开始了对"基于素养本位的时代SMART灵动课堂"教学模式的研究。在初步探索了灵动课堂模式后，我们先在高段数学组尝试推广，然后逐步在全校各年级和学科推开，达到了覆盖全方位、研究多角度、成效多层面的预期效果。

双轮并进：我们抓住学段管理和学科类别这两条主线，推进工作有序开展。从学段管理上看，我们先在高年级试行。由于学生已经具备了一定的自主学习能力，师生很快就能够比较熟练地运用新模式上课。在充分研究了中低年级学生特点后，课题组逐步在全校各年级推进SMART灵动课堂教学模式。特别是在低学段，很多年轻教师也能够结合重点难点，对学生的四大素养进行训练。从学科类别上看，在数学学科成功推广的基础上，我们尝试在语文学科中运用新模式上课，教学的有效性大大提高。接着，我们又在英语、道德与法治、美术等学科中全面铺开。

新课堂教学模式对教师的挑战是巨大的。为尽快转变教师观念，引导师生正确定位课堂角色，学校加大了教研培训力度，开展了丰富多彩的主题式教研、教学研讨会、专家培训、课题研究、读书会交流等活动，帮助教师自主学、相互学和展示学。大量的培训与现场指导，有效转变了教师观念，实现了教师由课堂主讲者向学生助导者的转变，“学为中心”“以人为本”的教学理念得到了贯彻和落实。

（二）科研引航，把脉课堂

我们将“如何改变课堂，让学生学得扎实，玩出名堂”作为教师日常思考的重点，大力开展科研活动，提高教师的科研水平，从而带动课堂教学水平。

第一，加强培训，聚焦课堂教学诊断

教师教学理念的转变是决定课堂改革的关键。为了让教师们明确课题意义，学校加大培训力度，通过排序法、问题树、梳理法等科研方法指导教师查找问题。

1. 专家引领，为推进模式研究导航

“时代SMART灵动课堂”教学模式得到了省、市、区乃至全国各级领导及专家的密切关注和鼎力支持，给我们的研究和推广指明了方向。同时，学校在学科教研活动时也尝试采用教师合作方式，使老师们在合作中获得成功的体验。学校还多次邀请专家面对面，既有与教师面对面的座谈，及时解惑，也有走进课堂与学生面对面，指导合作。

2. 骨干先行，为推进模式研究领航

学校将“学术周讲坛”作为学校科研培训的一个重要载体。除了聆听大师和专家讲座外，还举办由学校干部、名师、教学骨干、班主任骨干等多层次参与的学校教研活动，内容充实，形式多样。通过交流、碰撞，明确具体做

法。为了使教师们少走弯路，学校将朱元华、张忠华等教师的个人经验做法加以推广，由点及面，指导教师全方位、多角度、多层面地推进研究。

3.课堂诊断，为推进模式研究护航

学校成立了以教研组长为主体的课堂教学诊断指导小组，进行听课指导。成员分工明确，利用多种科研方法对课堂进行观察、诊断。如果说课题指导小组是为推进课题研究按部就班地顺利开展而设置，那么课堂教学诊断小组的职责则主要在于将各个教师的经验在全校推广，提炼其中普遍适用性的原理、策略等。在评课时也关注研究成果的可操作性和实效性，并及时予以反馈指导，以此推进了课题的落实。

第二，借力科研，增强驾驭课堂能力

在课堂教学模式的研究过程中，我们鼓励教师们根据自己的研究主题，开展学科课题及小课题研究，以此提高教师驾驭课堂的能力。

1.组建项目团队

我校将杭州市第三届教育科学重大课题“基于素养本位的时代SMART灵动课堂”研究纳入项目管理范围，教师自愿结合，形成了项目推广组。项目组制订了翔实可行的推广计划，组织了系列教学研讨活动。第一步是名师先行，第二步是骨干教师跟进，第三步是青年教师全面铺开。全校师生都参与到课题研究中来，越来越多的教师能够灵活运用基于素养本位的时代SMART灵动课堂中的各种策略教学，课堂教学效率明显提高。

2.主持小微课题

在组建项目团队，将重大课题分解为若干子课题后，学校积极开展“小问题，大研究”活动。以“基于素养本位的时代SMART灵动课堂”研究为中心，指导教师围绕重大课题，确定个人学科课题，撰写个人研修计划。采用调查、实验、统计、行动研究、案例研究、经验总结等科研方法，进行小微课题实验和论证，边研究、边应用，以此指导课堂实践。通过数据反馈，查找研究中的优势与不足，再以科研理论加以指导，做到理论与实践相结合，提高了研究的有效性。及时对个人学科课题进行结题总结，推广优秀研究成果。

3.成就教学品牌

学校开展了“优秀教师教学品牌”活动，鼓励教师的自我成长、自我超越，鼓励全校教师结合自己的研究课题，潜心总结教学策略，确定个性化的教学方向和教学风格。在为个人教学之路谋划蓝图的同时，学校还特别倡导教师将教育教学理论转化为自觉的教育教学行为，解决课堂中的实际问题，提高教学的基本素质，增强驾驭课堂的能力。

第三，教研创新，磨砺团队

为全面提高我校教师的课堂教学水平，促进教师的专业化发展，学校以“磨课”形式开展教研活动，创新教研模式，有效地促进了学校教学研究机制的完善和教师的自主发展，成为促进我校教师群体专业发展的重要载体。

1.磨备课

为确保课堂教学的实效性，教师在备课时分为“自主备课、年级集备、校级集备”三个层面。首先，教师要自主钻研教材，根据学生年段特点和教材特点，结合“时代SMART灵动课堂”教学模式，进行自主备课。其次，在自主备课的基础上，教研组每周进行一次集体备课。最后，学校用每月一次的“主题式教研”形式备课，以确保备课质量。

2.磨上课

磨上课的做法，一是由单一年级或单一班级推广到各个年级或各个班级。中高年级必须采用这种办法，但鼓励授课教师在此基础上创新环节、创新思路。对于低年级学生，虽然不能完全采用这一办法，但是可以对其中某个环节进行实验、创新，提高实效。二是由数学学科辐射到所有学科。数学学科已经进入教学模式运用的成熟阶段，语文等其他学科正在探索具有本学科特色的教学模式。

为了落实磨上课环节的教研效果，我们每学期还通过教学研讨会的形式进行课堂教学展示。通过“每学期确立一个主题，每一个主题落实一个教学环节或能力培养”的做法，最终推动课题健康扎实、稳定有序地进行。在此基础上，学校逐步完善教师队伍建设，按教师梯次顺序进行名师优质课、骨干教师亮点课、青年教师成长课展示。

3.磨课题

学校以承担的杭州市第三届教育科学重大课题“基于素养本位的时代

SMART灵动课堂"研究为中心课题,研讨并落实各个子课题的切入点和着力点,加强教研和科研的融合,真正发挥教研的先导作用。

(1)构建科学规范的教育科研管理运行机制

一是完善组织机构。学校成立教育科研工作领导小组,校长担任组长;建立健全学校三级教育科研管理网络,即学校、教科室、教研组或课题组。课题组的建立依托学校项目管理办法,由各课题组立项形成课题研究项目团队,以项目研究引领教师专业成长,实现学校内涵发展。二是健全规章制度,制定与完善学校教育科研管理制度,实现教育科研管理规范化、科学化,使管理工作有章可循,为学校科研工作正常高效地运行提供保障,促使教育科研成为教师的自觉行为。

(2)形成行之有效的教育科研成果应用机制

以重点课题带动实施课题研究。抓好所承担的各级各项课题的着力点和切入点,如期完成阶段性研究的工作,实现了研究成果的辐射和应用。通过研究实践形成了一批有价值、有影响的科研成果,实现研究成果的转化与应用,给学校和教师的持续发展定位,找到新的生长点和发展点,努力创出我校教科研精品及特色,在同类学校中居于领先地位。

4.磨反思

学校采取了多项措施,促进教师反思成长。一是教学反思。学校要求教师结合学科课题研究和教学实践进行高质量教学反思。采取周反思和单元反思结合的方式。周反思是利用每周教研活动时间进行课堂教学反思交流。单元反思要求教师结合学科课题研究和教学实践进行高质量教学反思。通过反思使教师从新的角度思考问题,不断改进教学方法,积累经验,构建自己的教学风格。二是教育科研。学校积极组织教师参加全国、省、市、区各级各类教育科研培训,提高教师的科研能力和理论水平。积极组织教师参加省、市、区教育科研论文评选活动,提升中青年教师的科研专业水平。

第三章

指向“人人爱思考”的课堂

思考是指针对某一个或多个对象(信息)进行分析、综合、推理、判断等,是借助语言、表象、动作来理性认识客观现实,揭示事物(信息)内在联系和本质特征的思维活动。“人人爱思考”的课堂是指在自主、合作、探究的教学实践中,通过培养学生在提出问题、关注联系、合理推理、批判反思等方面的技巧和策略,使学生学会深度思考、猜测论证、反思质疑、审辩批判和深度学习等综合能力的课堂。

培养学生的高阶思维是时代小学课堂实践的主要目标之一,促进学生有效地思考,是课堂教学的核心行为。让人人都能深度思考,让人人都能提升思维,不同的人都能得到不同的发展,这是SMART灵动课堂指向“人人爱思考”素养培养的美好愿景。

第一节 “人人爱思考”素养的理论依据

在传统的课堂上，教师重视的往往是对知识的回忆、复述和简单应用，学生的主观能动性没有受到应有的重视，思维得不到提升，反而浪费了大量时间在重复记忆上。建构主义倡导学生通过不断地收集信息、处理信息等高级思维活动来学习，这个学习过程就是学生发展高阶思维的过程。研究表明，思维能力是在发现可供探究的事物对象或问题的基础上，运用一定的概念、方法，在一定的感情力量驱动下进行分析和解决问题的一系列组合能力。

“学起于思，思源于疑”，培养学生思维能力途径虽然很多，但最为有效的场所还是课堂。思维品质反映了个体间的思维差异，发展思维是学生学习的主要目标，有效思考是课堂教学的核心行为。思维总是在一定的问题情境中产生，思维过程就是不断地发现问题和解决问题的过程。培养学生思维能力是课堂的重要使命，也是检测课堂教学效率和效果的重要标尺。教师应在课堂上通过引发学生的好奇心，让他们大胆生疑、质疑，积极主动地提取头脑中的已有知识，结合提供的信息，做出合理的判断，从而使思维能力在解决问题的过程中得到不断发展。

一、思维品质反映个体间的思维差异

“人人爱思考”的课堂实践需要基于学生的认知差异和思维水平，实施差异化的教学活动。不同的个体存在着个性化的差异，特别是在认知水平和思维品质方面。良好的课堂教学就是要善于发现学生的认知差异，循序渐进地让学生从低阶认知水平不断向高阶认知水平发展，从低阶思维向高阶思维发展，不断提高思维品质。

早在20世纪50年代，以布鲁姆为代表的美国心理学家就提出了课堂教学目标分类理论体系。将教学活动所要实现的整体目标分为认知、情感、心理三个维度，也就是新课标所说的“三维”目标，并从实现各个领域的最终目标出发，确定了一系列目标序列。从认知学习领域目标分类，布鲁姆将认知领域的目标分为识记、理解、应用、分析、综合和评价（创新）。六个层级从低阶思维到高阶思维依次是识记、理解、应用、分析、综合、评价（创新）。它们的思维层次和具体技能表现如表3-1所示。

表3-1 布鲁姆认知水平层级与技能表现

思维水平	层次	技能表现
低阶思维 ↓ 高阶思维	识记	对信息的识别和重现 ——提示：列表，定义，陈述，呈现，回忆
	理解	理解信息材料的含义 ——提示：比较，重述，转换，解释，推断
	应用	不同环境之间的转换和解决实际问题 ——提示：应用，实施，解决，迁移
	分析	确定组成部分及其关联程度 ——提示：分析，归因，实验，组织，对比
	综合	将各部分合成新的整体 ——提示：建立，设计，开发，计划，支持
	评价	根据标准判定价值或用处 ——提示：鉴别，讨论，审辩，证明，预测，总结

识记：指对先前学习过的知识材料的记忆，包括具体事实、方法、过程、理论等的记忆，如记忆名词、事实、基本观念、原则等。

理解：指把握知识材料意义的能力。可以通过三种形式来表明对知识材料的理解，一是转换，即用自己的话或用与原先不同的方式来表达所学的内容。二是解释，即对一项信息（如图表、数据等）加以说明或概述。三是推断，即预测发展的趋势。

应用：指把学到的知识运用于新的情境，以解决实际问题的能力。它包

括概念、原理、方法和理论的应用。应用的能力以知道和领会为基础，是较高水平的理解。

分析：指把复杂的知识整体分解为组成部分并理解各部分之间联系的能力。它包括部分的鉴别、部分之间关系的分析和对其中组织结构的认识。例如，能区分因果关系，能识别史料中作者的观点或倾向等。分析代表了比应用更高的智力水平，因为它既要理解知识材料的内容，又要理解其结构。

综合：指将所学知识的各部分重新组合，形成一个新的知识整体。它包括发表一篇内容独特的演说或文章，拟订一项操作计划或概括出一套抽象关系。它所强调的是创造能力，即形成新的模式或结构的能力。

评价：指对材料（如论文、观点、研究报告等）做价值判断的能力。它包括对材料的内在标准（如组织结构）或外在标准（如某种观点）进行价值判断。例如，判断实验结论是否有充分的数据支持，或评价某篇文章的水平与价值。这是最高水平的认知学习结果，因为它要求超越原先的学习内容，综合多方面的知识并要基于明确的标准才能做出评价。

课堂实践中，教师要充分领悟这六个层级的认知水平，善于设计不同的教学环节，让处于不同思维层级的学生多参与高阶认知活动，培养学生的高阶思维。例如在“龟兔赛跑”教学中，教师用不同层级的问题引导，学生思考问题的认识水平也是不一样的。如反映识记水平的问题为：“你能复述一下这个故事吗？”反映理解水平的问题为：“兔子怎么会输掉比赛呢？”反映应用水平的问题为：“生活当中你犯过像兔子一样的错误吗？”反映分析水平的问题为：“你认为现实比赛中可能出现这样的情况吗？”反映综合水平的问题为：“如果由你来组织一次公平的龟兔赛跑，你会怎样组织呢？”反映评价水平的问题为：“你能改编一下龟兔赛跑的后续结局吗？”

二、发展思维是学生学习的主要目标

理性思维是“中国学生发展核心素养”框架所认可的学生必备素养之一，发展思维是学生学习的主要目标之一。根据皮亚杰的认知发展理论，小学阶段的儿童正从具体运算阶段向形式运算阶段过渡。在SMART灵动课堂中，我们要培养学生从具体形象思维向抽象逻辑思维过渡，根据学生的个性思维品质，实施针对性的教学策略，不断提高学生的思维水平，改善学生的思维品质。

学生良好的思维品质主要表现在哪些方面？有怎样的培养路径？一般认为，良好的思维品质主要表现为思维的深刻性、灵活性、独创性、批判性、敏捷性和系统性六个方面，各方面所涉及的思维特征表现以及学生的培养路径等如表3-2所示。

表3-2　学生思维品质的特征表现和培养路径

思维品质	定义内涵	特征表现	培养路径	学生差异
深刻性	思维活动的抽象程度和逻辑水平，涉及思维活动广度、深度和难度	深度思考问题，善于概括归类，逻辑抽象性强，善于抓住事物的本质和规律	在感性材料的基础上，去伪存真，由此及彼、由表及里，抓住事物的本质与内在联系，认识事物的规律性	深刻性优的学生抽象概括能力高，深刻性弱的学生往往只是停留在直观水平上
灵活性	思维活动的灵活程度	思维起点灵活，思维过程灵活，概括迁移能力强，善于综合分析，思维结果灵活多样	从不同角度、方向、方面提出问题；对问题做综合性分析；举一反三，应用自如	灵活性强的学生，善于从不同的角度与方面思考问题，能较全面地分析、思考问题，解决问题
独创性	思维活动的创造性	善于发现问题、思考问题，善于创造性地解决问题	独创性源于主体对知识经验或思维材料高度概括后集中而系统的迁移，进行新颖的组合分析，找出新异的层次和交结点	学生概括性越高，知识系统性越强，伸缩性越大，迁移性越灵活，注意力越集中，则独创性就越突出
批判性	思维活动中独立发现和批判的程度	具有分析性、策略性、全面性、独立性和正确性等特点	独立思考、善于发问，对思维活动各环节、各方面进行调整、校正的自我意识	批判性差的学生循规蹈矩、人云亦云；批判性好的学生善于质疑反思，有独特思考和见解

续表

思维品质	定义内涵	特征表现	培养路径	学生差异
敏捷性	思维活动的速度，反映了智力的敏锐程度	思维积极，思维敏捷，考虑周密，迅速做出判断	在处理问题和解决问题的过程中，适应变化，积极地思维，周密考虑，正确地判断和迅速地做出结论	敏捷性好的学生，在思考问题时敏捷，反应速度快；敏捷性差的学生，往往迟钝，反应缓慢
系统性	思维活动的有序程度以及整合各类不同信息的能力	善于全面系统分析问题，开展系统的理解活动，善于预见事物的发展进程	有序思考问题，解决问题时要规划设想，细化操作步骤，有序分类，整合信息，系统性考虑问题	系统性好的学生，做事有序、有条理，考虑问题全面；系统性差的学生，思维无序凌乱，条理性差

发展学生思维的深刻性、灵活性、独创性、批判性、敏捷性和系统性，需要教师关注学生的思维品质差异，因材施教，选择科学的培养路径，采取有效培养策略，促进学生良好思维品质的发展。发展思维不仅是教师教学的目的所在，同时也是学生学习的最终归宿。

三、有效思考是课堂教学的核心行为

爱因斯坦曾说："教育的价值不在于学习很多事实，而在于训练大脑会思考。"没有思考就没有学习，学习的本质是思考，有效思考是课堂教学的核心行为。如何激发学生在课堂上有效思考？SMART灵动课堂实践表明，培养学生发现问题、提出问题、分析问题和解决问题的能力，让学生善于关注文内文外联系，养成善于批判与反思的习惯以及自我觉察、反省、评价与调节的元认知和适应力是至关重要的。人人爱思考，具体课堂表现在四个方面，分别是人人爱提问、人人善联系、人人会推理和人人勇批判。其框架模型如图3–1所示。

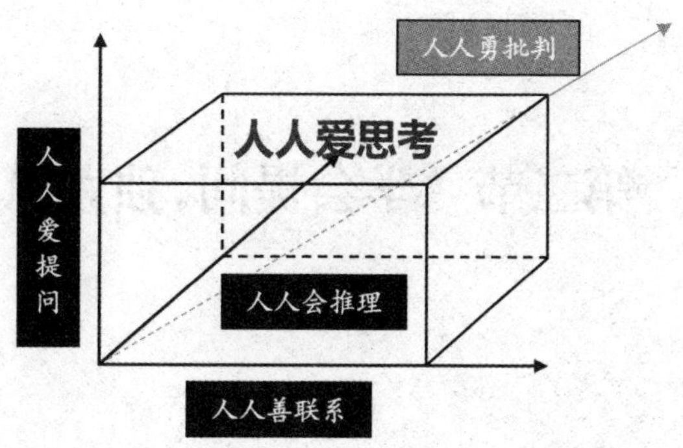

图3-1 “人人爱思考”课堂表现的四个方面

乐于提出问题，是学生爱思考的外在表现和显性特征，它伴随着学生成长的全过程，学得越多、越深入，问题就越多、越深刻；善于关注文内外联系，善于想象推理，是学生爱思考的两项内在特征和重要指标，它构成了学生爱思考的本质基础，不关注联系，不善于推理，不可能深入思考；而勤于反思，勇于批判，是学生爱思考的内驱动力和核心，它是驱动思考不断向更宽、更高、更深的内在动力，不断提升整个“思考立方体”的体积。正如钱颖一教授所说：“中国教育存在‘均值高’‘方差小’的主要原因是长期教学‘重知识’而‘缺思维’，尤其缺批判性思维。”我们应该重视学生的反思批判能力培养。

由此可见，在课堂教学实践中，教师要基于学生的学习风格和认知差异，基于不同的学科特点和素养目标，基于不同年段的培养目标，循序渐进，有的放矢地采取行之有效的教学策略，以生为本，基于“四个人人”，素养本位，立足发展学生的高阶思维，通过让学生学会提问，自主关注联系，善于合理推理，勤于批判反思等措施，实现学生“人人爱思考”的素养目标。

第二节　学会提问，独立思考

明代学者陈献章在与顾炎武论学的信中指出：学贵在疑，大疑有大进，小疑有小进，不疑则不进。陶行知先生也曾说："发明千千万，起点在一问。"这说明只有会"问"，才能有深度思考，有了深度思考，才能不断产生新问题，学生在"质疑—答疑—再质疑—再答疑"的不断循环往复思考中获得知识，提升能力。

传统教学模式下的学生只善于解决教师提出的问题，而不善于自主发现问题、提出问题。新时代的中国基础教育应该培养学生的问题意识，让人人都善于提出问题，这就需要教师在课堂上教给学生提问的方法和技巧，关注学生差异，教他们学会辨认"真假"问题，通过范例学习、工具辅助等教学手段，让学生从模仿到学会，从学会到自觉，逐步达成人人敢提问、人人会提问和人人善提问的良好局面。

一、教给方法，学习提问

思维始于问题，创新源于新问题的发现。问题意识和提问能力是人的创造能力的重要组成部分，不同的人的问题意识和提问能力有所不同。要培养学生创新意识和创造能力，必须重视问题意识和提问能力的培养，我们的做法是教给方法，让学生学会提问。

（一）提供样例，学生模仿提问

1."六何"法

"六何"的概念最早出现在英国作家拉雅德·吉普林写于1902年的诗句中，而后发展为新闻报道中的六要素。"六何"为"5W+1H"，即何人（Who）、何时(When)、何地(Where)、何事(What)、为何(Why)、过程如何(How),换一种说法就是:人物、时间、地点、事件、原因、发生过程。六何法不仅应用于新闻撰写,也被广泛应用于学习写作、提升阅读力和分析问题之中。在SMART灵动课堂上,我校教师用六何法提供提问的范例,帮助学生认识和练习提问,让学生聚焦学习内容,利用要素发现问题。比如,在小学语文统编版教材一年级下册的《小壁虎借尾巴》教学中,曹海棠老师制作了"谁""哪里""什么时间""什么""为什么""如何"6个词卡,并把它们作为示范及提示的载体,引导学生按照自然段落进行提问。仅围绕"为什么"一个要素,学生就提出了许多问题,如"小壁虎的尾巴为什么会断?""小壁虎断了尾巴又为什么去借?""小鱼为什么要摇着尾巴?"等。在学生能够针对某一要素提问之后,曹老师便组织学生进行男女生问答比赛、小组问答赛,激发孩子的提问热情,鼓励学生提出更多的问题。简言之,学生需要经历"认识—学习—应用"六何法提问的完整过程。

六何法聚焦的是根据要素"精准"提问。教师在引导学生分要素提问时,给予提问的孩子即时评价,让孩子有意识地分清各个要素。这样,六何法才能在提问中发挥它应有的作用。让学生聚焦学习内容,利用要素发现问题。在此过程中,教师采取了多样化的学习形式,如男女生问答比赛、小组合作问答等,从而激发孩子的提问兴趣,鼓励孩子提出更多的问题。

2. 问题条

问题条就是教师在课堂上给学生准备好一些纸条,一张纸条写出一个问题,学生根据自己的学习过程,随时记录自己的问题。

【案例3-1】 小学语文部编版教材四年级上册《一个豆荚里的五粒豆》教学片段

一、教师样例示范:看到标题大家会有什么疑问呢?可以提出什么问题呢?我们可以使用问题条的形式记录下来(见例表3.1)。这节课我们先学习针对课文内容进行提问。

例表3.1　问题条

《一个豆荚里的五粒豆》问题条
问题1:这五粒豆想要做什么? 问题2:这五粒豆最后怎么样了? ……

二、学生模仿提问:在学生通读全文后,让学生针对文章内容提出问题(见例图3.1),引导学生用合适的提问词,丰富提问内容,不仅提出“是什么”的问题,还要提出“怎么样”“为什么”等问题。

1. 飞进“太阳”的那粒豆子说“我的身份非常相称”是什么意思?
2. 为什么说豌豆在青苔里像个囚犯呢?
3. 为什么泡在水里的那一颗觉得自己是最了不起的?
1. 五粒豆去了不同地方,心情怎么样?
4. 有没有什么道理?
2. 作者为什么要取这样的题目呢?
3. 这五粒豆,作者会更喜欢哪一粒豆呢?

例图3.1　学生模仿提问举例

三、小组整理问题:呈现小组提问整理单,小组合作,梳理问题。请大家将“问题条”贴在小组提问清单相应的位置:针对部分内容的提问、针对全文的提问。

在本案例中,教师采用问题条的形式让学生模仿教师提出问题,再与小组同伴整理问题清单。通过这样的方式让学生学会针对文本内容进行提问。同时引导学生说出更多的疑问词,如“难道”“是不是”“如何”等,并利用这些疑问词进行多元提问。

(二)借助图表,学生尝试提问

借助图表提问是在各个学科教学中常用的手段。图表是学校开展教育的重要媒介,也是学生在校园外时刻会接触到的重要信息载体,因此发展学生的图表识读能力(可视化素养)很有必要。借助图表提问还有助于学生发展思维技能,比如发散性思维、收敛性思维等。这是与儿童的心理发展特点相关联的。小学生处于从形象思维向抽象思维发展的过渡阶段,图表能够成为思维模式转换的有力辅助工具。

在进行“摆的快慢是否与摆锤的重量有关”实验中,小组实验研究的是在15秒内分别测量摆锤重量为1倍、2倍和3倍,对摆的快慢的影响。实验结束时,其他组在每次实验中摆动的次数都相同,只有一组的结果如表3-3所示。

表3-3　摆锤的重量与摆的快慢关系实验记录表

	摆在15秒内摆动的次数			
摆锤的重量	第一次	第二次	第三次	平均数
1倍重量	15	15	15	15
2倍重量	13	13	13	13
3倍重量	12	12	12	12

通过大多数小组的数据,可以很明显地得出“摆锤的重量不会影响摆的快慢”的结论。教师面对这组数据,并没有直接宣告该组实验失败,而是利用这个机会鼓励学生去提出问题。“为什么他们的数据不一样?”“你们是怎么计算摆锤摆动的次数的?”“你们是怎么挂钩码的?”等问题从同伴嘴里出来。教师让全班同学集体思考,并实验检验。可以看出,通过提问而不仅仅是回答问题,学生可以在自己的学习中发挥更大的作用,对正在思考的学习任务有更深刻的理解。

浙教版数学每个单元都有一节主题图提问课，教师引导学生经历“细致观察—独立提问—交流分类—尝试解决”的过程，让学生看图后自我提问并解答。比如，一年级下册第一单元“餐厅里的数学问题”（见图3-2-1），教师针对提问环节做了以下设计。

【案例3-2】 浙教版小学数学一年级下册“餐厅里的数学问题”

1.个人独立提问

(1)独立观察思考：请在每个区（备餐区、就餐区。见例图3.2）至少提一个数学问题，用喜欢的方式记录问题，可以编号，可以画图，也可以用拼音。

(2)请用手势表示自己提出的问题数量。

例图3.2 单元主题图

2.四人小组交流

(1)介绍小组交流方法：每组问题最少的小朋友先说；一人说，其他人听，相同的问题打“√”；给小组内的好问题打“☆”，并说说评五星的原因。

(2)小组活动。

3.班级汇报

(1)邀请个别组先汇报，再请其他组补充。

(2)寻找好问题，让学生说说哪个问题提得好，并说明理由。

4.分类整理问题

带领学生按照数学问题的基本类型，把问题进行分类。

学生提出的问题有“图上有几瓶橙汁？”“每人一杯饮料，有6人，需要几杯饮料？”“来了3位朋友，只有2张凳子，还差几张？”“1箱有12罐饮料，拿出了一些，还剩下4罐。拿出了几罐？”“矿泉水9瓶，果汁15瓶。果汁比矿泉水多几瓶？”等。显然，有一些问题不存在数量关系，教师会引导学生去注意并修改错误问题，形成正确的概念，即数学问题基本结构中需要含有未知量和已知量。学生提问能力的培养并不仅仅局限于能提问，更应该鼓励学生尝试从多角度去思考问题、提出问题。在上述案例中，由个人零散的问题形成小组问题，然后再形成班级问题，学生完整经历了问题向深度迈进、向广度扩展的思维历程，能够有效提升问题意识和能力。同时，通过对好问题的评价，学生进一步感知如何提出好的数学问题，并在提问策略的指导下通过模仿提问，逐步培养提问能力。

二、关注差异，学会提问

受原有经验和遗传影响，学习者会具备不同的学习风格、学习策略和学习能力。此外，通过学习和社会交往适应，每个个体都有自己的学习节奏和学习内容倾向。然而，这些特点未必有益于学习者达成学习目标。教育工作者必须帮助学习者审视自己的学习特点，必要时予以凸显或调适。

（一）关注学习水平，鼓励多层次提问

美国心理学家斯滕伯格说：“儿童天生就是提问者。为了学会适应极其复杂的、瞬息万变的环境，儿童就得学会提问，否则就无法生存。不过，儿童的提问能否持续下去，取决于成人的反应。”教师不仅要教给学生提问的方

法，还要教会学生辨别提问的层次优劣，更要营造民主宽松的氛围和条件，给予学生提问的机会，赞赏学生的进步，宽容学生的错误。

1.教会学生辨别提问的层次

美国教育心理学家布鲁姆认为，不同的问题可以促进不同层次的学习结果。在最新的分类版本中，他将学习的思维层次按照从低到高的顺序分为识记、理解、应用、分析、综合和评价（创新）。根据涉及的思维层次不同，问题层次也可以分为对应的六种。在实际教学中，教师可以根据需要把理论加以实践。为便于学生学习掌握，我们在教学中把这六种问题粗分为事实性问题（与识记对应）、推论性问题（与理解、应用和分析对应）和评论性问题[与综合和评价（创新）对应]。事实性问题是指可以直接找到答案的问题，推论性问题是指需要经过一定的思考过程加以推理而获得答案的问题，而评论性问题是指需要回答者表达观点或呈现创意的问题。

以我校曹海棠老师的阅读策略教学为例。她借助一些简单方法帮助学生学会辨别问题层次：使用六何法能在文章中找到相关信息的问题是事实性问题；依据已知的事实加以推断可以获知答案的问题是推论性问题；评论性问题具有一些关键词，比如"你觉得""如果是你"等（见图3-2）。借助提问策略，学生的阅读理解能力得到了提升。

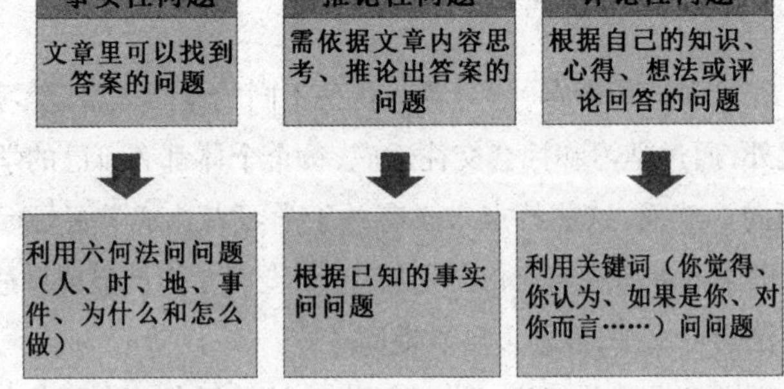

图3-2　问题的层次及对应关键词

2.鼓励学生多层次提问

学生的学习水平有差异，思考角度、思考深度有区别，提问层次自然不同。曹老师把分层次提问落实到了课堂阅读教学中。

【案例3-3】 四年级上册“学会自我提问”群文阅读教学片段

《种树》是一则关于种植希望和幸福的文章，由法国当代文坛作家尚·纪沃诺创作，林武宪改写。文章描写了一个孤独的牧羊人布菲耶以双手和无比的毅力，每日种下100粒橡实，持续了34年，让原本干旱破败的普罗旺斯地区重现勃勃生机的故事。曹老师根据这篇文章的内容，给学生提供了自己提出问题的示范。

问题示范卡

事实性问题：

布菲耶埋下大约10万颗种子，最后大概有多少种子存活下来？

推论性问题：

你觉得布菲耶给后人留下的最珍贵的礼物是什么？

批判及评论性问题：

尚·纪沃诺为什么要写这个故事，难道仅仅是号召人们种树吗？

本课的主题为“自我提问”，即自己向自己提问题。自我提问是有方法的，问什么，怎么问，都是有讲究的。掌握了自我提问的方法，能帮助学生更好地读懂文章。在“问题示范卡”中，曹海棠老师的问题分为三个层次，一为事实性问题；二为推论性问题；三为批判及评论性问题。学生基于本文的材料以及问题示范，阅读另一篇文章《牛奶小侦探》，并提出对应的事实性问题、推论性问题以及批判及评论性问题。

(二)关注学习风格,鼓励多形式提问

学习风格是影响学生差异发展的重要变量之一,我们要尊重并有效利用这种差异。正如美国心理学家加德纳在多元智能理论研究中所提出的,教师可以根据需要设计多重学习路径来适应学生多元智能优势,比如鼓励具备"人际关系"智能优势的学生以互动合作的方式参与学习。同样地,我们也鼓励不同学习偏好的学生采用适合自己的形式或者满足同伴多重学习需求的方式进行提问。

1. 多人合作提问

不同学习者的言语表达能力存在差异。一般来说,学习者在言语上所表现出的差异在很大程度上与其个性有关。内向的学习者不善于表达,他们沉默寡言,课堂上很少主动提问或回答;相反,外向的学习者活泼健谈,善于表达,课堂上常常主动提问或回答,即使表达得不合逻辑。因此,教师在组织提问环节的时候可采用小组合作呈现问题的方式:首先,让所有的同学用自己喜欢的方式独立完成个人问题的记录;其次,以小组的形式汇总问题,并选出擅长口头表达的问题汇报员,在班级范围内呈现交流。

2. 多种形式提问

并不是所有问题都适合用言语来表达,有些问题可以通过画图、演示其他方式进行呈现。在没有合作者的情况下,内向型的学习者也可以通过这种方式提出问题。比如,在动作技能学习比较多的体育、音乐和美术等学科课堂中,学生可以采用做一做动作、唱一唱旋律、画一画线条等方式告知老师自己存在的疑问,真实呈现当时自身的学习理解水平,便于教师结合学情及时解决问题。再如,针对数学比较抽象问题的呈现,也可以让学生用图加以辅助解释。

【案例3-4】 浙教版小学数学三年级下册"重叠问题"

问题:有12位同学脸朝老师站成一排,他们的学号依次是1~12号,老师先请学号是2的倍数同学向后转,再请学号是3的倍数同学向后转,请问最后脸朝老师的同学有多少位?

师:请同学们说说你是怎么想的?

生1:12÷2=6(人),12÷3=4(人),12-6-4=2(人)。

生:不对,既是2的倍数又是3的倍数的同学又转回来了。

生2:12÷2=6(人),12÷3=4(人),12÷6=2(人),12-6-4+2=4(人)。

生:嗯!这样就对了。

师:你们都觉得第二种方法是对的吗?有没有同学有不同的想法?

这时有一位同学举手,有些犹豫。

生3:我用语言说不清楚,我感觉是有问题的,我画了图,数了数发现答案是6人,而不是4人。大家看看问题出在哪里?

教师呈现这位学生的图示(见例图3.3):

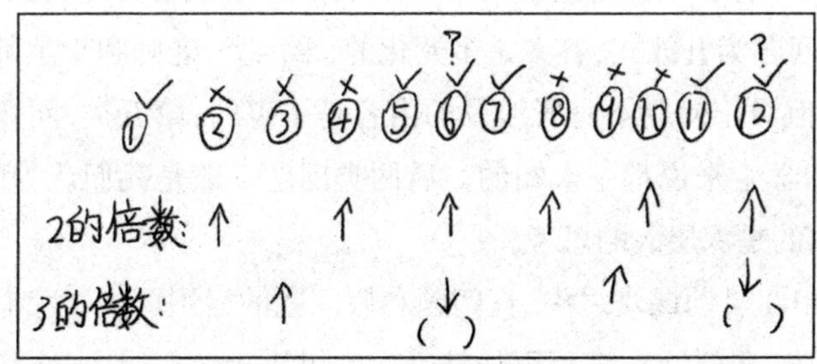

例图3.3　学生倍数图示

生:哦!看到图示,我们把6号和12号两位同学给漏算了。

生:正确的答案应该是12-6-4+2+2=6(人),"减6和减4"将6号、12号两位同学减了两次,现在需要保留他们,就必须要加回两次才行!

正如案例所示,有时我们很难用言语来表达自己发现的问题,但是通过画图就能直观清晰地表达出问题的关键之处,这样有利于我们深度分析问题、解决问题。

三、辨别"真假",善于提问

在课堂教学中,问题这个词常常出现,但问题也分"真"和"假"。在课堂中,假问题是指教师或者学生在提问之前就已知道答案的问题。这样的问

题没有内在的矛盾或冲突，是一种明知故问的问题。这些问题没有问题的本质，所以称为假问题。假问题一般为事实性问题，这类问题一般应用于语文阅读课、科学课当中，能帮助学生了解学习内容的基本信息，为深度的学习打好基础。与假问题相反，真问题是提问者不知道答案的问题。这类问题存在着内在的关联，课堂中这类问题在提出之时，学生和教师在都不了解问题答案的情况下，共同利用所学所知去探索，从而找寻到问题的答案，这样的问题是我们所认为的真问题。

（一）辨别真假问题

有学者按照同样的分类方式，即从“是否了解问题答案的角度”把课堂中的问题分为以下五类：第一类，教师和学生都知道此问题的答案；第二类，问题的答案学生不知道，但老师了解，且答案唯一；第三类，问题的答案只有教师知道，问题为开放式，答案是多元化的；第四类，老师和学生都不知道问题的答案，但对于问题本身所涉及的内容是了解的；第五类，问题本身和答案对老师和学生来说都是未知的。后两类问题一般是我们认为的真问题，真问题指向的是深层次的思考。①

在SMART灵动课堂之中，真问题和假问题的运用取决于我们学习的内容，但相对于“假问题”，教师更加鼓励学生提出比较深层次的、答案不唯一且未知的真问题。如前所述案例3-3中，“事实性问题”即为师生都知道答案的“假问题”，学生可以在短时间用“自问自答”的方式了解文章的大致内容。而“推论性问题”以及“批判及评论性问题”要求学生基于“事实性内容”进行推论和批判，如内容上的猜想、逻辑上的因果分析、方法上的策略等。这部分问题的答案是未知的、多元的。能够发现并提出这样的问题，帮助学生理解文章的深层含义，从而提高思考能力，这类问题就是深入思考的“真问题”。

（二）提出真问题

提出真问题是衡量学生是否深度思考的重要指标。日常教学中，我

①黄伟，侯玉莹.课堂提问中的真假问题二维分析及其教学价值[J].教育研究与实验，2016(3)：35-39.

们会发现有些同学问题很多，但是提出的问题都不是真正的问题。那么，课堂上我们如何引导学生提出真问题呢？只有通过基于比较、探究和讨论的学习活动，学生才能提出需要基于事实推论和批判评论的猜想型问题和因果型问题，而这样的问题能够深入探究事物本质和一般规律，揭示元素条件之间的因果关系，指向方法策略过程性的反思，这些问题就是我们认为的好问题、真问题。

1.在比较中提出猜想型问题

课堂上教师要善于运用比较策略，让学生先独立思考A，再独立思考B，然后比较AB的异同，说说自己的体会和猜想，激发学生深度思考知识的本质和联系，提出猜想型问题。只要学生能进行指向一般规律的猜想，提出的问题一定是高阶水平的，这样的问题就一定是真问题，是激发思维的好问题。

【案例3-5】 浙教版小学数学五年级下册“工程问题”

题组训练：

①工程队修300米公路，甲单独修需要10天，乙单独修需要15天，如果两队合作完成需要多少天修完？

②工程队修450米公路，甲单独修需要10天，乙单独修需要15天，如果两队合作完成需要多少天修完？

③工程队修600米公路，甲单独修需要10天，乙单独修需要15天，如果两队合作完成需要多少天修完？

一、独立尝试：同学们，独立完成题组。

二、练习反馈：(1)300÷(300÷10＋300÷15)=6(天)

(2)450÷(450÷10＋450÷15)=6(天)

(3)600÷(600÷10＋600÷15)=6(天)

三、分析比较：请同学观察上面3道题，你有什么发现和疑问？

四、猜想问题：

生1：为什么公路的长度不一样，结果算出来的合作天数是一样的呢？

生2:我猜测公路长度可以不告知,这道题也可以求。

生3:这道题的一般方法是怎样的呢?

五、深度思考:工程队修一条公路,甲单独修需要10天,乙单独修需要15天,如果两队合作完成需要多少天修完?

生:哦!可以将这条公路长度看成单位“1”,那么甲的效率就是$1\div10=\frac{1}{10}$,乙的效率则为$1\div15=\frac{1}{15}$,合作天数$=1\div(\frac{1}{10}+\frac{1}{15})$即可。

课例中学生基于题组的训练和比较,提出自己的猜想:可以不用告知公路的长度也能求合作时间,由此引发深入思考“我们可以怎样来表示公路的长度呢”?有了这样的问题思考,逐渐地将工程问题一般化方法从具体量过渡到抽象量,让思考逐步深入,数学模型逐步建构起来。

2. 在实践中提出因果型问题

问题来源于实践,学生可以在实践中不断地发现问题、提出问题、解决问题。我们在课堂中会给予学生动手实践的机会,让学生在实践中发现问题、提出问题,引导学生通过个人思考、小组讨论等方式寻找实践操作中的因果关系,将思维带入深处,最终解决问题。

【案例3-6】 浙教版小学数学五年级上册“三角形的面积”

(导入环节先带着学生复习通过“沿高剪拼将平行四边形转化为长方形”来推导平行四边形面积的方法)

实践操作:

做一做:将三角形转化成以前学过的图形。

想一想:它们之间有怎样的联系?

操作情况(见例图3.4):

生1:

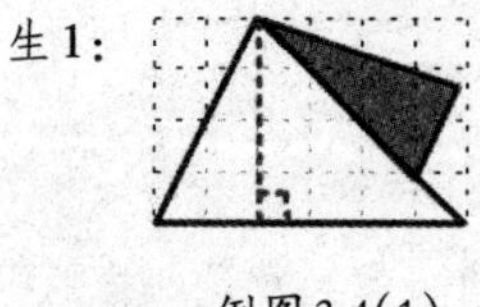

例图3.4(1)

生2:

中点 中点

例图3.4(2)

生3:

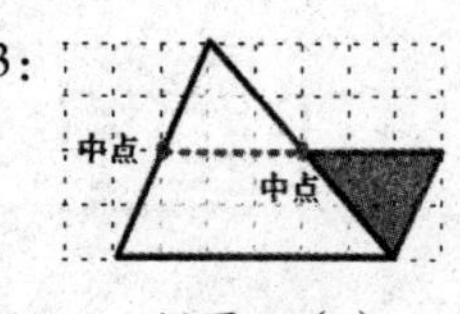

例图3.4(3)

教师选出3位学生展示剪拼过程。生1沿高剪开，这两个三角形无法拼成长方形。生2沿着两腰中点的垂线剪开后，将两个三角形绕着中点旋转180度，能转化成长方形。生3沿着边的中点剪开，将三角形绕着中点旋转180度，能转化成平行四边形。

教师：转化成功的同学，你们有什么妙诀？没有转化成功的同学，遇到了什么问题呢？

学生提问：

生1：为什么我剪下的两块拼不成一个长方形？

生2：为什么我和他都是沿着垂线剪，结果不一样？

生3：如果不沿着中点剪开，是不是就拼不成功？

教师：同学们已经发现了，沿高剪的方式不适合三角形的转化。有同学提出是不是沿着中点剪就可以成功，那我们用不同的三角形来剪剪看。

实践研究：同学们用钝角三角形、锐角三角形和直角三角形来进行分组实践，发现都可以沿中点剪开，通过旋转边才能重合，这样高就被折半，因此才有三角形的面积=底×高÷2（见例图3.5）。

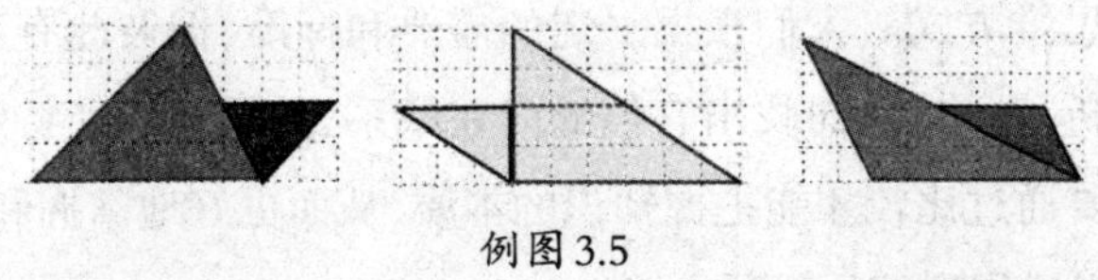

例图3.5

∵ 平行四边形的面积=底×高

∴ 三角形的面积=底×高÷2（见）

三角形的面积公式推导中，学生一边实践，一边提出问题：为什么都是沿着垂线剪，结果不一样？为什么要沿着边的中点剪开？学习过程中，学生边操作边生成问题，然后在思考问题的过程，明晰新旧图形之间的联系，最终推导出三角形的面积公式，不仅知其然，还知其所以然。

第三节 关注联系，促进理解

所谓联系是事物之间以及事物内部诸要素之间的相互影响、相互制约和相互作用，指事物内部矛盾双方，或是几个事物之间所发生的关系。联系是事物本身固有的，且普遍存在于世间万物。在SMART灵动课堂上，引导学生关注事物之间的联系，能够让学生在联系中发现规律，准确地抓住事物的本质，实现深度思考。如何让孩子学会关注事物之间的联系？我们可以通过让孩子做比较、画图示、结合生活等方式实现这一目标。

一、学会比较，发现联系

比较是指确定对象之间差异点和共同点的逻辑方法，是人类认识事物的一种基本思维方式。人们根据一定的需要和标准，把彼此有某种联系的事物加以分析、对比，从而找出它们的内在联系、共同规律和特殊本质。学生在学习时要通过比较才能把握知识的本质，从而更好地掌握和理解知识，并将所学知识运用到实际问题中。

（一）借比较促求同——把握新知识的本质

求同，即揭示某些知识之间的共性。对于学生而言，新知识点繁多，需要借助比较找到规律，把握新知识点的本质。比如，在数学课堂中，模型思想的构建往往需要经历一个求同比较的过程；在语文课堂中，学生可以通过比较文字、事物之间的异同，发现其中的联系、规律以及特殊本质，促进学生对文本的理解。

例如，在部编版教材小学语文一年级上册“语文园地七”的识字教学片段中，教师将“明、晚、昨、时”这几个生字同时出示，让学生观察，孩子们通过比较找到了这几个字的相同点：几个字之间不但字形有相同的部分，且字义也相似。随后，教师进一步引导，学生又通过比较，由字形的相似联想到字义的相似，从而得出结论：所有跟时间有关的字都有一个日字旁。教师还可以引导学生去发现，凡是同一部首的汉字多有一些共性的地方，用这样的方式再去找寻其他汉字的特点与规律。继而，孩子们就会发现，凡是与身体有关的字多有“月”字旁，如脸、腿、臀；凡是跟水有关的字，多以“氵”或“冫”为偏旁，如凉、冷、江、河。对于一、二年级识字量不大的孩子来说，借用这样的方法就可以去了解认识没有学过的一些生字。当其在课外阅读或是其他场合遇到类似情况，就可以根据部首联系字形揣摩字义，从而帮助其理解文本。

（二）借比较促求异——辨清知识间的区别

求异，即揭示此物与彼物的不同点。就算是非常相近的同类事物，也有不同的地方，探寻出两个事物之间的不同点，可以更好地分辨事物。在学科教学中，通过对某些教学内容的比较能清晰地找出它们的不同点，进而固化不同的学科概念之间的区别。

比如，在教学求比值与化简比的内容时，教师先让学生分组讨论 $\frac{5}{7}:\frac{5}{14}$ 和 $\frac{1}{5}:\frac{1}{4}$，再说明化简比与求比值时的区别。学生在讨论后，得出求比值与化简比的三个不同之处：(1)意义不同。求比值就是求比的前项除以后项所得的商，而化简比是把两个数的比化成最简单的整数比。(2)结果不同。求比值的结果是一个数，这个数可以是整数、小数或分数，化简比的结果仍然是比，不能把它写成整数或小数，如 $\frac{5}{7}:\frac{5}{14}$ 的结果不能写成2，应写成2∶1。(3)读法不同。求比值的结果是数，应按数的读法来读，化简比的结果必须按比的读法来读，如 $\frac{1}{5}:\frac{1}{4}$ 的最简整数比是 $\frac{4}{5}$，读作四比五，不能读作五分之四。通过这样的比较、分析，让学生对容易混淆的知识有了清晰的认识，达到了正确辨析求比值和化简比的目的。

（三）借比较促“沟通”——揭示知识间的联系

“沟通”能在某种程度上揭示事物与事物之间的联系。不同事物之间有着千丝万缕的联系，有的显而易见，有的需要推理论证。在教学过程中，教

师需要关注把知识概念与学生的原有知识结构之间建立联系，进行整合加工。在数学学科，我们经常运用多种对比方法，帮助学生在新旧知识之间建立起联系。以我校龚洵奕老师的"三角形作高"的错因研究为例。

【案例3–7】"三角形作高"教学改进策略节选

1. 由身高迁移到三角形的高，形成正确的高的概念

(1)由老师的身高迁移到图形的"身高"：老师有身高，那图形有吗？它的"身高"在哪儿（见例图3.6）？

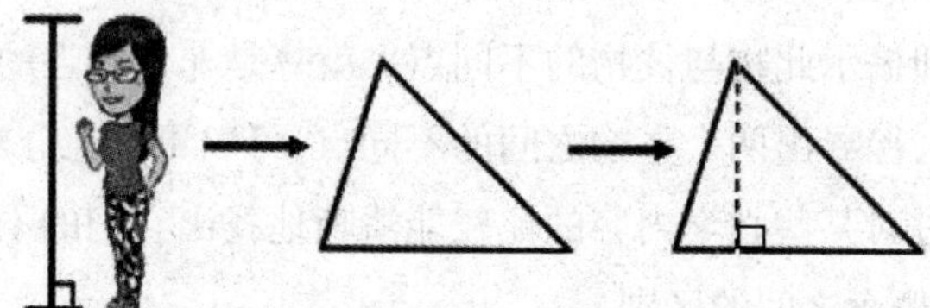

例图3.6 由身高迁移到三角形的高

讨论得出：三角形的"身高"也是从最高点到底边的垂直距离。

(2)画最高点C到对边AB上的"身高"，三角尺检验高画得是否正确（见例图3.7）。

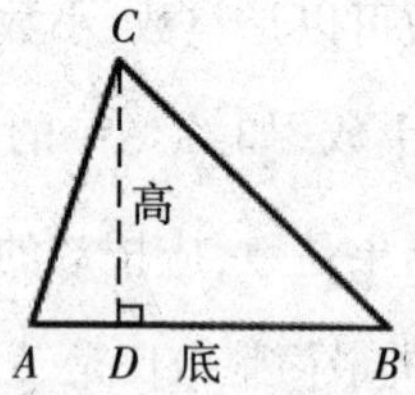

例图3.7 作顶点C到对边AB的高

(3)讨论：线段CD就是三角形的高，你能说说什么是三角形的高吗？

2. 与"点到线的距离"做沟通，理解高的本质属性

(1)独立思考（隐去AC、BC两条边）：作AB边上的高其实就是画什么？

(2)总结联系：三角形的高就是"点到线的距离"（见例图3.8）。

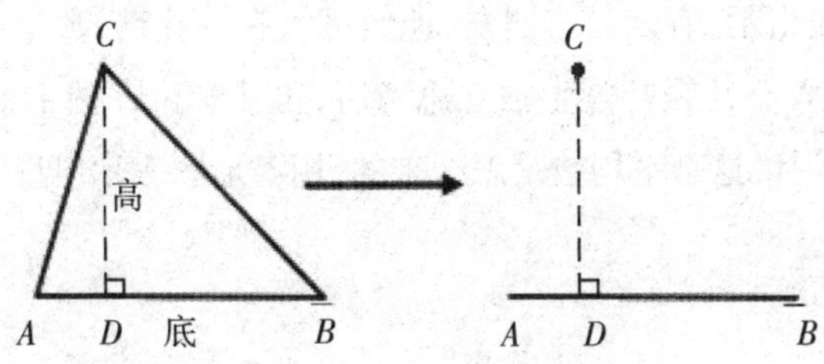

例图3.8　知识沟通联系图

教师首先让学生把原有生活经验的“量身高”与“量三角形的高”的方法进行比较迁移，画出三角形的高。学生经历从“生活中的高”到“三角形的高”的操作与观察，对三角形的高有了初步体验，在此基础上进行抽象与概括，形成正确的“高”的概念。其次，教师引导学生将“画高的过程”与“点到线的距离”进行了对比，提升了学生对高的进一步辨别和理解，帮助学生把新经验纳入已有知识结构中去理解，了解认知结构的前因后果、来龙去脉，更好地掌握“作高”的技能。

二、借助图示，理解联系

图示作为一种行之有效的思维工具，在SMART灵动课堂中也时常出现。在面对复杂的学习内容时，单纯依靠文字去弄清楚事物之间的联系，对于学生来说存在一定的困难。所以在灵动课堂中，我们时常教学生用图示的方式厘清事物间的联系。

(一)借助图示，对知识进行意义加工

1.借图示理解概念规则

现代认知心理学认为，以文字、语言方式教给学生的学科内容、知识信息，学习者只有在用有意义的方式对其进行加工时，才有可能真正理解。换句话说，学生有可能不理解教师讲解的知识，但一定理解自己加工生成的内容。通过可视化图示，抽象的概念、规则能被学生更好地理解，促使学生学习的过程成为意义加工信息的过程。

例如，在四年级“平均数”一课的教学中，因平均数这一概念比较抽象，学生理解起来比较困难。我们借助直观图示可以帮助学生理解平均数的含

义。教师先出示:有四位小朋友,他们每人有一些糖,数量如图3–3所示,提问“平均每人有几颗?”学生独立思考后,再让学生在图中标出平均数(见图3–4),然后说说这个平均数是怎么来的,用条形图表示(见图3–5)。

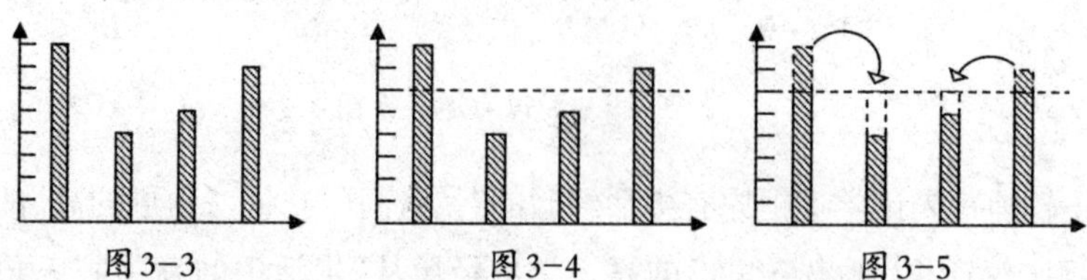

图3–3　　图3–4　　图3–5

在这个教学过程中,学生借助图示,通过观察、操作等活动,深刻理解了平均数的意义:平均数并不代表具体的数,平均数处在最大数与最小数之间,平均数是移多补少后的结果。

又如,“余数不能比除数大”,这是一条除法计算规则,许多孩子都能很流利地背诵,但在实际的运算练习中,学生作业本上出现类似“15÷4 = 2……7”的情况并不少见。我们的解决办法是,在可视化图形的基础上进行有意义的信息加工,使学生真正理解 “余数不能比除数大”的含义。教学中,教师设计了这样一个图示(见图3–6),借助此图示,学生可以清楚地看到,如果余数比除数大,那么余数中就一定还包含有一个及以上的除数,还可以继续“圈”1份。所以正确的答案应该是“15÷4 = 3……3”。此外,为了让学生熟练掌握“带余数除法”的运算规则,我们还要求学生在图文结合的基础上完成与之相关的作业(见图3–7)。

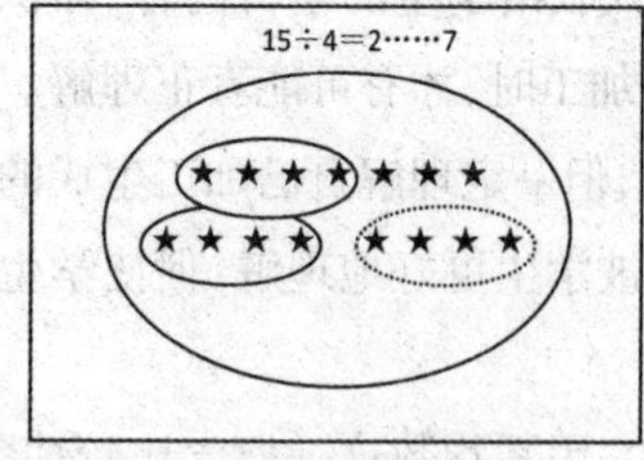

图3–6　余数为什么不能比除数大

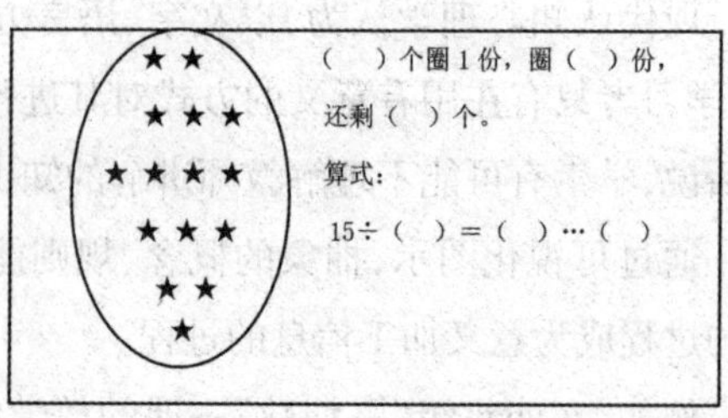

图3–7　余数不能比除数大

2. 借图示组织整合信息

借助可视化图示可以强有力地帮助学生进行分析比较和抽象概括，为思维过程提供支架。也就是说，通过外显可视、形象直观的图示工具，学生能够自如地进行信息组织和整合，从而为解决问题创造良好的前提。

以数学应用题学习为例，数量关系结构图就是一种推进学生思维的有效方式。例如，“新风小学新校园搬迁，购买了1600张椅子，用了32000元。又买了600张课桌，每张课桌比椅子贵45元。买课桌一共要用多少元？”这样的题目，对小学四年级的学生来说关系多且复杂，但借助结构图（见图3-8），学生很快就能厘清思路，顺利完成解答。

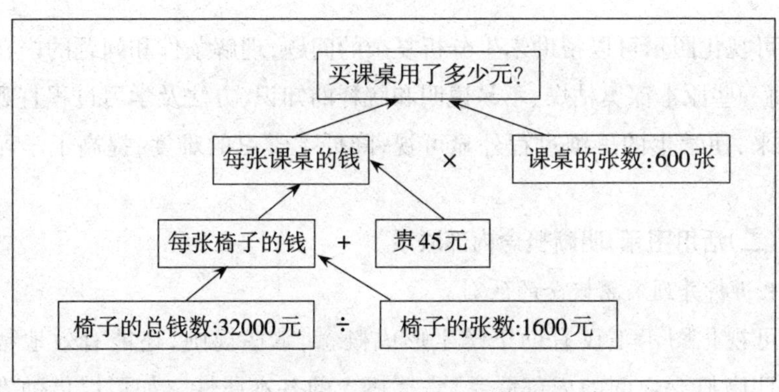

图3-8 应用题数量关系结构图

可视化图示在小学生掌握应用题解题方法方面所起的作用更是显而易见。以“搭配问题”的学习为例，采用了可视化图示后，思维过程变得形象、直观、外显，三年级的孩子也能顺利掌握。

【案例3-8】 “搭配问题”可视化图示解决策略

问题：小惠有3件衬衣、2条裙子，一共有几种穿法？

教学过程：教师先让学生摆一摆，一一列举出所有的情况。显然，列

举法比较烦琐，在引导学生思考“如何将摆一摆的操作过程简洁化、符号化”的过程中发现只需要列举出“搭配图”就能轻而易举地理解2×3=6（种）算式的意义（见例图3.9）。

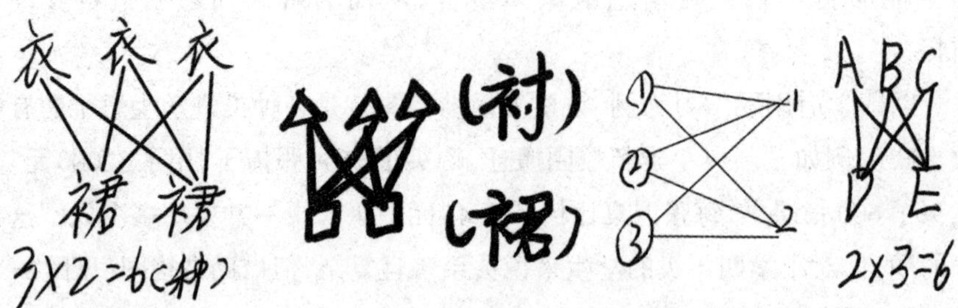

例图3.9　搭配线段图

可视化图示可以帮助学生分析复杂的问题，理解条件和问题的内在联系，将一些原本深奥枯燥、不易说明和解释的知识、方法及学习过程直观呈现出来，使学生的思维过程外显可视，降低了学习的难度，提高了学习的效率。

（二）活用图示，明晰概念内部联系

1.辨析并列关系概念的区别

可视化图示不仅有助于学生形成概念、掌握规则，还能有效地帮助学生明晰概念之间的内部联系，掌握概念的基本属性。如可以借助维恩图来达成概念的异同辨析。该图示可适用于概念学习课、知识整理课、阅读分析课等课型，在语、数、英、科等学科中被普遍应用。如在语文或英语的阅读课中，维恩图能帮助学生分析人物特点及联系、故事情节的变化等。

例如，为了让学生在阅读长篇小说《童年》时弄清主人公“我”与父母、“我”与祖父母之间的联系，王云英老师引导学生绘制了维恩图（见图3-9）。

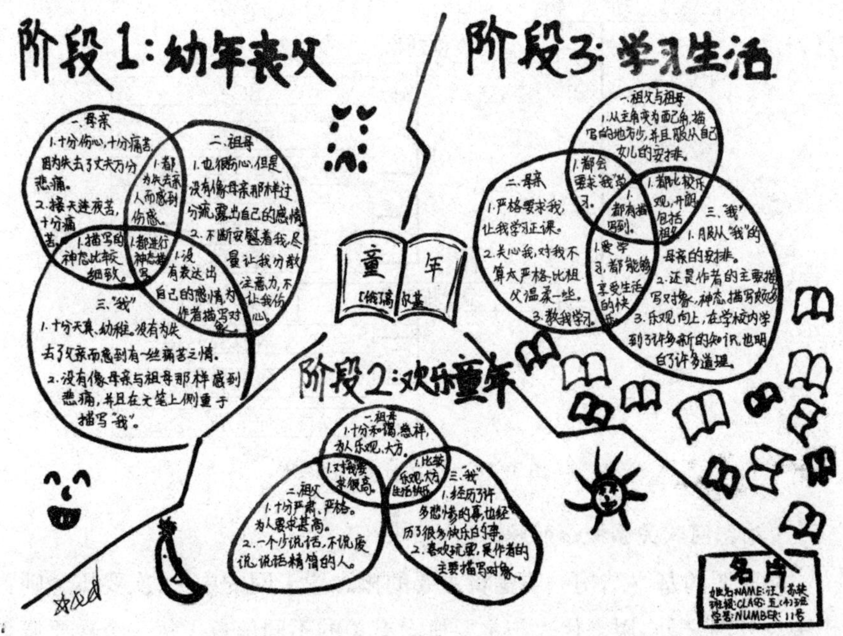

图3-9　学生绘制《童年》人物联系维恩图

通过这张维恩图，学生很快能找到"我"与父母之间以及"我"与祖父母之间的异同，了解了不同人物的个性，弄清了人物之间的联系，从而读懂小说。

2. 揭示总分关系概念的联系

树状图常常应用于描述事物整体与部分的关系，利用树形图，能够清晰地反映事物的整体和部分之间的关系。同时，树状图也是枚举法的一种，常常应用于语文的识字课、阅读课、写作课，数学的概念整理课以及科学知识回顾等课中。

如教师执教教科版科学六年级上册"生物多样性"单元对动物进行分类总结（见图3-10），将动物按有无脊椎分成脊椎动物和无脊椎动物，脊椎动物包括鸟类、鱼类、爬行类等，无脊椎动物包括节肢类、线形类、环节类等，能让学生更好地厘清动物分类之间的关系，提升他们应用分类方法的能力与水平。

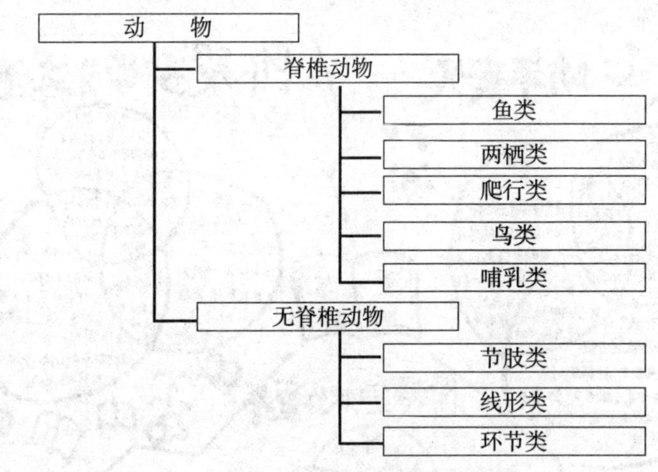

图3-10　动物分类树形图

3.编织网状关系概念的脉络

网状图的基本结构一般是将主要的概念置于网的中央,次要概念则置于中央外围之处,用来代表与主要概念有关的不同信息。每一个次要概念下可以补充说明许多事实与信息。概念与概念之间以连接线相连,代表概念之间有意义的关系。洪隆老师在执教人教版小学语文五年级上册第三组第9课《鲸》这篇课文时,就根据对课文内容的理解,将网状图介绍给学生。学生按照鲸的五大特点进行一级分类,然后根据鲸的五大特点又进行若干级别分类,这样一幅对鲸特点分析的网状图就呈现出来了(见图3-11、图3-12)。

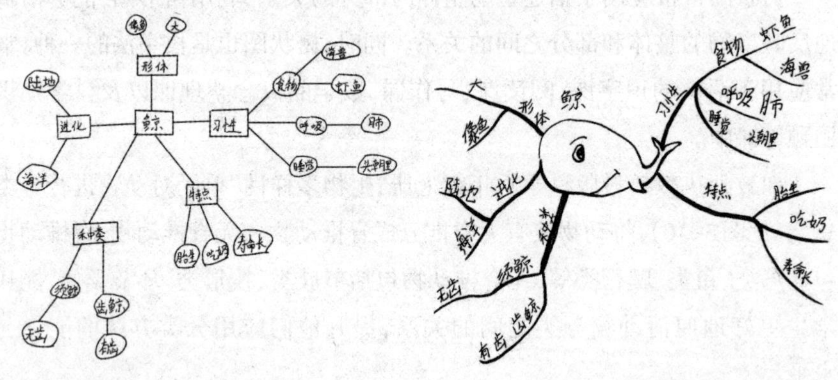

图3-11　《鲸》内容梳理网状图1　　　图3-12　《鲸》内容梳理网状图2

学生还可以将网状图加以改造，形成具有自己独特风格的思维导图（见图3-13），在加深对文章的整体感知的同时，使分析文章脉络的过程更加具有趣味性。将抽象的文字变成了具象化的图像，学生就能更好地理解不同事物间的关系。

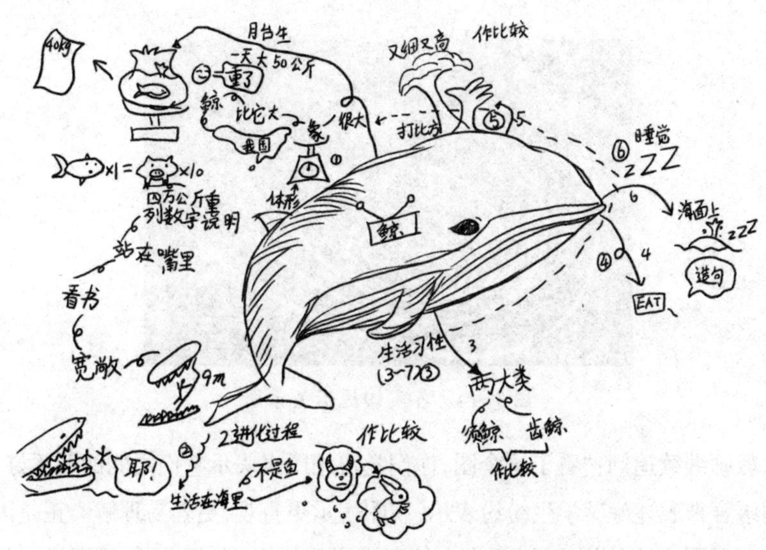

图3-13 《鲸》内容梳理网状图3

（三）生成图示，形成新的认知结构

著名认知心理学家皮亚杰认为，儿童的学习涉及同化与顺应两个基本心理过程。同化是指把外部环境中的有关信息吸收进来，并结合到儿童已有的认知结构中；顺应是指原有认知结构无法同化新环境提供的信息时所引起的儿童认知结构发生重组与改造的过程。当学生学习新的知识时，总要与原有知识发生联系，进行同化或顺应，形成新的认知结构。但用语言或文字来表述认知结构，往往不如用图示来表达简洁形象。

1.迁移方法，构建认知

图示是一种有效的知识加工工具，正确的图式知识有助于学生迁移方法，利用图示表征知识的联系，对问题进行深层次加工，并将这一经验上升为一种策略，进而构建新的认知结构。

例如，在学习“认识平行四边形与梯形”一课时，教师让学生先说说平行四边形、长方形、正方形之间的关系，学生都是用语言来描述：长方形是特殊的平行四边形、正方形是特殊的长方形。教师追问：“如果我用一个圆表示平行四边形，那么长方形在哪里？正方形在哪里？”根据学生的回答，教师完成板书（见图3-14）。

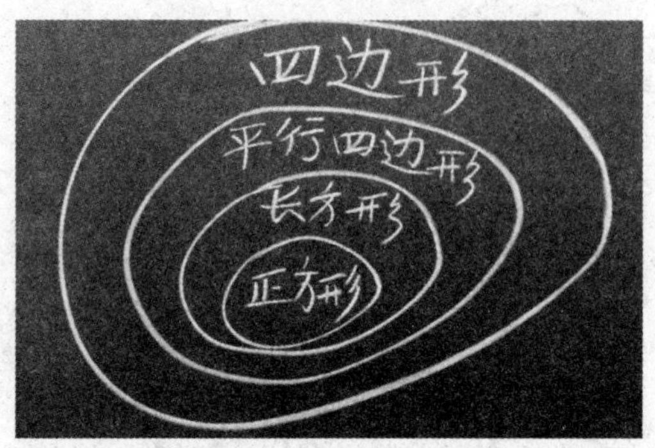

图3-14　各类四边形关系图

教师继续追问：“看了这个图，你们觉得用图来表示它们之间的关系好，还是用语言来表述好？”学生纷纷表示：用图表示更直观，更容易理解。正是因为体会到了图示法的优越性，学生在接下来说明梯形、直角梯形、等腰梯形的关系时，都开始自觉运用图示来表示。有的学生甚至能用图示来表示本单元学习的知识，将四边形、平行四边形、长方形、正方形、菱形、梯形、等腰梯形、直角梯形之间的关系在一张图上表示出来（见图3-15），形成了完整的知识结构。

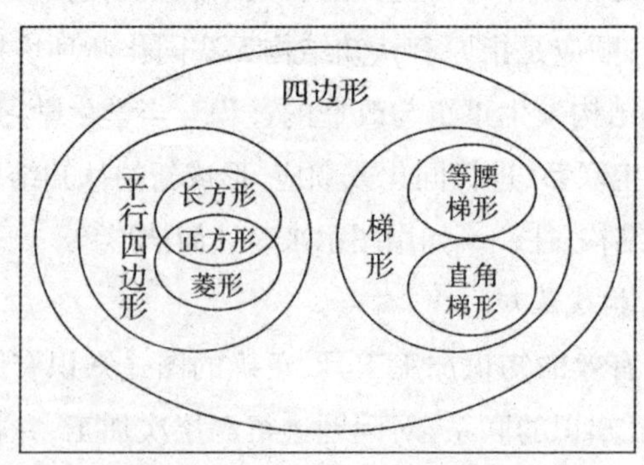

图3-15　四边形的分类

2. 灵活应用，完善认知

学生在单元复习整理中，如能灵活运用气泡图、知识树、维恩图等可视化图示，会很容易梳理单元知识的内部脉络，整体把握知识，查漏补缺，形成完善的知识网络结构。如在复习五年级“数的整除”单元时，可以让学生在课前用网状图去整理知识（见图3-16）；在六年级学习“比的意义和性质”后的练习课中，教师可以引导学生用图示来表示已学知识之间的联系（见图3-17）。

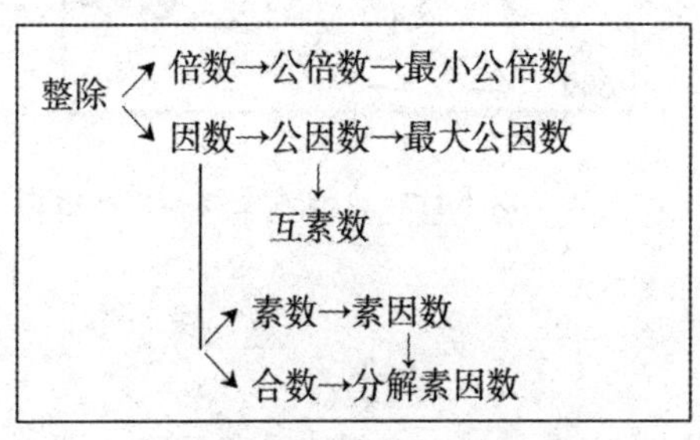

图3-16 “数的整除”单元相关概念关系图

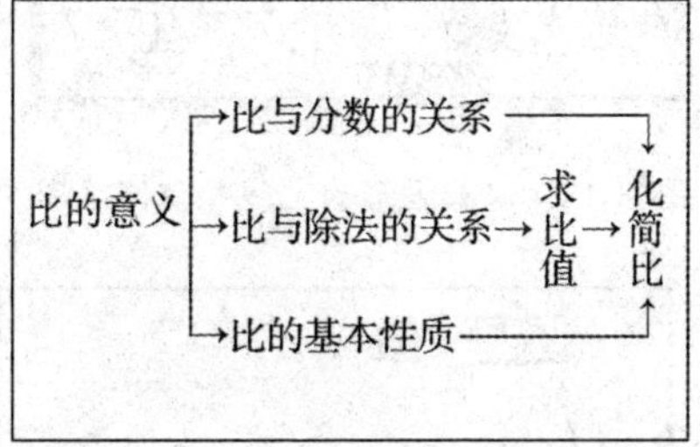

图3-17 “比的意义”内容结构图

3. 形成习惯，重组认知

图示能使学生更生动、更迅速地实现对概念内涵和外在联系的理解，并促进学生认知结构的完善和优化。在学生生成知识的过程中，可视化图形推动了学生的信息加工，它使学生对新信息进行形象化精制，并使之与其他信息（已有的知识和经验）相联系。一方面，它在新知和旧知之间架起了一座桥梁，促进知识结构的系统化；另一方面，它又帮助学生用原有的认知去同化、顺应新知识，完善或重构认知结构。当可视化图示成为学生分析问题、解决问题时的自觉行为，就会成为学生建立认知网络、重构认知结构的有力措施。

如在执教“平面图形的面积总复习”一课时，老师请学生用5分钟时间梳理小学阶段有关平面图形的面积知识结构图，学生从不同的角度，即时生成多种丰富的可视化知识网络图。学生有的以长方形为主线（见图3-18），有的以平行四边形为主线（见图3-19），有的以梯形为主线（见图3-20），不管从什么角度，都很好地展示出了不同平面图形的面积计算方法之间的转化和

联系。借助可视化图示，学生对平面图形的面积有了更深层的认知：长方形、平行四边形、三角形和梯形的面积公式之间不是单一的线性关系，它们之间是交叉的网状关系；从动态视野思考，梯形的面积公式可以涵盖其他几个图形的面积公式。

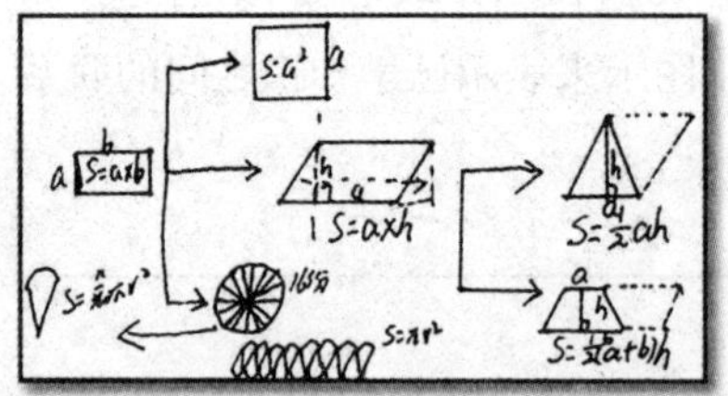

图3-18　以长方形为主线知识网络图

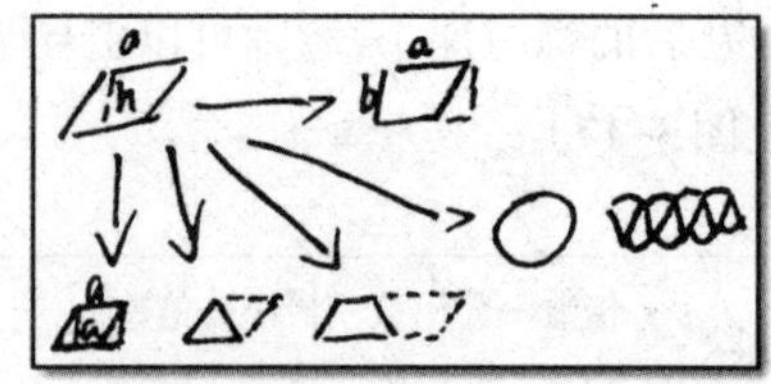

图3-19　以平行四边形为主线知识网络图

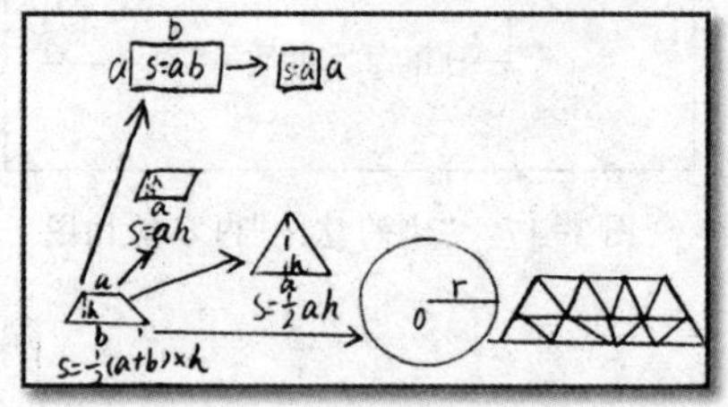

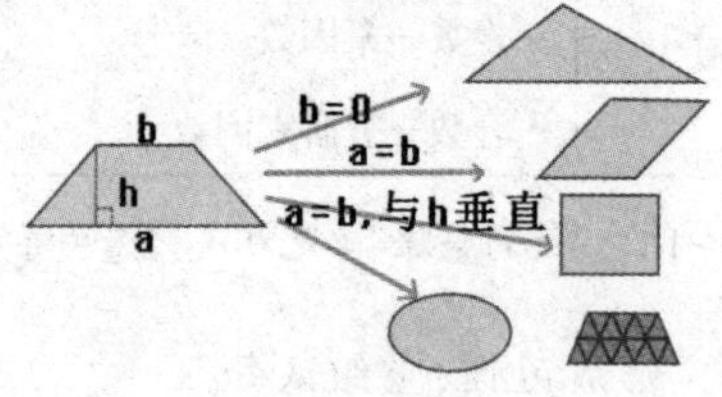

图3-20　以梯形为主线知识网络图

第四节 合理推理,分析评判

推理是由一个或几个已知判断推出另一个未知判断的思维形式,包括演绎推理、归纳推理、类比推理等。只有具备了逻辑推理能力,才能对事物做出符合逻辑关系的正确判断,因此逻辑推理能力也是个人基本素养之一。小学阶段是学生思维发展的重要奠基阶段,培养学生的推理能力,对促进学生的全面发展具有十分重要的意义。从"能力"层面来看,推理作为一种高阶思维,能够让学生在训练中提升思维能力;从"心智模式"层面来看,运用推理来思考问题能够帮助学生获取良好的推理习性与审辩态度。在SMART灵动课堂中,教师引导学生通过各种学习推理、创设机会运用推理,促使"人人会推理"。

一、关注内容,进行合情推理

推理一般包括合情推理和演绎推理,在解决问题的过程中,两种推理功能不同,相辅相成:合情推理一般用于探索思路、发现结论,演绎推理用于证明结论。以往教学比较重视演绎推理而忽视了对合情推理思想的渗透,因而在小学阶段的学习中,教师有必要加强对合情推理的关注,引导学生通过观察比较,有意识地进行合理推测,把繁难的知识转化为简易的知识,把陌生的知识转化为熟悉的知识,进而大胆实践探索。基于教学内容,进行合情推理的主要方法包括读题目推理、读目录推理、看插图推理和读细节推理等。

(一)读题目推理

题目一般指文章或诗篇的标名。题目中往往隐藏着文章中的重要信

息。在SMART灵动课堂中,我们常常会让学生根据题目内容来推断接下来可能要学习的内容。这样基于题目的猜测能激发学生对学习内容的兴趣,帮助学生快速进入学习状态,同时也能锻炼学生根据尽可能少的已知内容进行合理推断的能力。

(二)读目录推理

目录指的是书籍正文前的目次,是揭示和报道图书内容的工具。目录中比较重要的内容是章节名部分。根据这些章节的名称,我们能够了解到大量信息,并根据这些信息对将要学习的内容进行推断。特别是教师在进行整本书导读教学时,应培养学生养成读目录的习惯,让学生学会通过目录去推断书的大致内容。

【案例3-9】 四年级导读课《我是白痴》教学片段

师:我们来看目录(白板:出示目录)。目录很多,一共有30多个。老师选了7个,我们一起来看一看。你觉得哪个章节可能说明彭铁男真的是个白痴?

目录

1. 我是白痴

2. 我是快乐的

3. 我要好好读书

4. 全部都写"1"(你有猜想,你能把你的猜想说给大家听听吗)

5. 我做一朵花

……

19. 不可以轻视白痴

20. 就是白痴,也会生气(猜猜这个故事中会发生什么呢)

……

生1:我觉得第一个章节"我是白痴"就说明了这个人是个白痴,因为只有白痴才会说自己是白痴呀!

生2:我觉得“我是快乐的”“全部都写1”和“我做一朵花”说明主角是个白痴。因为一般只有比较傻的人才是没有烦恼每天都很开心的;“全部都写1”说明这个人考试不会做题,所以全部都写1;“我做一朵花”呢,说明这个人幻想自己是一朵花,感觉傻傻的。

师:你真会推理!说得有理有据。

生3:我觉得是“我要好好读书”,因为只有读书不好的人才会这样讲,说明这个小朋友读书不太好,可能就是个“白痴”。

师:刚才我们通过目录猜测故事的内容,交流了铁男是不是白痴的问题。这种根据目录来推断书中内容的方法叫作“猜读法”。

张雅珊老师在进行《我是白痴》整本书导读课时,用“你觉得哪个章节可能说明这个彭铁男真的是个白痴?”这一问题引发学生对目录信息的猜想和推测。对目录的推测让学生对书的内容进行猜想思考。同时在这样的推测中,学生的阅读兴趣被充分调动。

(三)看插图推理

图片具有形象、直观、生动、简洁等特点,在教学中利用插图导入,当学生在观察中对插图内容产生兴趣时,教师适时发出疑问,能引起学生思考探究的兴趣,从而更好地引导学生结合图中的细节线索进行具体探究。

例如,部编版教材语文三年级上册第四单元是阅读策略单元,重点培养学生的“预测能力”,所以单元要素是“一边读一边预测,顺着故事情节去推断下一步可能会发生的内容”。“看插图”就是预测的一种基本方法。本单元的第一篇课文是《总也倒不了的老屋》,看着题目,学生提出了疑问:老屋为什么总也倒不了?这到底是一座怎样的老屋?这座老屋会和我平常看到的老屋一样吗?面对学生课前的疑问,谭海楠老师精心选取了课文中“老屋”的插图(见图3-21)作为新课导入,让学生一边观察图中老屋的样子,一边说说对老屋的印象,让学生通过观察插图来预测接下来即将发生的故事,也为老屋之后种种善良无私的言行做铺垫。

图3-21 《总也倒不了的老屋》插图

(四)读细节推理

学生与文本的交流是通过阅读方式实现的。阅读课文时,学生一般是从文本的整体感知到部分细读,再回归整体升华,在这样的循环阅读中加深文本解读,从而与作者的情感实现共鸣。因此,教师在开展阅读教学时,要重视文本细读的有效作用,抓住关键词句不断地让学生进行推断品读,在细读探究中带领学生进入课文的语境。

部编版教材语文三年级预测单元包括《总也倒不了的老屋》《胡萝卜先生的长胡子》和《不会叫的狗》,许多文本的细节部分是读者对后续情节进行预测的重要依据。教师要帮助学生利用这些文本细节厘清文本线索,结合原有的知识经验,提升阅读判断力和理解力。例如在学习《不会叫的狗》这篇课文时,教师可以先出示课文的第一段:"从前,有一条不会叫的狗。它不会像狗一样叫,不会像猫一样叫,也不会像牛那样哞哞叫,更不会像马那样嘶鸣…… "在课文的开始,就对小狗的特点做了细致的描述,这为后来情节(学公鸡叫、学杜鹃叫、学母牛叫……)的展开埋下伏笔,也为学生后续理解文本打下基础。

二、运用直观,学会类比推理

类比法也叫比较类比法,是指由一类事物所具有的某种属性,可以推测与其类似的事物也应具有这种属性的推理方法。类比对象间共有的属性越多，则类比结论的可靠性越大。要用好类比思维，必须提高联想能力，学会联想是运用类比思维的重要条件。学会类比推理的重要方法是运用联想进行比较推理、列表格推理和图形直观推理等。

（一）比较推理

比较阅读是阅读教学中常用且有效的方法，把比较阅读融入教学中，可以激发学生的阅读兴趣，发挥学生学习的主动性，获得更加深刻的阅读体验。比较阅读一般包括三种类型，分别是不同的阅读材料内容比较，同一份阅读材料中语言文字替换比较以及学生创编作品与原文进行比较。

《蟋蟀的住宅》是部编版教材语文四年级上册第三单元的精读课文，也是一篇融自然知识、儿童情趣为一体的观察笔记。为了让学生充分体会到"这座住宅真可以算是伟大的工程了"，教师可以聚焦法国昆虫学家法布尔作品中准确而生动的语言表达，抓住重点句、关键词，或拨疑探究，或启发引导，或比较迁移。

"请你圈画出在蟋蟀修建住宅的一系列动作中，自己感受最深或是难度最大的动作。同时思考交流这些动词能不能被替换，如'扒'换成'挖'，'搬'换成'移'，'踏'换成'踩'，'铺'换成'摊'。"

通过词语替换的方式，让学生在情境中比较、判断、选择，体会作者用词的生动准确性。不少同学都能联系生活经验来表达自己的观点。例如，有同学提到："搬"比"移"更好，因为"移"就是"平移"，方向是水平的，而"搬"在平移之前还要向上抬起，好像搬书，过程更复杂一点，说明作者观察得很仔细。在比较中阅读，在对比中审辩，学生的思维更严谨，分析更合理。

（二）列表格推理

列表推理是指学生先用表格分类反映问题的各类信息，再根据信息之间的逻辑关系，逐条进行判断，从而得到最终的答案。列表推理能把比较复杂、烦琐的说理过程程序化、简洁化，一般在高年级的逻辑推理问题中运用比较广泛。

如某次五年级数学竞赛中有这样一道应用问题：

一次数学竞赛，A、B、C、D、E 5位同学取得了前五名，发奖后问他们的名次，回答是：

A："B是第三名，C是第五名。"B："D是第二名，E是第四名。"

C："A是第一名，E是第四名。"D："C是第一名，B是第二名。"

E："D是第二名，A是第三名。"

他们每人说的话半句是真的，另半句是假的。请判断他们的名次。

对于这类推理题，学生如果把说理的过程用文字的形式表述出来，显然会比较烦琐。我们可以引导学生用表格进行推理。先列出表格（见图3-22），横栏表示名次，纵栏表示5名同学，认为符合条件的打"√"，不符合条件的打"×"。先假设A说"B是第三名"是正确的，则在B第三名这个格子里打"√"，B第一、二、四、五名的格子里打"×"，A、C、D、E的第三名格子里也分别打"×"，然后根据其他条件之间的相互联系进行判断，得到A、C都是第一名（见图3-23），与题意矛盾，假设不成立，说明A说的前半句是假的，后半句是真的。然后再画一张同样的表格，根据A说的"C是第五名"进行判断，得到最终的结论（见图3-24）。

	一	二	三	四	五
A					
B					
C					
D					
E					

图3-22

	一	二	三	四	五
A	㊣√	×	×	×	×
B	×	×	√	×	×
C	㊣√	×	×	×	×
D	×	√	×	×	×
E	×	×	×	√	×

图3-23

	一	二	三	四	五
A	×	×	√	×	×
B	×	√	×	×	×
C	×	×	×	×	√
D	√	×	×	×	×
E	×	×	×	√	×

图3-24

显然，用表格帮助学生推理，推理的过程更具有可操作性，使学生更容易找到正确的答案。

（三）图形直观推理

图形直观是指学生用比较具体的图形来表示题目所阐述的信息。此法比较适合低段学生的学习，因为他们的思维还处于形象思维水平。例如，在学习"鸡兔同笼"问题时，假设法的思路是一种较难理解的方法，我们尝试运用图形直观的办法来辅助理解，收到了良好的教学效果。

【案例3-10】 “鸡兔同笼”问题

问题:笼子里的鸡与兔共有10个,脚有32只。请问鸡与兔各有几只?

师:同学们如果有问题,可以画一画图试试看。

生:先画10个圆圈表示10个头,然后给每个头添上2只脚,一共用去20只脚,还有12只脚没有用完,要让鸡变成兔,每只得再加2只脚。多12只脚,12÷2=6(只),那么兔就有6只,鸡有4只(见例图3.10)。

例图3.10　先画头后添脚

在经历了以上的画图学习过程后,好多学生很快就想到,也可以先画32只脚,然后,2只脚圈成一份,一直圈到10份,发现还有12只脚没圈完,原来每只兔子少圈了2只脚,12÷2=6(只)。所以答案为笼子里共有6只兔子、4只鸡(见例图3.11)。

例图3.11　先画脚后圈头

学生的思维被调动起来后,又有学生报告自己的思路:我既然可以把10只都先看成鸡来画,那么也可以把它们先看成兔来画。于是,学生先画10个头,画完后都先把它们看成兔,每只头上添了4只脚,发现脚添多了8只,为什么呢?原来每只鸡多了2只脚,8÷2=4(只),也同样算出了鸡有4只,兔子有6只。先画脚的也如此理解。就这样,学生在学习过程中,不仅掌握了常见的解题方法,还受到启发,自创了多种解题方法,迁移了知识。

三、实践探究，发展归纳推理

归纳法又称归纳推理，包括完全归纳法和不完全归纳法，是在认识事物过程中所使用的思维方法。归纳的过程与实践探究活动紧密相关，大致可以分为三步，首先是收集和积累一系列事物经验或知识素材，接着分析所得材料的基本性质和特点，寻找出其遵循的基本规律或共同规律，最后描述和概括（做出系统化判断）所得材料的规律与特点。归纳推理一般都有一组已知事实（前提），人们希望从这组事实得出另一组有意义的事实（结论）。所以其思想方法是：先从已知事实猜测一个结论，然后证明这一结论是正确的。这一方法可归结为：大胆想象，合理猜想；实践操作，验证猜想；归纳概括，推理结论。

（一）大胆想象，合理猜想

在课堂中培养学生的创造力，需要教师对教材进行深度挖掘，大胆设计，留给学生充足的想象空间。"猜想"指的是对现象或规律做出假定性推断和预测的思考，属于个体认知思考的表象形式之一。学生猜想的提出并非凭空臆测，而是基于问题的分析及推测。因此，如果说大胆的想象能让创造的思维插上翅膀，那么猜测的合理性则能使想象的成果落到实地。

例如，教师在科学课中经常会让学生对提出的问题做出猜想，对某一科学现象做出合理的猜测。在对"昼夜交替现象"进行解释时，学生提出"太阳围绕地球转""地球围绕太阳转""地球自转""地球围绕太阳转的同时也在自转"等猜想，从某种程度上，以上猜想都具有合理性。"究竟哪种猜想是成立的？"带着这个问题，学生将自然地进入后续的验证环节。

（二）实践操作，验证猜想

儿童都是独特的个体，其生活世界有着区别成人的特殊性。只有重视与儿童生活世界的联系，让学习与其生活发生联系和相关，学生置身其中的认识、体验、感受、感悟才会真实，这样才能构建真正属于他们自己的知识和能力。因此，我们更加注重学生在实践性学习活动过程中的感受和体验，要求学生超越单一的接受学习，鼓励学生通过实践操作体验活动的整个过程，这样更利于学生核心素养的培养。

例如,在“地球自转方向验证模拟实验”中,学生在实验之前已知晓北京早于乌鲁木齐迎来黎明的事实。因此,我们可以借助地球仪从宇宙视角来探究地球的自转方向:首先让学生明确地球仪的“东”和“西”以及太阳的位置。在观察两种自转方向的时候,为了不将观察方向搞错,小组内的成员站在同一侧,观察哪种自转方式出现的结果与实际情况一致。转动地球仪可以看出,地球自西向东旋转,北京先迎来黎明;相反,自东向西转,乌鲁木齐先迎来黎明,这与客观事实不符(见图3–25)。

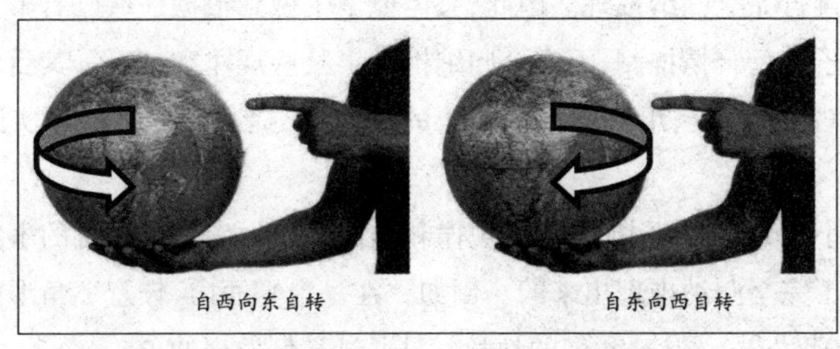

图3–25　宇宙视角模拟实验示意图

对部分学生来说,宇宙视角的实验对空间思维能力的要求比较高,因此还可从地球视角来验证。具体模拟操作如下:全班寻找若干个同学胳膊挽着胳膊,面朝外围成一个圆圈模拟“地球”,其中一个学生戴着代表“北京”的头饰,另一个则代表“乌鲁木齐”。圆圈外一个学生代表“太阳”。大家按照自西向东或自东向西的方向慢慢转动,“北京”先看到太阳,便喊一声“北京天亮了”,从而表示谁先迎来黎明(见图3–26)。

图3–26　地球视角模拟实验示意图

在宇宙视角实验中，学生通过转动地球仪可以观察和联系，可以验证“地球自西向东自转”的猜想；而在地球视角实验中，学生则通过情境模拟的方式真实体验到大家自西向东自转的时候，北京先迎来黎明。通过这样的实验，学生必定能深刻理解抽象概念，并把新概念和生活经验之间建立联系。

（三）归纳概括，推理结论

学生的探究性学习一般都要经历“提出猜想—实践验证—归纳概括—得出结论”的过程，学生经历了“提出猜想”“实践验证”后，需要根据实践的结果进行归纳概括，推理出结论。依照儿童思维发展的一般规律，小学生尚不能进行完全归纳推理。因此，只需要学生做到根据一些已有事实和特定的例子进行合情推测，不完全归纳推理出某些规律和结论。其目的是让学生在观察、比较、想象和推理结论的过程中，提高独立思考和实践探究能力。

在小学数学教学中，有很多规律和结论都是学生基于已有的事实和特例通过不完全归纳推理出来的。例如，“在一个平面内，任意三角形的内角和是180度”这一结论，我们的教学就是通过举例发现的，在一个平面内，直角三角形的内角和是180度，锐角三角形的内角和是180度，钝角三角形的内角和也是180度，因为三角形分为直角三角形、锐角三角形和钝角三角形三类，所以平面内任意三角形的内角和都是180度。小学生就是通过三类三角形的内角和都是180度这些个别性知识，推理出一般的规律，这就是不完全归纳推理。

又如，朱元华老师在执教小学数学三年级下册“长方形的面积”，就是让学生经历从特殊到一般的归纳概括过程，并通过观察、比较、推理和概括，最终获得一般的结论。

【案例3-11】 浙教版小学数学三年级下册“长方形的面积”

活动（一）：实践探究

1. 探究问题：长方形的面积和长、宽有什么联系呢？你打算怎样研究？

生1：量出长与宽，用小方块去量一量面积，研究它们之间有什么联系。

生2:在长方形上画方格,数方格计算面积,再研究与长、宽的关系。

生3:用1cm²小方格拼出长方形,然后观察长、宽和面积的联系。

2. 探究任务。

师:同学们都想出了很棒的办法,我们就选"摆小方格拼长方形"的方法进行研究。请看研究要求:

(1)摆一摆:从25个1cm²的小正方形中选几个,拼成各种各样的长方形。

填一填(见例表3.2):

例表3.2 长方形面积的探究观察表

每行个数	摆的行数	一共摆的个数(列出算式)	长(cm)	宽(cm)	所摆长方形的面积(cm²)

(2)观察表格,思考下列两个问题,说说你的发现。

思考:①长方形的长、宽与每行个数、摆的行数有什么联系?

②长方形的面积与它的长、宽有什么联系?

3. 小组交流,准备汇报。

活动(二):归纳概括

1.反馈汇总,根据学生的汇报,记录表格(见例表3.3)。

例表3.3 长方形面积的探究汇总表

每行个数	摆的行数	一共摆的个数(列出算式)	长(cm)	宽(cm)	所摆长方形的面积(cm²)
3	2	3×2=6	3	2	6
4	3	4×3=12	4	3	12
2	4	2×4=8	2	4	8
4	4	4×4=16	4	4	16
5	1	5×1=5	5	1	5
…	…	…	…	…	…

2.观察表格,你有什么发现?

生1:长方形的面积就是长和宽的乘积。

师:为什么?长方形的长、宽与每行个数、摆的行数有什么联系?

生2:每行个数就是长,摆的行数就是宽,所摆小正方形的总个数就是长方形的面积。

生3:长方形的长就是每行个数,宽就是摆的行数,一共摆了几个$1cm^2$的小正方形,面积就是几平方厘米。

3.得出结论:长方形的面积=长×宽。

案例中让学生在摆长方形的实践操作后,通过整理数据观察分析,发现长方形的长和宽与每行个数、摆的行数之间的关系,最后归纳概括得出长方形的面积就是每行个数乘以摆的行数,也就是长乘宽。

总之,经历猜想—验证—归纳的探究过程,从已有的事实和例子,通过观察、比较、想象,进行合情推理,得出结论,这是小学生进行探究性学习和获得新知的有效途径,也是发展学生独立思考能力、推理能力和创造力的重要手段。教师要科学设计教学环节,有效引导学生思考,积极启迪思维,发展能力,提升素养。

第五节　批判反思，创新思维

批判性思维就是通过一定的标准评价思维，进而改善思维，它既是一种思维技能，也是一种思维倾向。现代意义上批判性思维概念的提出，从杜威的反思性思维开始：大胆质疑、谨慎断言。在现代社会，批判性思维被世界上许多国家确立为教育的目标之一。批判性思维具有以下特点：第一，独立性，即独立思维；第二，系统性，即不以偏概全；第三，求真性，即求真去伪；第四，反思性，即对自己的行为进行反思；第五，开放性，即能够包容接纳他人的观点或新鲜的事物。在SMART灵动课堂上，培养学生的批判性思维也是"人人爱思考"的重要内容之一，教师从"学会质疑""学会批判""学会反思"三个方面来引导学生学会批判，将批判性思维能力的培养植入日常的学习之中。

一、打破思维定势，学会质疑

不同的人在不同情境下，容易产生不同的思维障碍，它们是制约个人和组织发展的瓶颈。形成思维定势的主要原因有两个方面：一是聚集效应，是指人们面对变化了的情况依然沿用旧模式生搬硬套的僵化、刻板心态；二是功能固着，是指人们在知觉上受到问题情境中功能经验的局限，而不能发现其可能的潜在功能，以至于不能解决问题的心态。[①]创新始于质疑，善察精思、敢于质疑是创新思维的开端。

（一）问题先导，消除思维惰性

在日常的生活、学习当中，人们对于一些习以为常的事情常常抱有惰性

① 张宝荣. 创新思维及其培养[M]. 石家庄：河北教育出版社，2008.

思维,只是被动地接纳,而不具备主动思考的意识和能力。这种思维上的“懒惰”不利于学生思维能力的发展。所以批判的前提就是引导学生主动思考,发现问题,消除思维惰性。比如,在人教版PEP小学英语六年级上册Recycle 2 的故事教学中,郦子老师在文本阅读的不同阶段以开放式问题的形式引导学生去思考商人的形象,批判性地进行文本阅读。

【案例3-12】 人教版PEP小学英语六年级上册Recycle 2 故事教学案例

本课讲述的是一个商人用三颗煮熟的种子挑选一个诚实的人来当继承者的故事,与童话故事《手捧空花盆的孩子》相似。

导入环节:教师在引出故事主人公businessman之后,抛出“What should a businessman be? Why?”(商人应该是怎样的)这一开放性的问题,激发学生联想实际生活中商人的特点,发表各种看法。

学生1回答:A businessman should be kind, then he will help more people.

学生2回答:A businessman should be busy, then he will be rich.

学生3回答:A businessman should be cool, because my father is a businessman and he is cool.

……(故事精读)

拓展环节:教师追问“What does the businessman want to do in fact?”(商人的实际用意是什么)“What's the moral of the story?”(故事的主旨是什么)“Is the businessman honest?”(商人诚实吗)等问题,并组织学生展开辩论,正方持观点“The businessman is honest”反方持观点“The businessman is not honest”。

学生在阅读时,通常会顺着文本主线思考哪个年轻人的行为是诚实的,并没有思考“诚实”的本质,更没有把“诚实”这个属性作为每个人的基本要求。在本节课的导入环节,学生在描述商人的形象时,也几乎没有人把“诚信”与商人的行为进行挂钩。拓展的辩论赛环节就是教师引导学生直面矛盾、发现问题的过程。赛前，教师给学生呈现了“商人通过给坏种子来测试这些人的诚信度，那么，商人诚实吗”的问题，引导学生以批判的眼光看待诚信问题，而后组织小组交流，最后借助辩论让学生之间发生思维碰撞，尝试解决问题。

（二）组织论证，打破思维定势

论证能力是批判性思维中一种重要的技能。具备论证技能的学生，能够根据事实（确切的数据）对自己的观点进行论证并能够清楚表达自己的论证结果，从而使自己提出的观点更具有说服力。而要让论证真正地进行，需要学生个体内部论证和全班集体论证结合。个体内部论证能够最大限度地发挥学生独立思考的能力，不人云亦云。集体讨论论证观点，能够弥补个人思考中存在的不足。所以，在个体内部论证的基础上，组织小组甚至全班的集体讨论，就能充分发挥独立思考和集体智慧的优势。

在教科版科学五年级下册“液体的热胀冷缩”一课，学生分成9个小组进行“水的温度增加与体积变化的关系”的实验，详细记录水温与水位的数据，并用折线统计图处理具体数据，集体论证时对证据进行组织，每个小组的折线统计图都会被展示到黑板上，所有学生都可以清晰地了解到其他小组的实验结果。而后通过寻找支持本小组探究结果的证据，全班通过集体论证形式，达成班级共识：随着水温增加，水的体积会膨胀。

（三）以问促问，激发学生质疑

教师可以通过追问的方式引发学生的疑问。但追问不等于多问，教师需要把握一定的技巧有效追问才能激发学生质疑。首先，课堂中既要有预设的追问，也要有非预设的追问。这就意味着教师要关注课堂上动态生成的学生问题，抓住学生的疑点问题并引导其进一步思考。其次，教师要把握追问难度，拓展学生的思维空间。如果追问留给学生的思维空间太小，学生的思考就会缺乏广度与深度，课堂容易变成“满堂灌”。最后，教师在追问时还要把握好追问的时机。有时频繁连续的追问会因为没有给予学生充分思考的时间，反而不能引起师生之间的互动与共鸣。因此，教师在追问时要给学生预留一定的思考时间，这样才容易在师生间产生思维的碰撞，形成师生、生生互动的课堂氛围。

【案例3-13】 浙教版小学数学六年级上册《圆的认识》教学片段

练习2判断直径(见例图3.12)教学片段如下。

师:图中哪些直线是直径?

生1:2、3、4。

生(议论):4不是。

师:为什么?

生2:4没有经过圆心。

师:直径要通过圆心。

生(议论):还有。

生3:3也不是。

例图3.12

师:为什么?

生3:3从圆外画的。

师:也就是看"直径的两端在不在圆上",所以直径的两端应该是在圆上。

……

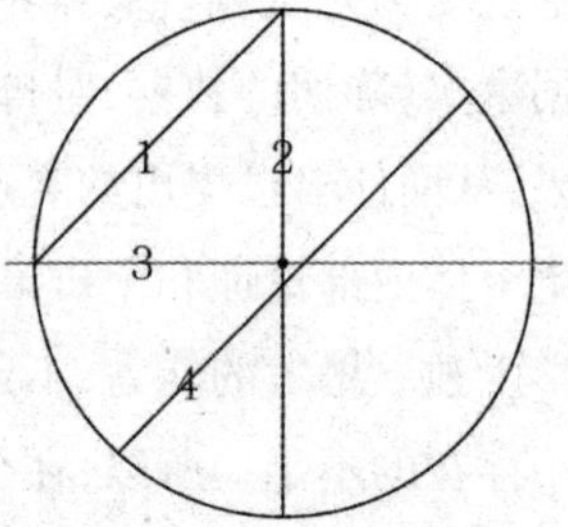

在这个教学片段中,当第一位学生回答"2、3、4"是直径时,教师没有紧接着问"他说的对吗?"或"你们有什么意见?"而是沉默片刻,让学生去争论,思维进行碰撞,争着发表自己的意见。在这个过程中,教师只追问了两次,一次是因果追问,让学生来解释3不是直径的原因;另一次是逆向追问,强化"直径的两端在圆上"这一特征。

教师把握追问时机时需要做到以下几点:在缺乏思考时追问(表述不完整时),使其知其一,还要知其多;在产生歧义处追问,使学生知其然;在欠缺深度处追问,促进学生思维的发展;在教学的关键处(即突破教学的难点处)追问,使学生知其所以然。

二、激活创新思维,学会批判

思维的创造性可以简单地理解为学生思维的创新、求异,常常表现为他们能够独立思考、创造性地发现问题并解决问题，具有一定的独特性、发散性。同时，创造性思维也是个体突破原有的思维范式，重新组织已有的经验、知识、信息和素质等要素，在大脑思维被充分激活后提出新的方案或程序，并创造出新的思维成果和思维方式。在教学中，教师需要设计有价值的活动或学习任务，启发学生从不同方向开展主动、积极的探索，利用不同的策略进行探究。

(一)学会多方面看待问题

辩证唯物主义认为，世界万物是矛盾的，如果我们单从一方面去看待问题的话，往往会出现认识上的偏差。从正反面来看待问题，能够更加全面、客观地看待问题。通过比较同一事物的两面性，能帮助学生在解决问题时选出相对有效的解决方案。

最适合让学生从正反方思考问题的课堂形式就是辩论。在“辩论会”上，学生可以自由地运用所学，适时适当地阐述自己的见解，进行观点碰撞。在这一过程中学生会不断反思、完善自己对事物的看法。另外，辩论会的形式也能很好地激发学生学习的主动性和积极性，达到理想的学习效果。

为了让学生树立正确的消费观念，将零花钱的用处发挥到最大，谭海楠老师在道德与法治课上以“小学生需要零花钱吗”为辩题，精心组织了一场辩论赛。正方、反方派代表先各自陈述观点3分钟，之后各自反驳3分钟，最后自由驳论2分钟；教师作为评委，以关键词作为全程打分点。需要说明的是，课堂辩论赛与常规比赛最大的不同点在于，辩手若是中途觉得被对方说服，允许“倒戈”。这实际上是鼓励学生包容对方的观点，不带偏见。教师以关键词作为全程打分点，能够让学生避免观点的重复或者方向的偏移。另外，有时间还可以让双方交换观点进行比赛，这样能让学生充分地从正反两方辩证地思考问题，增强学生对不同观点的理解，真正去思考并理解生活的真谛。

(二)学会多维度分析问题

布鲁姆教育目标分类学说中，将阅读过程分为三个层次：字面阅读（literal reading）、解释性阅读（interpretive reading）和评判性阅读（critical reading）。从思维活动看，字面阅读重在获取文本信息，为浅层阅读；解释性阅读

重在应用文本信息，为较高层次的阅读；评判性阅读重在推理得出结论，是最高层次的阅读。这三个层次的阅读过程相辅相成，循序渐进，是由较低层次向较高层次发展的过程。这就要求在课堂教学活动中，教师应当引导学生对所学内容进行层级式的思考、分析。

如张祎老师在“*Longman Welcome to English 4A Chapter 5 Animals big or small*”一课中，根据教学文本进行不同维度的提问，层层递进，引导学生对故事内容进行多维度分析。张老师并没有按部就班地呈现整个故事，而是先呈现故事主角的图片，通过听相关部分的内容并提问，让学生来比较描述几个主角的特点，然后继续深挖，“如果让你来选，你愿意选谁，为什么？”学生的回答不需要标准答案，他们从不同的角度和层面，结合已有信息，以自己的理解去思考，运用恰当的语言，来表达自己的评判，说出不一样的思考结果。在故事文本学习任务结束后，教师又抛出一个新的评判性问题——“One day, the land animals want to choose a new leader. Who will you choose, why?”要求学生根据自己的理解表达自己的观点。同样不需要统一答案，学生们需要从自己对客观事物的评判认识中去思考并用恰当的语言来表达，实现了语言和思维的同步激活。

(三)学会多方法解决问题

同一个问题往往有着不同的解决方法。问题的解决是终点，但解决问题的路径并不唯一。能够多方面看待问题，多维度分析问题，解决问题的方法自然就不一样。所以在课堂教学中，教师要鼓励学生从不同的角度去思考，尝试用不同的方式解决问题。

【案例3-14】 浙教版小学数学四年级下册“小数的意义”

0.3与0.30哪个大？请说明理由。你能用多种方法来说明吗？如果有困难，可以举个例子，或者画一个图试试。

学生通过思考，共出现了以下几种不同的方法。

①0.3元=3角，0.30元=30分，因为3角=30分，所以0.3元=0.30元。

②画图：

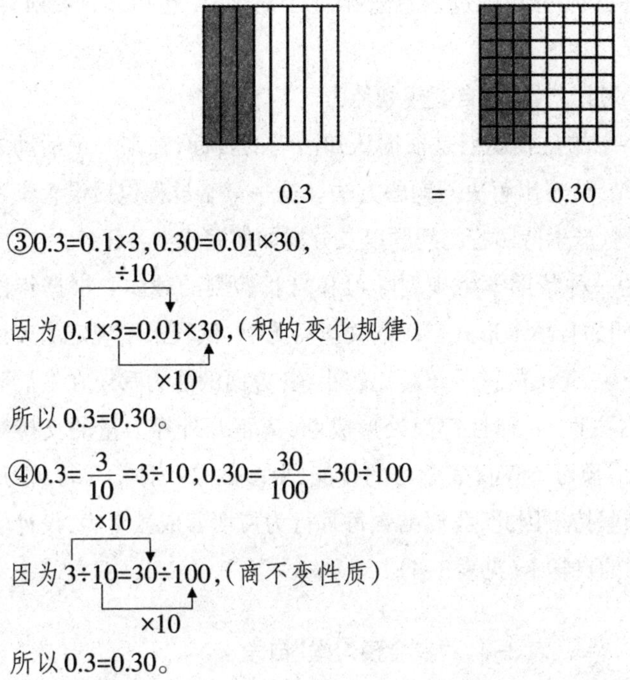

③$0.3=0.1\times3, 0.30=0.01\times30$,

因为 $0.1\times3=0.01\times30$,（积的变化规律）（$0.1\xrightarrow{\div10}0.01$，$3\xrightarrow{\times10}30$）

所以 $0.3=0.30$。

④$0.3=\frac{3}{10}=3\div10, 0.30=\frac{30}{100}=30\div100$

因为 $3\div10=30\div100$,（商不变性质）（$3\xrightarrow{\times10}30$，$10\xrightarrow{\times10}100$）

所以 $0.3=0.30$。

上述四种方法中，方法①给数加了单位名称，用具体量来思考，根据学生已有的知识“单位名称的转化”举例说明0.3=0.30；方法②用图形来表示这两个小数，用图来直观地比较0.3与0.30的大小；方法③是根据小数的意义及积不变的规律来说明；方法④是根据小数与分数、除法的关系，先把小数转化为分数，再将分数转化成除法，然后用商不变性质来说明。这四种方法的思维层次是不一样的：方法①是举例说明，方法②是图形直观，方法③和④是逻辑推理。

三、调动元认知，学会反思

元认知的概念是由美国发展心理学家弗拉维尔于20世纪70年代提出，又称为反省认知、超认知、后设认知。元认知即为个体关于自己的认知过程的知识和调节这些过程的能力。元认知策略是非常典型的学习策略，指的是学生对自身的认知过程及结果的监视及控制的策略。元认知策略控制着

信息的流程，监视和引导认知过程的进行。元认知策略包括自我规划、自我监视和自我调节。

(一)制订学习计划，培养自我规划能力

元认知策略中的自我规划是根据认知活动的目标，在某一项活动之前制订计划，预测结果，想出解决问题的方法。这一策略过程包括设置学习目标、浏览阅读材料、产生待回答的问题以及分析如何完成学习任务。

自学卡便是一种帮助学生规划学习和自我检测的载体。根据年段不同，可以采用不同的自学卡形式。以语文学科为例，低段采用规定的表格式自学卡。小学一、二年级的孩子年龄比较小，各方面的能力都还在发展起步阶段，自觉性、自主性、自律性都尚处形成期，离不开外界力量的支持和监督。对他们而言，预习不仅代表学习的技能，更多的是一种学习行为习惯，需要长期养成与坚持。因此，我们结合每月行为习惯养成教育表，设计了一张“我会预习啦”的自学卡(见表3-4)。

表3-4 “我会预习啦”自学卡

校名：　　班级：　　姓名：　　学号：

内容/时间	语文							
	预习						练字阅读	每日一句
	读课文	标段号	圈生字	析结构	找偏旁	画词语		
4月1日								
……								
爸妈说								
老师说								

注：孩子在完成任务后打“√”，此表“练字阅读”和“每日一句”两栏为学生自主自愿完成项。

而中高段以小组合作的形式开展自学(见表3-5)，充分发挥学生的自主性。让学生自主完成学习计划，并在小组互动中互相监督计划的执行，逐渐形成规划能力。

表3-5 小组互助自学卡

<table><tr><td>

词语听写小组互助自学卡

我们一共认读了____________个词语，集体书空了____________个。

我们觉得比较困难的词语有：____________________________。

我们想到记住的好办法是：____________________________。

</td></tr></table>

(二)反思学习过程，培养自我监视能力

监控策略是在进行认知活动的过程中，根据认知的目标进行及时评价，反馈认知活动的结果与不足，正确评价自己达到认知目标的程度、水平。从微观上看，监控策略包括阅读时对注意加以跟踪、对材料进行自我提问，考试时监视自己的速度和时间。这些策略使学习者关注到自己在注意和理解方面可能出现的问题并加以改正。从宏观上看，监控策略可以指学习者在日常学习中对自我学习进度和效果的监控，属于自我观察和自我判断的认知过程。

教师可以通过外在的载体观察和促进学生自我监控能力的发展。以我校刘敏老师开发的数学月度学习评价单为例(见图3-27)，说明如何借助评价结果促进学生的自我反思。

“注意力集中度”“积极参与度”“错题数”是较为常规的评价内容；针对该班存在的问题，刘敏老师特意设定了“得星数”和“回答问题”这两项升级要求。“得星数”是在全对的基础上根据作业的整洁度、格式规范性以及难题解决度等方面额外给予的评价，从积极参与度中单独剔出“回答问题”进行评价。等级基本上是根据正态分布进行五级划分。

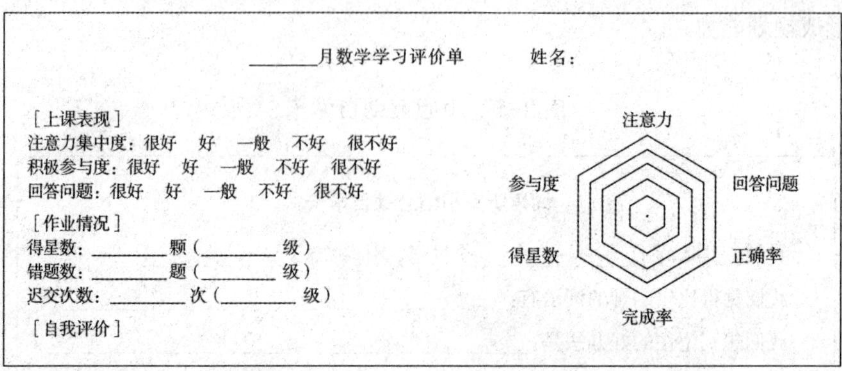

______月数学学习评价单　　姓名：

[上课表现]
注意力集中度：很好　好　一般　不好　很不好
积极参与度：很好　好　一般　不好　很不好
回答问题：很好　好　一般　不好　很不好

[作业情况]
得星数：______颗（______级）
错题数：______题（______级）
迟交次数：______次（______级）

[自我评价]

注：此处的“作业”特指与浙教版数学教材配套的作业本和算数簿上教师布置的练习题。

图3-27　数学月度学习评价单

刘敏老师使用评价单来督促学生在日常课堂中关注自我和同伴在相关项目的表现。对学生而言，课堂学习就是一种社会情境。在这个社会化的情境中，学生观察到同伴的言行，并同自己的言行做对比。这种自我观察的过程是个体成为一名自我调控的学生的关键要素之一，它可以让学生了解自己的个人成就目标和动机。自我记录即记录下自身的表现，有助于自我观察；当自我观察持续进行并在学习环境中实时出现时最有效。做到这两点的学生能获得持续的信息记录，从而帮助他对自己的进步情况做出判断。

当学生进行自我判断时，他们将自己在当前学科领域的表现和设定目标进行比较。这些目标可能是不同类型的，有的学生设定的目标是要超过别人，有的是期望自己达到某一特定掌握水平。能自我调控的学生为自己设定的目标会受他人影响，特别是他们的同伴和老师。最后，基于对自己个人目标完成情况的自我观察和自我判断，自我调控的学生会对自己取得的进步感觉良好，一旦他们感觉到自己是学习的主体，将更努力地学习。这是一个自我反应的过程。

通过每月一次的评价单反馈，不断循环巩固学生“自我观察”“自我判断”“自我反应”的认知过程，学生从而具备认识自己的优势、倾向和不足的能力。

(三)调节学习策略，培养自我调节能力

元认知的调节策略是根据对认知活动结果的检查，对检查中发现的问题采取相应的补救、调节的策略。孙罗老师在执教“运算定律与简便计算”一课时，通过一系列方法引导学生对自己出错的原因进行反思，帮助学生自主建构解决问题的策略。在这个过程中，教师提供时间和素材，学生自主反思错误的原因，从而帮助学生自主纠错，而不是被动地接受。

【案例3-15】 浙教版小学数学三年级下册“运算定律与简便计算”

1. 猜想反思

在练习前，先让学生猜一下，哪些习题会出错，出怎样的错？

课件展示：① 7600÷25÷4　　② 44×25　　③ 25×47−37×25

④ 25×64×125　　⑤ 79+21×21 + 79

师：你们觉得这些题目，哪道题目的错误率最高？为什么？

2. 错题反思

直接出示学生错题或之前准备的错题（见例图3.13），让学生反思错误的原因。

展示错题

师：找一找，它们错在哪里？想一想为什么会错？

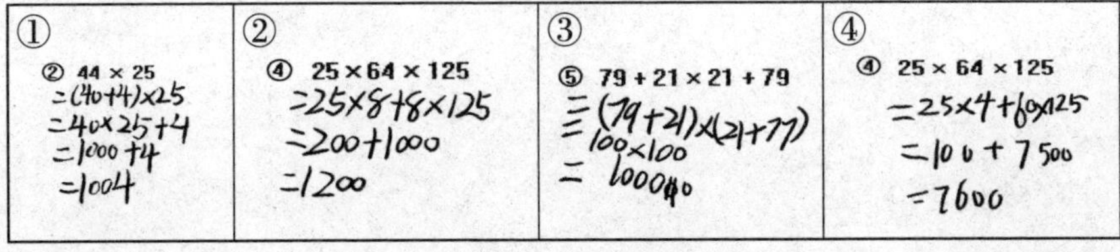

①	②	③	④
② 44 × 25 =(40+4)×25 =40×25+4 =1000+4 =1004	④ 25 × 64 × 125 =25×8+8×125 =200+1000 =1200	⑤ 79 + 21 × 21 + 79 =(79+21)×(21+79) =100×100 =10000	④ 25 × 64 × 125 =25×4+60×125 =100+7500 =7600

例图3.13　学生错题展示

第一环节名为“猜想”，实为“反思”。通过反思活动，有利于学生整体认识错题。通过讨论，学生没有被动反思，而是主动思考。第二环节的找错归因是更深于上一层的反思，因为这是针对学生的典型错题。开展这样的讨论，可以帮助学生巩固运算定律的理解，有效提高计算能力。通过“规划—监视—调节”的自我调控过程，学生实现了自我认知，促进自身认识结构的发展和自我反思能力的提升。

第四章

指向“人人善表达”的课堂

21世纪有三项重要的核心职业胜任力，其中“沟通交流能力”居于首位，它包括口头的和书面的表达能力。语言表达能力是现代人才必备的基本素质之一。现代社会不仅要求其成员具备新的思想和见解，还要具备能在别人面前很好地表达出来的语言能力；不仅要用自己的行为对社会做贡献，还要用自己的语言去感染和说服别人。

表达是小学生思维外化的一个重要表现，学会表达是小学生学会学习的基础能力。如果说思考是内化的基本方式，那么表达就是将思考的过程、思考的结果用某种适当的方式外化出来。在不同学科中，信息表达的形式是多样的；表达的内容可以是主观的，也可以是客观的。在目前教师从“教知识”到“教表达”，学生从“学语言”到“善表达”的教与学转变过程中，深入挖掘教学文本中能够促进“人人善表达”目标的生发点尤为重要。在SMART灵动课堂中，我们要培养学生各种基于客观世界与主观感受的表达能力。具体而言，我们要让学生在心向上愿意表达、在内容上有话表达、在条理上有序表达、在情感上乐于表达，还要培养学生创新表达的能力。

第一节 “人人善表达”素养的理论依据

“表达”是教育教学中具有重要意义的课题之一，研究小学生表达在教育理论和实践中都具有指导价值。学生在动态的教学过程中去经历、体察和感悟，获得个性化体验，进而通过理解将体验到的内容和结果进行内化与升华。在此基础上，学生把对“文本”内化和升华的结果呈现出来，这种呈现就是学生的表达，它实际上是主体对自身能动素质的展现。从这个意义上来讲，“表达”为教育教学的研究提供了崭新的视角。它已经超越了“说”和“做”的狭窄范畴，为我们展现了个体核心素养的生动画卷。因此，研究表达与表达素养是关注小学生核心素养的重要方面，“表达”是教育的过程，“表达素养”是教育的结果，也是教育的目的之一。

一、表达是儿童的基本权利之一

“表达”作为儿童的一项基本权利，已得到法律界和教育学界的认可。我国于1990年正式签署联合国《儿童权利公约》，表达权是其中最基本和最重要的权利。2000年6月，在联合国儿童基金会的支持下，共青团中央“中青网”和中国社会科学院新闻与传播研究所及青少年发展研究中心共同发起成立了“中国儿童表达”，其主要任务是发现并发出儿童的声音和让成人听到儿童的声音。

自由性被认为是学生表达的应有之义。自由表达作为学生的一项基本权利，在很多国家受到了法律的保护和支持，如美国就将表达权的内容设定为“学生可以就政治的、社会的和经济的问题表达自己观点的权利”。[①]有学者认为，学生的“自由表达”彰显了学生主体性，是教育对话的必要前提，是学生主体价值寻获式的实现方式。[②]

多元化是表达的另一个价值取向。瑞吉欧教育的经典著作《儿童的一百种语言》指出，“儿童表现自己对世界的认识是多种多样的，孩子有一百种语言，一百个想法，一百种思考、游戏和说话的方式，如语言、绘画、雕刻、泥工、建造、肢体动作等”，说明儿童具有多元表达的能力。[③]此外，从多元文化视角来看，儿童的表达应体现多元化，是因为多元表达是儿童话语权的集中体现。倡导儿童多元表达既是多元文化观的反映，也是时代教育主题的体现。[④]

二、表达是回归学生本体素养培育的需要

2016年，世界教育创新峰会与北京师范大学中国教育创新研究院共同发布了《面向未来：21世纪核心素养教育的全球经验》研究报告，提出了各经济体和国际组织最重视的七大素养。无论其中的哪个素养，都和表达能力有关。表达是学生面向未来应该具备的基础素养之一。

同时，在教育国际化背景下，未来的中国学生会遇到更多的多元文化融合场景，会面临各种场合的交流与表达。他们需要有表达自我的能力和机会，需要在与不同文化的交流中去理解他人，并通过表达自身观点，让处于不同文化背景中的他人更好地理解自己。而对学生表达能力的忽视或在表达能力教学方面的缺失，正是当下不少小学教学所面临的困境和难题。这就要求我们在培养学生核心素养和关注日常教师教学时，将目光聚焦到学

① 张维平.平衡与制约：20世纪的教育法[M].济南：山东教育出版社，1995.

② 陈云恺.“自由表达”学生主体价值的寻获[J].南通师范学院学报（哲学社会科学版），2002(2).

③ 屠美如.向瑞吉欧学什么——《儿童的一百种语言》解读[M].北京：北京教育科学出版社，2002.

④ 陈世联.从教师话语权到儿童多元表达——基于多元文化观的探讨[J].学前教育研究，2004(4).

生表达素养培养的问题上来。

我们认为,从教育与生活的角度来看,表达既是对活动、体验、理解的结果的展现,也是教育目的之一,是学生发展所要追求的本体素养之一。个体始终作为生活的个体、历史的个体、主动参与的个体、创造的个体、表达的个体而置身于教育过程中,表达凸显了学生的主体性,它使学生的主体地位从根本上得到了保障。①

同时,思维能力是与表达关联比较密切的一种素养,我国心理学家潘菽指出:"语言是思维的一种工具,是和思维密切联系着的。语言获得发展时,儿童的思维和智能就能推进到更高的水平。所以语言的发展标志着儿童智能的发展。"②表达的结果使学生的思维更加清晰,更有条理,更有利于培养互助合作的态度。

新一轮的课程改革为学生提出了许多让学生自己去发现、思考、辨析,进而做出表达的主动性作业,如《义务教育品德与生活课程标准(2011年版)》中明确提出"尝试用不同的方法进行探究活动"。这里强调的"不同的方法",就是鼓励儿童在探究中用自己的方式去感受、领悟和表达,从中获得快乐和满足。

三、表达体现了新课标对语言习得的要求

语言习得不仅发生在奠定小学生语言基础的语文、英语学科教学中,也发生在数学、科学等学科中,各学科间既有共性又有个性。如何根据小学生语言习得的规律发挥学科独特的语言能力培养的价值和功能,是小学语言教学中需要思考的一个重要课题。

表达是小学生社会化能力发展的基础,在强调与人合作的今天,表达作为与人合作的一个基本条件,体现了人的交往素质和能力。表达分为书面表达和口头表达。口头表达可以通过生活经验内隐习得,也可以通过学校系统的教学和训练外显习得,而书面表达基本只能通过课堂教学学得。

---

① 李琼华.狄尔泰教育观初探[J].湖南教育学院学报,1999(3).

② 潘菽.教育心理学[M].北京:人民教育出版社,1983.

以语文学科为例。语文教学历来主要的争论之一，就是对语文本身内涵的争论，即“语文”是语言文字还是语言文学，反映在表达中，就是文字表达和书面表达的争论。随着时代的发展，今天的语文教学对学生语言能力的培养重心也在逐步发生变化。

1954年在叶圣陶主持下拟订、公布的《改进小学语文教学的初步意见》是这样阐述语言教学和文学教学任务的：“祖国语言的教学，训练儿童使其能理解和运用祖国语言，具有阅读和表达的能力，并培养他们对祖国语言的爱好。”[①]1955年《小学语文教学大纲草案（初稿）》和1956年《小学语文教学大纲（草案）》都指出：“小学语文科的基本任务是发展儿童语言，提高儿童理解语言的能力和运用语言的能力。”

2011年教育部颁发的《义务教育小学语文课程标准（2011年版）》对学生展开自由表达进行了充分的说明。“总目标”提出“表述自己的意思”；“阶段目标”提出“写自己想说的话”，“能不拘形式地写下见闻、感受和想象”；“教学建议”提出“为学生的自主写作提供有利条件和广阔空间，减少对学生写作的束缚，鼓励自由表达和有创意的表达”；“评价建议”提出“对有创意的表达应予鼓励”。对“口语交际”提出的目标是“具有日常口头交际的基本能力，在各种交际活动中，学会倾听、表达与交流，初步学会文明地进行人际沟通和社会交往，发展合作精神，既是社会发展的需要，也是他们自身发展的需要”。数学课程标准也特别强调了发展学生数学思维和语言表达的重要性。

新课标内容的变化，反映了社会发展对人的核心素养需求的变化。不难看出，研究小学生的表达素养有助于更好地实现新课程目标，所以教师在教学中应更加全面地关注学生的表达，促进学生表达健康发展。因此，学科教学必须适应个体发展的需要，在培养学生表达素养上做出必要的探索与改革。

四、表达是洞悉小学生心理的一把“金钥匙”

认识学生和理解学生是小学教育展开的前提，教师只有更好地认识、理

---

① 课程教材研究所.20世纪中国中小学课程标准·教学大纲汇编:语文卷[M].北京:人民教育出版社,2000.

解学生才能更好地把握学情，开展教育教学活动。我们无法洞见个体的内心，无法直接获悉个体的思想，在很大程度上只能通过表达这一中介。表达可以把小学生个体体验无法表现的内容显现出来，展示生命的内容，从而使师生、生生间的交流更为顺畅、生动。

表达是我们接近生命的重要途径，是我们关于人的知识的最重要来源，人们只有通过理解他们自己的表达以及彼此间的表达，才能逐渐彼此认识，并进而认识自身。因此，我们只能通过探讨和研究表达，即通过探寻学生语言、行为、表情中所蕴含的丰富的情感去认识和理解学生。研究小学生的表达，可以帮助教师更好地理解小学生这一生命群体。

随着时代发展与社会变迁对教育提出多样化、个性化的要求，现代课堂强调学生的体验性，倡导对话、探究、合作的课堂文化，这是对课程与教学的整合提出的新课题。教师不仅是课程的执行者，还是课堂教学的设计者和丰富者。在教学过程中，教师遵循儿童发展认知规律，给予学生开放、民主的表达机会和学习经历，是对学生和谐发展目标及自我建构学习诉求的落实，是师生共同创造表达空间、提升表达欲望、发展表达能力的过程。我们提出“人人善表达”的素养，正是基于以上理论基础和实践经验，也是根据时代学子的真实需求而进行的新探索。

第二节　激发心向，愿意表达

在教育目标多元化的今天，对学生语言表达能力的重视程度也达到了前所未有的高度。小学阶段是学生语言发展的关键期，这一阶段学生的语言表达意识逐渐形成，有效的教学能引导学生敢说、会说，而低效的教学则会导致学生习惯沉默，或表达不出自己内心真实的想法。美国教育心理专家布鲁纳说过："对学生最好的刺激，乃是对所学材料的兴趣。"所以，激发心向，创造一个快乐和自由表达的氛围，让学生对学习有着神奇的内在驱动力，能让教学变低效为高效，化被动为主动。有了兴趣，学生才能产生某种憧憬和追求，愿意表达。

我们利用各种形式，借助教材中的文字素材、图片素材，挖掘学科中的多元素材，创设有趣的情境、游戏方式，多方面激发学生表达的欲望，给学生创造可供表达的内容，引导学生入情入境，让他们有话要说、有话想说、有话可说，使学生感到满腹的话语急需表达，变"要我表达"为"我要表达"，从而兴致勃勃地投入表达中。

一、借助教材，让学生有话表达

学生使用的教材是经过很多专家精心挑选、审核后编写出来的，无论是语言的建构与积累，还是文本中每一课的插图，都是学生学习表达的经典素材。

（一）依托文字素材

教材资源是学生最容易获取的资源，也是最有价值的资源。教材中有大量练习表达的素材，这些素材有明确的训练点，还有文质兼美的文章，更

有相应的表达范例。这些素材，我们可以直接拿来练习。

比如，小学语文部编版教材根据文本不同的表达特点以及各单元不同的语文要素，安排了大量练习表达的训练点，如口语交际、单元习作、课后小练笔、语句段运用等。这些表达训练点有明确、清晰的范例引导，学生有章可循，有法可依，表达起来就非常容易。曹海棠老师执教部编版教材三年级上册《花的学校》课后小练笔时这样引导：

“雨一来，他们便放假了。”你喜欢这样的表达吗？请你照样子写一写，如，“清风一吹，他们……”“蝴蝶一来，他们……”

这样的小练笔对学生来说并不难，教师适当引导，学生立马就能发现课文中作者采用了拟人手法来描写事物，让事物像人一样栩栩如生、活灵活现。学生借助教材里的文字素材，模仿课文写法，举一反三，创作出了许许多多生动的作品，学习了新的表达技巧。

再如，英语学习过程中，学生模仿单词的发音，模仿句子的结构和朗读。通过模仿，学生得到操练，习得语言。当知识内化后，学生会在相关的情境中将语言进行输出。吴美兰老师执教“*Longman Welcome to English 3A Chapter 1 Weather Part F*”这首歌谣时，帮学生搭了一个语言框架（见表4-1）。

表4-1　歌谣语言框架

Wet day, wet day We are putting on our raincoats today Wet day, wet day We are playing in the sun today.	______ day, ______ day We are ______________________today ______ day, ______ day We are __________________ today.

这首歌谣中涉及了天气的形容词及相关的衣物和活动，节奏欢快，韵律感强，朗朗上口，学生模仿过两三遍之后，基本能唱出来。教师将这首歌的框架提炼出来，借此鼓励学生创编自己的专属歌谣，为学生的个性化表达提供平台。

（二）巧用图片素材

叶圣陶先生曾说：“图画不单是文字的说明，且可开拓儿童的想象。”翻开小学教材，一幅幅精美的图画尽现眼前，那一幅幅山水画将学生带进了诗情画意中，看图写话、口语交际、课文中精美的插画，让人浮想联翩……这些插图不仅形象直观，还兼具趣味性、启迪性等特点。教师巧用这些图片素材，激发学生情趣，引导学生仔细观察课文中的插图，结合文本内容，就可以对阅读内容进行拓展补白，延伸课文所蕴藏的人文情感等内涵，深入培养学生想象力、创新力和表达力。

比如，在学习部编版教材三年级上册略读课文《一块奶酪》时，我们看见这样一幅插图（见图4-1）：

图4-1 《一块奶酪》课文插图

听到命令，大家放下奶酪，却不走开。

“大家分散开，哪里凉快就到哪里休息。”

大家依旧不动，眼睛望着别处，心却牵挂着那一点儿奶酪渣子。

面对诱人的奶酪渣子，蚂蚁队长会怎么处理呢？读到这里，我们会产生好奇。但是最好奇的还是故事中的蚂蚁队员们。课文没有具体写每位蚂蚁队员的语言、动作、心理、神态，留给读者想象的空白。谭海楠老师借助插图，引导学生观察并想象小蚂蚁们的动作、神态、语言，体会当时蚂蚁队员的心理。

师：你们瞧，中间这只小蚂蚁（身子侧着站，时不时用余光瞥向奶酪渣子的方向），它可能在想（我要紧紧看着这块奶酪渣子，不能让其他蚂蚁偷吃了呢）。再看旁边那一只（　　　　），它可能在想（　　　　）。

教师引导学生将形象的画面转化为生动的文字，把孩子真正带入故事的情境中，进一步感受童话的美好与有趣。

再如，在人教版小学英语教材PEP“*Book8 Unit 1 How tall are you?*”中，郦子老师让学生通过自主读图对故事内容进行整体感知，结合图画对新词进行词义猜测，进而将句子拼成完整的语篇，很好地练习了学生的表达（见图4-2）。

图4-2　英语插图

这样有趣的图片在教材中比比皆是，教师要优化选图，结合学生生活场景，选择适合学生观察的图片，选择易于学生语言表达的图片，以这种用图带话的方式帮助学生表达。

（三）挖掘学科素材

教材中，除了明确的图文记述素材外，还有一类隐性素材，其特点为多变、动态、个性化，对打开学生眼界，培养表达素养有很大帮助。这些隐性素材需要教师深入研读教材，充分挖掘文字背后所蕴含的意境，因势利导。只有让那些隐性的素材资源与显性的素材资源一起进入课堂，进入教学过程，教师和学生才会真实地感受到教学过程是他们的学习历程，是他们生命的有机组成部分，教学才有可能真正地促进学生健康成长，不断提高学生的表达素养。

比如，小学语文教材中有很多的续写故事素材。这类续写就是以教材中的文章材料为载体，去推想故事发展过程中可能出现的其他情况，构思适当情节，续编原有故事，以丰富学生的想象力，锻炼学生的思维与语言表达能力。徐雅娣老师执教《陶罐与铁罐》最后一个环节，就是这样教学生续写的：

文本结尾写道："……把土掘遍了……连铁罐的影子也没有见到。"同学们，铁罐到底到哪儿去了？变成锈土的铁罐看到完好如初的陶罐会说些什么呢？请大家用"原来……"起头来续写故事。

学生通过续写故事，借助铁罐的语言描写，诠释文章寓意，进一步明白文本所要诠释的道理，再次练习了人物对话描写。

再如，"*Longman Welcome to English 2A Chapter 1 Coming to School*"学习的是核心句型"How do you come to school?"，为了让学生掌握整个单元的词汇和句型表达与运用，吴美兰老师布置了一项特殊作业，让学生互相做调查"How my classmates come to school?"，作业的最后部分需要学生出具一份调查表，并上台介绍自己的调查。

为了完成这份调查表，学生需要和多个同伴进行互动，在真实的情境中运用语言，并且用自己的方式完成调查表，最后形成一份小语篇的口语表达或者书面表达。在整个学习过程中，教师有效挖掘了教材隐藏着的表达素材，联系学生的生活实际，引导学生进行调查、介绍，学生的综合语言表达能力得到了锻炼，语用能力也得以加强。

二、趣味引导，让学生愿意表达

面对自己感兴趣的话题，学生的表达欲望是无法掩藏的。不同的兴趣话题对学生的表达欲望会产生不同影响。教师在教学中敏锐地挖掘学生的兴趣话题，将其多元地、趣味地呈现在课堂之上，就可以促使学生积极地表达观点、释放情感。

（一）情境引趣

真实情境的创设能够在很大程度上削弱语言学习过程中机械操练的反

复与枯燥乏味，让课堂充满趣味性、活动性，激发学生的表达意愿和参与热情。利用情境引趣，对丰富教学资源与过程，呈现生动活泼的课堂，有着正面的迁移推动作用。

例如，人教版PEP小学英语四年级上册“*Unit 6 My familyPart A Let's talk*”学习要求是介绍自己的家庭情况，主要涉及的句型为：“How many people are there in your family?”“There are three people in my family.”

针对这一话题，吴美兰老师设计了真实的情境，围绕“family”，展开family day的活动，提前让学生带一张全家福来参加本节课的活动，教师自己也带一张照片。首先由教师示范，运用重点句型介绍自己的家庭，接着老师进行示范，这一次是师生互动。

师：Hi, Jack. How many people are there in your family?

Jack：There are three people in my family.

结论：人人参与活动，人人进行交际，在真实的情境中有意义地反复练习核心句型的问答，活跃课堂氛围的同时又加强了学生人际交往的能力。

再如，为了让学生感受萤火虫在黑夜里飞舞的美丽，音乐课上杨莹老师把课堂灯光熄灭，拉上遮光窗帘，在大屏幕上投出了静谧的夜空。这时，老师柔声引导：“夏夜里，谁提来，一盏一盏小灯笼；小灯笼，像星星，一闪一闪亮晶晶；那不是灯也不是星，那是什么呢？”老师边朗诵歌词，边走到学生面前，在行走过程中利用手指电筒加扩指动作，像一只萤火虫一样“飞”入同学们身边。当学生都被吸引住时，老师顺势播放了《萤火虫》的旋律，并分发给学生手指电筒。“萤火虫是怎样飞的？请同学们带上指尖手电，一边合着音乐的韵律扩指，一边朗诵歌词。”同学们情不自禁地随着音乐自由律动，探索手指飞舞的韵律。在情境中，大家仿佛被带到了美丽的夜空下，学生化身为小萤火虫，从自由飞舞经过探索慢慢地合着音乐韵律舞蹈，学生尽情地发挥想象力，大胆地创造情节或肢体动作，通过即兴表演，表达音乐作品内容。

（二）游戏导趣

各学科教学中，我们发现一个共性：凡是让学生“表演一下，体验一下”的游戏化情境，学生就会更投入，参与面更广，课堂氛围更好。这样的角色代入，让语言的操练、意义的领悟在游戏情境中进行，让学生从学习材料的旁观者变成了主导者，拉近了学生与学习材料的距离，使其更容易与角色共鸣，并从角色中体会美好的情感，练习表达能力。

结论：设计得当的游戏情境，不仅能提升学生的全方面素质，还能对学生的思维能力、沟通表达及协作能力起到促进作用。比如，音乐游戏是课堂中最易于被学生接受、喜爱的一种综合性艺术形式，是培养学生乐感和表达能力的一条有效途径。音乐课堂可以借助视频、音频、图谱、肢体动作等资源，让学生感受音乐的流动、旋律的起伏、节奏的跳跃、音色的变化，并随时根据音乐的变化做出反馈，激发他们的表现力。万睿老师在每堂课中设计的“节奏大师”“乐动达人”“炫舞派对”等游戏类体验，对学生音乐表达能力的培养起到了画龙点睛的作用。以小型打击乐器组成的“节奏大师”游戏为例，学生可以根据听到的音乐创作图谱，再用小组合作的形式选择与图谱相符的乐器表现出这个音乐形象。它没有特定的一种形式，更像一种创意，既可以培养学生音乐理解能力和想象能力，又可以锻炼手脑协调的音乐表达能力。

（三）评价激趣

美国心理学家特尔福德认为，驱使学生学习的基本动机有两种：一种是社会交往动机，另一种是荣誉动机。每个学生都希望得到别人的赞美和鼓励，鼓励式的评价能够帮助学生克服心理焦虑，调动学生的参与积极性，增强学生的学习自信心。评价的过程是学习的一部分，更是促进学生愿意表达的一个支架。每一次表达，教师都要有与之相适应的评价方式和评价内容，让学生在评价中感受到成功的喜悦，让表达成为一件主动想要做的事情，让学生在评价中树立表达的自信。

口头表扬是教师常用的评价方法。当学生表达遇到困难或有误时，教师可以运用语言鼓励，消除学生由于犯错而紧张不安的心情。以英语课堂为例，当学生发表观点之后，教师应及时给予丰富的语言评价，如Good，Great，Excellent，Well done，Never mind，You almost get there等，让学生不害怕表达，进而有信心表达得更好。

教师也可以用动作鼓励，对学生竖起大拇指，为学生鼓掌，同时充分运用神态表情，让学生感受到老师对他们的鼓励与赞扬。在这种积极鼓励的氛围下，学生不再害怕说错，他们会从心底愿意表达。

教师还可以通过书面点评，在学生的文章评价中，给予学生一句鼓励，即使一个好词、一句好句、一幅配图，关注他们语言文字中的闪光点，关注他们配图中的创意，毫不吝啬地为他们喝彩，让他们备受鼓舞，激发他们表达的乐趣与自信心(见图4-3所示)。

图4-3　我喜欢的________

随着信息技术的运用，激励方式又得到了新的扩展。教师将学生作品中的好词句、好段落、好文章等“成功”文字归纳在一起，结集而发。用白板录屏软件制作成视频，发到班级空间中，利用网络的传播魅力，将微课作为激励新形式。我们也常常在课堂上和全班孩子一起欣赏同伴的优秀表达。对于写得特别好的孩子，让学生在微视频中读一读自己的作品，放一放孩子的照片，让他们当一回明星。学生在视频中看到自己写的作品，听到自己的声音，甚至看到自己出现在视频中，就会体验到成功的喜悦，激发学生的表达欲望与创作热情。

当教师从不同方面努力找到每个学生的长处、值得表扬之处，不吝惜自己的表扬，努力夸到孩子的心里去；当老师把孩子细小的优点放大，把他与众不同的地方大声表达出来时，这会极大地鼓舞学生，成为他们前进的动力。在多样的评价中，发现孩子的闪光点，不断给予鼓励，让孩子愿意表达，自信表达，不断提高表达的能力。

第三节 模仿运用，准确表达

表达能力是学生素养的综合体现，准确的表达能更好地传情达意，让别人听得清楚，听得明白。不管是开口说话——恰当地用语言表达自己所想，还是动笔书写——用合适的文字符号呈现自己的观点，都要力求准确地输出，才能让接受对象正确地接受、理解和认同。准确是语言表达的基本保证，是一切语言行为的首要判断标准。孩子天生具有非常强的模仿能力，更能在模仿过程中融入自己的理解，准确而又创造性地表达。

我们需要将文本中的特色表达进行梳理，让学生模仿、迁移、运用，比如，通过听原声带、反复操练，进行发音模仿；通过模仿字词、句型，进行话语模仿等。学生表达时，可以伴有前文构建的语境，伴有语言模仿的样板，伴有内容创新的依据，将模仿与创作有机融合，提高表达的准确性。

一、发音模仿，把语音读标准

语音模仿对语言学习有重要的效果，正确的发音与自然的语调是理解别人语言与表达自己思想的关键。从语言的习得规律来看，学习语言就是从最初的简单模仿开始的。对小学生而言，教师应善于将语音的模仿、训练渗透在词汇、句子、儿歌、故事等内容的学习中。

（一）听原声带，模仿发音

听是语言学习中的基础。只有听准了，才能发音准确。一般而言，首先，语音的模仿要选择地道的音像材料。语音标准、语言地道、语流自然流畅、语速正常、内容贴近学生的学习实际是选材的基本要求。其次，听音时，学生必须听得专注，理解得准确，分辨出语音、语调、语流和语速的逻辑、

情景和情感意义。

比如,英语中的升降调、轻重读、连读、爆破、停顿、连缀、节奏、语速,甚至韵律,都是语言学习的突破点。通过播放录音,教师指导学生慢慢体会和把握,必要的时候向学生解释说明这些发音技巧的要领,以帮助学生更好地掌握。以umbrella的发音为例,不少人习惯将重读放在最前面,而其实它的重音是在"bre"这个音节上。句子"Can you make a model plane?"是一个一般疑问句,不少人会将它读成降调,而其实应该是末尾升调。"I get up at 7:00."这个句子中的"get up"就有一个连读。这些发音技巧都是通过反复听录音,学生才可以体会出来。

目前,英语教材基本上都有配套的音频或视频资源。这些影音资源基本都是由英籍专业人士朗读,故在语音语调方面都是非常地道、专业的。教师在英语课堂中应多利用现有的资源,尽量使用原版的影音资料代替教师的读与说,最大限度让学生接受原版音觉和视觉输入。听录音模仿,耳听口说才能使学生在地道的语言环境中体会英语准确表达的技巧与注意事项。

(二)反复操练,准确发音

学习任何技能都需要反复地操练。学生要记住所学的知识,主要途径是做各种练习。除了与课本匹配的资源外,教师还要善于利用线上优质的影音资源,带领学生进行反复练习。

首先,精选原版的英语歌曲、童谣、绘本故事等学习材料。这些资源在动画设计、情境创设方面优势明显,能让学生直接体验地道语音,可以将课本的知识点演绎得更生动有趣,因此能够牢牢吸引学生的注意力,增强模仿的兴趣。

其次,选取优秀的教学App以辅助教学。我校章秀花老师在英语教学中引入了"英语趣配音"平台。"少儿趣配音"将每个Chapter的A部分(情景对话)和C部分(学会阅读)纳入配音资源库,把优质的教材听说资源搬到平台上。学生在课堂学习之后能够按照学校学习进度进行巩固练习。在配音过程中,学生可重复听学句子录音,并随意暂停;如遇生词,还可随时点击相应单词查询词义及读音。经过一段时间试用,课后大部分学生可在5分钟内完成一份质量较高的1分钟左右的课文配音作品。以"*Longman Welcome to*

English 3A Chapter 1 Open Day C1”为例,对照章秀花老师所选取的录音作品分析维度,学生制作课文录音作品情况如下见图4-4。

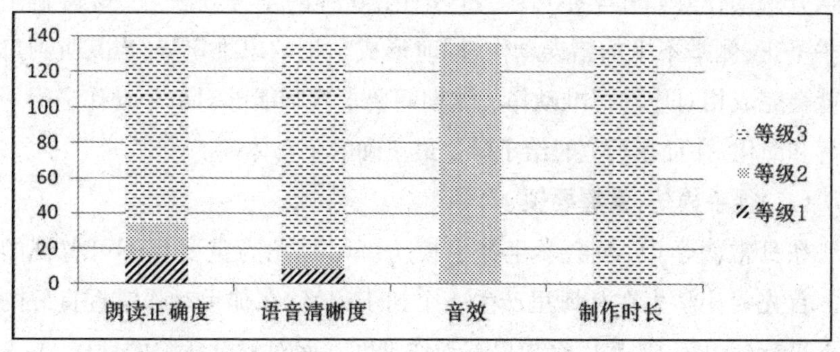

*选定作品,配音作品的长度为42秒。

图4-4 “*Chapter 1 Open Day C1*”配音作品对比★

在固定的口语作业之外,学生还会从“少儿趣配音”的强大资源库中选择喜欢的配音资源进行自我挑战:喜欢唱歌的学生会时常给英语歌曲配音,喜欢动画的学生会在配音中去体验不同影片角色……在长期的潜移默化中,学生的语音语调就会越来越接近原版的录音,从而形成良好的语音风貌。学生一旦掌握了准确的发音规则,就能听懂,并且能说出比较规范的语音,同时也规范了他们的语言表达能力。

二、动作模仿,把技能做到位

动作模仿是学生在学习体育技能时常常会运用到的,在分解动作模仿时,学生会融入自己的想法,主动思考,积极探究为什么这个动作需要这样来做,在做的时候需要注意什么。思考的过程也是运用大脑语言表达的过程。这样的学习,学生不只是记住了动作本身,还添加了自身的理解,使动作技能在更多的地方得到运用。同时,学生在动作模仿时需要将一个复杂的体育技能进行分解,按照每一个环节的动作要求,不断去模仿尝试,最终将单个环节组合起来,完成全套动作,实现形体表达。

(一)分解简化,学会动作

学生学习各项动作技能往往是从模仿开始的,这就要求教师在教授学

生技术动作时，对所学的动作有一个正确的剖析。以广播操学习为例，教师会采用暂停式的方法来教会学生前平举、侧平举、上举、侧上举等动作，一步步从分解动作开始让学生产生身体记忆，这样的学习方法会大大降低出现前举不正、侧举不平的错误动作，同时形成学生的思维定势，当其听到口令时就会完成相对应的标准动作。这期间要求教师能够对单个动作进行一再分解和简化，并且在示范时给予学生最正确的感官体验。

(二)徒手模仿，掌握要领

在日常教学中，教会学生徒手模仿练习是尤为重要且不可忽视的环节。首先要让学生在脑海里产生一个初步记忆，在徒手动作掌握良好的情况下进行分组练习，然后逐步提高动作难度。而对复杂危险的动作，要先教会学生辅助练习(保护帮助)，再逐步渗透技术要领。这样，学生能够一步步牢记动作要领，每一个课程的环节都在反复地巩固技术动作，规避了器材不足与人数众多等现实情况。在徒手练习时，教师和学生的距离很近，便于更好地观察学生的动作，形成正确的引导。

(三)情境模仿，熟练动作

在体育课堂上，大多数的模仿行为会来自情境创设。一张英姿飒爽的图片，一段慷慨激昂的音乐，这些所串联起来的故事都有助于学生更好地完成动作学习。尤其是在小学阶段，一个好的故事情境能够将整节课上得活灵活现，学生也能够在课堂当中享受情境角色所带来的乐趣。在模仿角色的同时，学生逐步学会技术动作。

例如，学习“前滚翻”一课时，许文龙教师融入小刺猬的情境，提问学生当危险来临时，小刺猬是如何保护自己的？然后由教师来充当老鹰角色，学生充当小刺猬角色，在模仿小刺猬躲避危险时，学生会自然而然做到抱膝团身的动作。而当危险远去，再添加小刺猬采集果实过冬的情境，让学生两人一组模仿小刺猬采果实的动作，来渗透团身滚动的重要性。

在这个教学片段里，学生根据故事的走向来模仿故事中的小动物完成不同动作，其间有人物角色的分工，故事的跌宕起伏，而小刺猬又是学生所熟悉的动物，这样的模仿贴近于学生的生活，在练习中可以起到事半功倍的效果。

三、语言模仿，把话语说准确

语言表达首先要“了然于心”，才能“了然于口”，最后是“了然于手”。“了然于心”就是指心里想清楚了该怎么表达，打好腹稿；“了然于口”就是指能把想表达的内容，通过口头语言准确地表达出来；“了然于手”则是最高要求，要能说会道，还要能写好。

（一）模仿字词，准确表达

词汇是语言的最小意义单位，然后是词组、句子、段落、语篇。语言的学习也要遵循由易到难的过程。连词成句，构段组篇，其中字、词、句是构成文章的奠基石，引导学生积累典型字词、句式、句型，是语言准确表达的一个关键环节。

比如，在学习小学语文部编版教材三年级下册《火烧云》一课时，教师以“词语”组块教学来设计。教师在解释“紫檀色”时，顺势描述词语表示的意思是一种像紫檀木那样的颜色，然后引导学生拓展“像茄子那样的紫是……，像梨那样的黄是……”，学生受到启发，进而很准确地模仿说出“天蓝、海蓝、茄子紫、梨黄、鱼肚白”等词语。

（二）模仿句型，完整表达

句型是语言的基础。每个词汇都有与它相关的句型，这些句型的组合构成了语言的准确表达。为了使学生更好地表达，教师应当注重引导学生进行句型练习。

比如，小学英语教材的设计一般都是按照词汇学习、句型学习、小故事（语篇）这样的结构编排的。学生只有掌握了词汇，才能进一步表达句子，最后才能到达语篇的程度。以人教版新起点二年级下册“Unit 5 My day”为例，第一课学习7个词组：get up，eat breakfast，go to school，eat lunch，go home，eat dinner，go to bed。第二课学习句型有“When do you eat breakfast every day?”“At 7:10.”等。从第一课的词组学习到第二课的句型学习，教师可以为学生逐步搭建语言支架，引导学生一步一步熟练，准确快速地习得这个句型。

教师先提供支架。这个支架可以是图片，也可以是英语词汇，具体提供

哪种结构形式，教师可以视学生整体掌握情况而定。

学生一步一步按照教师提供的语言支架练习句型。从第一个完整句型支架到最后的空支架，学生逐步脱离原语言支架，层层搭建自身的语言表达，如此便将词汇与句型进行规范、完整融合。

【案例4-1】 词汇与句型

例图4.1展现了词汇与句型的语言支架。

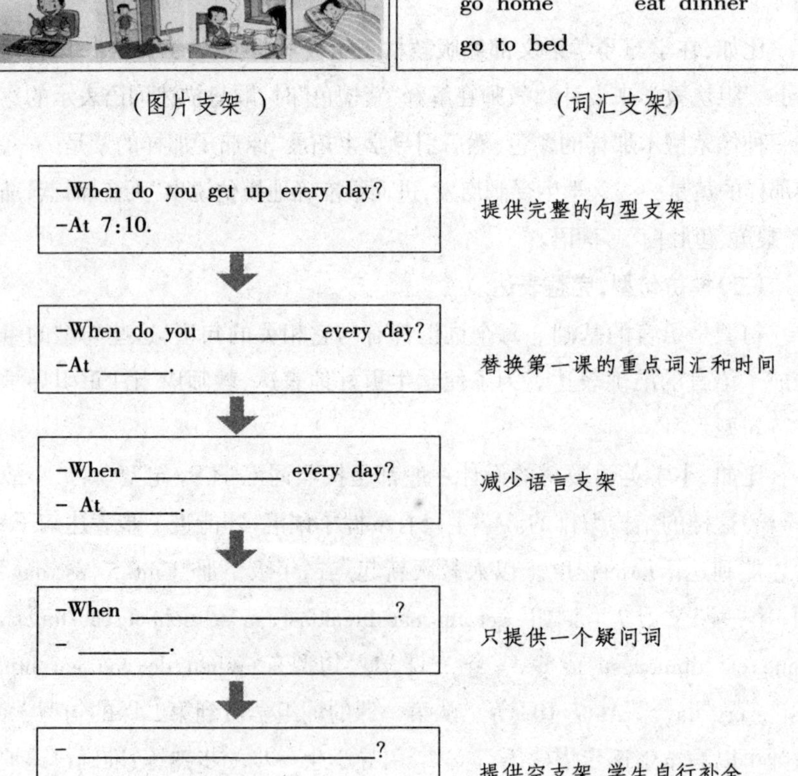

例图4.1 词汇与句型

第四节　搭建支架,有序表达

表达要有“序”,既要关注语言的逻辑性,又要注重语言的科学性和条理性。教学的核心目标是要促进学生语言表达能力的发展,但课堂教学不能仅仅局限在枯燥生硬的训练上,而是需要教育者合理地搭建言语训练支架,促进学生言语智能在表达实践中快速生长,从而为学生语言表达能力的提高提供保障。我们通常以搭建文字支架、画图表支架、借思维支架等方式,帮助学生厘清表达内容之间的联系,将原本杂乱无序的材料变成一个有逻辑性的系统,为表达搭建好支架,以此为扶手进行规范、有序的表达,让学生能够围绕一个主题有话可说、说而有序,提升学生的语言表达能力。

一、搭文字支架,从部分到整体

建立在建构主义理论基础之上的支架式教学体现了学教方式的真正转变。课堂教学打破了传统“教师讲,学生听”的模式,取而代之的是以学生为主体的教学模式。支架有多种形态,其中,在搭建以文字形式出现的支架过程中,依据从部分到整体的原则,通过情境的创设和教学支架的辅助作用,学生的认知发展不断从“现有发展水平”提升到“潜在发展水平”,自主学习能力也不断提升,发展了探究精神和独立思考能力。

(一)填空补白

所谓“补白”,即在教学中,利用文本的生发和空白之处展开恰当的想象,合理地补充空白的内容、空白的言语和空白的意境。课本中有许多地方是留有“余地”的,如果抓住这一契机进行补白,既是对文本资源的开发利用,也是对学生想象力与创造力的培养,更是提高学生的有序表达能力。

比如,小学英语课堂中较难的表达是语篇复述。复述就是要用自己的语言和课文中学过的主要词句,把课文内容有条理地叙述出来。复述很重要的一点是建立在熟读和理解课文的基础上,然后按线索把文章分段,找出关键词句加以记忆,每部分的内容围绕关键词句展开,按自己的理解,用自己的语言把内容有条理地、有序地叙述出来。以PEP新起点二年级下册"*Unit 6 My week story time*"为例,吴美兰老师利用填空补白,让学生尝试复述,大大降低了复述的难度,而且又让表达更加有序(见图4-5)。

It is Monday. Mike is new in the class. He is sad.

On Tuesday, Mike meets Bill. They play football.

On________, Mike________Yaoyao. They________.

On________, Mike________. They________.

________, ________. ________.

图4-5 复述填空

再如,在学习小学语文部编版教材四年级上册《盘古开天地》一课时,第4自然段末尾有这样一句话:"他的汗水,变成了滋润外物的雨露甘霖…… "他还有哪些部位,如额头、皱纹、鼻孔、嘴唇、手掌、青筋、指甲等,还会变成大自然的什么呢?周蓉蓉老师在教学时,紧扣省略号,让学生展开想象,完成了以下排比句式的填空:他的( ),变成了( );他的( ),变成了( );他的( ),变成了( )。这样的填空充实了文本内容,内化了"他的( ),变成了( )"的句式类型。此处补白,既训练了学生的表达能力,又激活了文本,使学生与文本的对话更加积极,盘古的献身精神也渐渐根植于学生的心灵深处。

(二)做任务单

任务单指教师为了达到预期的教学目标而设计的学习单,目的是为教学服务,促进学生进行自主学习。任务单分为课前、课中、课后三种。

1.课前任务单

小学语文部编版教材四年级下册单元习作"我的动物朋友"这样要求:

在口语交际的基础上，写一写自己喜欢的动物。要具体地写出动物的特点，表达自己的真情实感。

学生虽有喂养小动物的经历，却并未有目的地进行过观察，写作自然缺少细节。显而易见，要落实习作要求，需要教师引导学生进行较长时间的细致观察，才能发现“动物的特点”，产生“真情实感”。成静老师使用记录式任务单进行做前预习，指导学生进行有效观察（见表4–1）。

表4–1　动物观察任务单

我喜欢的动物：__________

观察日期	观察时间	最有特点的地方					最有趣的事情			
		全身	脑袋	五官	四肢	尾巴	吃相	玩相	睡相	其他

在完成任务单的过程中，教师指导学生把每天观察到的情况记录在任务单中，在观察过程中组织多次交流，让学生在同伴的分享中找到被忽略的细节。这样一来，一个多月的观察为习作提供了丰富的素材。习作时，学生就可以按照任务单上的观察顺序，一个板块一个板块书写下来，学生表达起来就会更加有序。

2.课中任务单

课中任务单指在课堂教学时教师下发给学生的任务单。主要是以简洁、易懂的文字为主，加以简单的问题组成。学生根据教师的指令能独立或者通过小组合作完成任务。曹海棠老师执教的小学语文部编版教材五年级下册《跳水》一课的任务单见图4–6和图4–7。

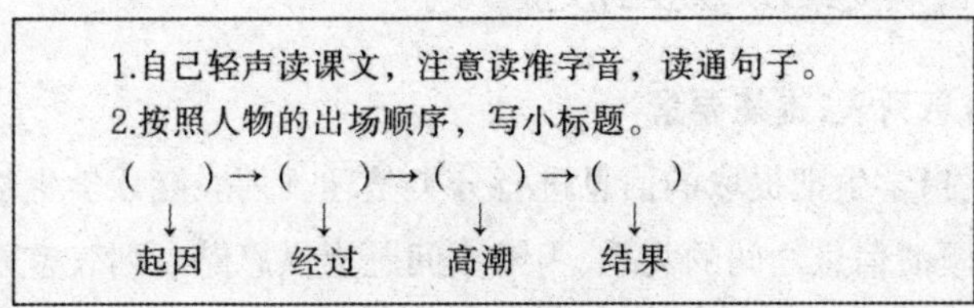

1.自己轻声读课文，注意读准字音，读通句子。
2.按照人物的出场顺序，写小标题。
（　　）→（　　）→（　　）→（　　）
↓　　　↓　　　↓　　　↓
起因　　经过　　高潮　　结果

图4–6　《跳水》任务单1

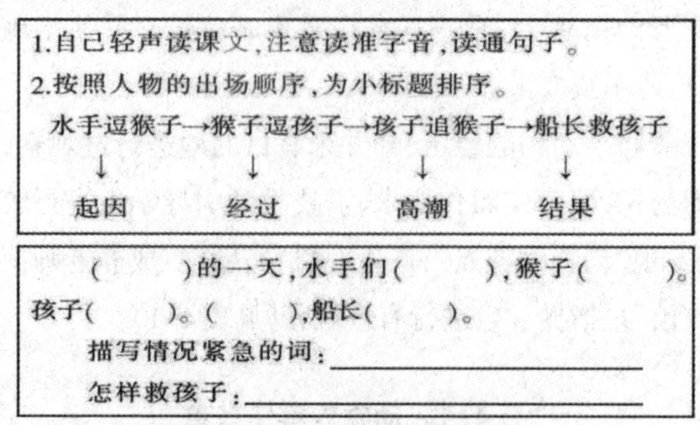

1.自己轻声读课文,注意读准字音,读通句子。
2.按照人物的出场顺序,为小标题排序。
水手逗猴子→猴子逗孩子→孩子追猴子→船长救孩子
↓ ↓ ↓ ↓
起因 经过 高潮 结果

( )的一天,水手们( ),猴子( )。孩子( )。( ),船长( )。
描写情况紧急的词:________________
怎样救孩子:________________

图4-7 《跳水》任务单2

曹老师通过搭建"做任务单"这一学习支架,先帮助学生对课文写作顺序做一个梳理,再通过一个填空,帮助学生进行课文主要内容的概括。这种做任务单的形式降低了概括的难度,让学生习得了语言,同时也提高了学生的概括兴趣和表达能力,抓住段落的关键词句归纳概括,并能把这些关键内容用自己的语言表达清楚,表达完整,达到有序表达。

3.课后任务单

课后任务单的主要目的是巩固复习,以书面的形式跟进,反馈掌握的情况,自我监督,量化评价。

小学语文部编版教材三年级上册《带刺的朋友》一课的学习,乔璐老师设计了一个有趣的"小档案"任务单,安排了"主人公姓名、外形特点、习性以及事情(时间、地点、做什么)"等栏目,让学生在课后选择一种自己喜欢的动物进行观察,要求学生先用词或短语给小动物完善档案,再看着档案做介绍,表达的时候以第一人称"我是……,我……"开头。在这个过程中,学生借助任务单,对观察对象进行全面了解,介绍时又能详细地按照这几个方面有顺序地表达。

二、画图表支架,从重要到次要

(一)信息列表,提炼要素

列表是指学生把提取的信息进行分类整理。列表能让学生掌握整理信息的方法,厘清信息之间的关系,为解决问题提供思路。列表整理信息的过程,不仅是理解文本的过程,也是展示、表达思维方法的过程。

【案例4-2】 运用信息列表解数学题

修一条公路，计划15天完工，实际比计划每天多修80米，12天修完，这条公路全长多少米？

题中的工作总量、工作时间、工作效率及效率差这几种量，我们可以把这些量整理在例表4.1中。

例表4.1 数量关系表

<table>
<tr><th></th><th colspan="2">工作总量</th><th>工作时间</th><th colspan="2">工作效率</th></tr>
<tr><td>计划</td><td rowspan="2">相等</td><td rowspan="2"></td><td>15</td><td></td><td rowspan="2">效率差
80</td></tr>
<tr><td>实际</td><td>12</td><td></td></tr>
</table>

根据表中所呈现的信息，如果有学生想到用方程解，设工作总量为x米，则计划的效率为x/15，实际的效率为x/12，从而根据效率差列出方程：x/12−x/15=80（见例表4.2）。

例表4.2 方程关系表

<table>
<tr><th></th><th colspan="2">工作总量</th><th>工作时间</th><th colspan="2">工作效率</th></tr>
<tr><td>计划</td><td rowspan="2">相等</td><td rowspan="2">x</td><td>15</td><td>x/15</td><td rowspan="2">效率差
80</td></tr>
<tr><td>实际</td><td>12</td><td>x/12</td></tr>
</table>

如果有学生想到用分数应用题的方法来解答，设工作总量为1，则计划效率为1/15，实际效率为1/12，用效率差除以对应分率，就可以求出单位“1”的量，即80÷(1/12−1/15)（见例表4.3）。

例表4.3 单位“1”关系表

<table>
<tr><th></th><th colspan="2">工作总量</th><th>工作时间</th><th colspan="2">工作效率</th></tr>
<tr><td>计划</td><td rowspan="2">相等</td><td rowspan="2">1</td><td>15</td><td>1/15</td><td rowspan="2">效率差
80</td></tr>
<tr><td>实际</td><td>12</td><td>1/12</td></tr>
</table>

如果有学生想到用反比例来解答，设计划的效率为x米/天，则实际的效率为(x+80)米/天，根据工作总量相等可以列比方程或比例，如：15x=12(x+80)或(x+80):x=15:12(见例表4.4)。

例表4.4　比例关系表

	工作总量		工作时间	工作效率	
计划	相等		15	x	效率差80
实际			12	x+80	

显然，通过列表整理信息，为能力强的学生提供联系沟通、深化理解的机会，为能力弱的学生搭建了有助于形成思路的“脚手架”，把握住解题的方向，防止偏题。

(二)线型图画，呈现关联

画线型图画是指在精读的过程中，把相关联的信息带箭头的线连接起来，掌握建立关联的方法，从而厘清条件与条件、条件与问题之间的内在联系，利用关联顺序解决问题。例如数学题：

聪聪今年8岁，舅舅比妈妈小2岁，外公的年龄是聪聪的8倍，外公28岁时妈妈才出生，舅舅比舅妈大2岁，外婆比舅舅大26岁。外婆今年多少岁？

在这道题中，所呈现的信息丰富，并且前后两个信息之间并没有必然的联系，那么如何厘清信息之间的内在联系呢？我们可以画线型图，掌握建立关联的方法。具体如下：

聪聪今年8岁，舅舅比妈妈小2岁，外公的年龄是聪聪的8倍，外公28岁

时妈妈才出生，舅舅比舅妈大2岁，外婆比舅舅大26岁。外婆今年多少岁？

根据线型图所示的关联顺序，要求外婆的年龄，需要先知道舅舅的年龄；要知道舅舅的年龄，需要先知道妈妈的年龄；要知道妈妈的年龄，需要先知道外公的年龄；要知道外公的年龄，需要先知道聪聪的年龄；而聪聪的年

龄已知(8岁),我们就可以根据关联顺序,求出外婆的年龄。根据关联顺序我们也可以清楚地知道,“舅舅比舅妈大2岁”这条信息是无关信息,对解决问题起干扰作用。用线型关联图可以排除这种无关信息,找到相关信息之间的内在联系,从而找到解决问题的方法,防止答非所问。

(三)数形结合,且思且画

数形结合是指当学生用语言、算式或符号进行数学表达发生困难时,可以借助于图形,画一个图来进行解释说明。与举例说明相比,数形结合更直观,更容易理解。

如小学数学解释平方差公式时,有学生用画图的方法来说明(见图4-8):

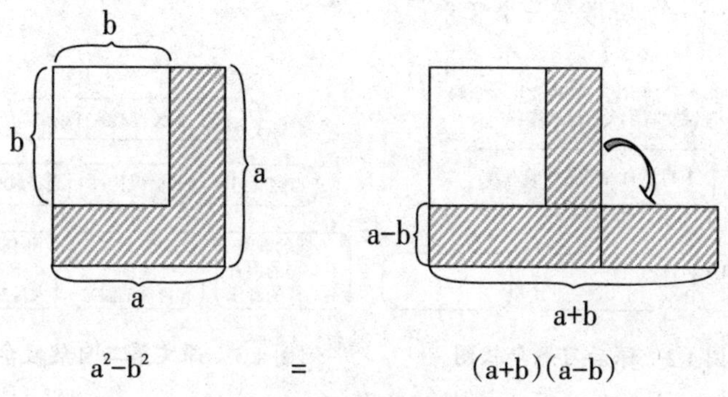

图4-8 平方差公式图示

从图4-8中我们可以发现,左图中阴影部分的面积就是“a^2-b^2”,右图中把阴影部分的面积剪拼成长方形,这个长方形的面积就是“(a+b)(a-b)”,所以就得到“$a^2-b^2=(a+b)(a-b)$”。显然,用数形结合的方法进行数学表达更直观,更容易理解。

(四)思维导图,发散联想

思维导图,又称为心智图,是一种表达逻辑关系的语言范式。思维导图作为一种语言思维可视化的工具,简单高效,图文并茂,以其优化学生构思能力,发散学生思维,促进学生有序表达、创造性表达等特点,在各学科教学活动中广泛应用。常见的思维导图有圆圈图、气泡图、双气泡图、树形图、括号图、流程图、复流图和桥形图八种。

【案例4-3】《大自然的声音》思维导图

比如，小学语文部编版教材三年级上册《大自然的声音》这篇课文以清新活泼的笔调介绍了大自然中风的声音、水的声音和动物的声音，文章结构严谨，第1自然段作为文章的总起段，概括说明了"大自然中有许多美妙的声音"，第2、3、4自然段均以总分的方式结构，并用了拟人、排比手法和对比写法、顶真句式。课文中有多优美的句子，课后有这样一个小练笔：

你听到哪些"美妙的声音"？试着写几句话和同学交流，如"鸟儿是大自然的歌手……""厨房是一个音乐厅……"

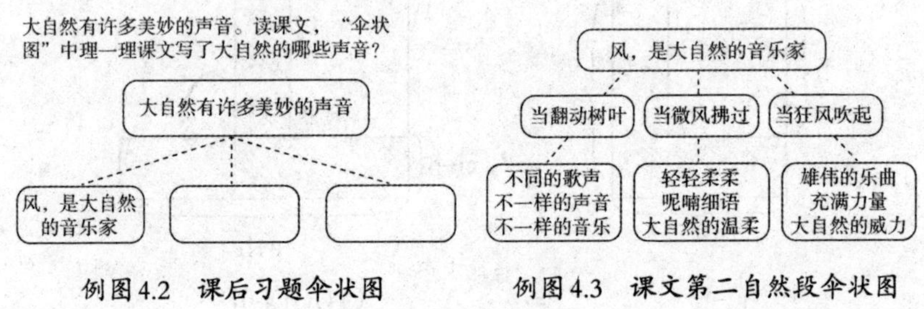

例图4.2　课后习题伞状图　　例图4.3　课文第二自然段伞状图

乔璐老师利用伞状图进行教学。在课后第二题的结构图基础上，为学生搭建了更详细的以课文第2自然段为例的伞状图(见例图4.2、例图4.3)，引导学生，发现作者表达的奥妙。随后，把课后小练笔用句式图表的形式呈现(见例图4.4、例图4.5)，引导学生走入生活，开展课堂中的实践活动，让课堂向生活延伸。

如一位学生的描写：厨房是一个音乐厅。当水龙头里的水"哗啦啦"地流出来，整个厨房就发出了一种美妙的声音。当厨房里发出"嗒嗒嗒"的声音，那是青菜在砧板上跳舞。当锅里的油冒出丝丝白烟时，青菜沿着锅边飞快地滑下去，发出"吱吱吱"的声音。当铲子翻炒青菜时，发出"嚓嚓嚓"的声音，这是青菜在呐喊。厨房里的锅、碗、瓢、盆就像一支交响乐队，奏出一首美妙的乐曲。

另一位学生描写了大海的声音：大海是天然的音乐舞台。当海浪像雄狮一样涌向岸边，一浪高过一浪，发出“哗哗哗”的声音。当一群海鸥低空飞翔，发出“欧——”的鸣叫声，它们飞得离海面很近，差一点就碰到水面。当远处的汽笛响起“嘟——嘟——”声，海平面上的轮船，慢慢地向海滩边驶来。大海还有许多美妙的声音，你，听见了吗？

1. 作者“围绕一句话”写的。围绕“风，是大自然的音乐家”这句话，从“风翻动树叶、微风拂过、狂风吹起”三个方面描述风发出的美妙声音。
2. 作者用了“当……”这样的句式来写。
3. 作者是按“动作+声音+感受”这样的方式来写的。

图4-3-3　文本表达梳理

生活中还有很多美妙的声音，比如“厨房是一个音乐厅……”学习课文的写法，你也来写一写你听到的声音。

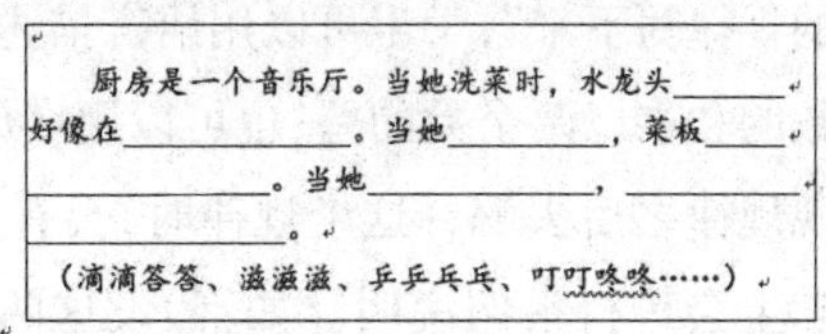
厨房是一个音乐厅。当她洗菜时，水龙头______好像在______。当她______，菜板____________。当她______，____________。

（滴滴答答、滋滋滋、乒乒乓乓、叮叮咚咚……）

图4-3-4　小练笔支架

从学生的小练笔完成情况来看，这样的方法既让学生能在真实、具体情境中去创作，又借助伞状图这一思维导图支架，降低了难度。既提高了课堂效率，又减轻了学生课业负担，真正在课堂上实现了语文读写素养的落实。

三、借思维支架，从形象到抽象

（一）举例说明

举例说明是指当学生已经初步理解了知识概念，发现了规律，但无法用自己的语言来阐述清楚时，可以举一个具体的例子来说明。如果当学生只能用举例说明的方法进行表达，则他的思维还停留在具体水平，不能进行抽象与概括。我们以数学学科为例进行说明。

【案例4-4】　数学表达（一）

观察下列等式：$4^2-1^2=5\times3$；$8^2-5^2=13\times3$；$14^2-4^2=18\times10$；$20^2-2^2=22\times18$；……

(1)运用发现的规律计算下列各题。

$18^2-12^2=(\square+\square)\times(\square-\square)$　　　　$29\times31=\square^2-\square^2$

$=\square\times\square$　　　　$=\square-\square$

$=\square$　　　　$=\square$

(2)请把你发现的规律写下来,并解释你发现的规律。

这道数学题的第(2)问就是需要学生进行书面表达。其中,"把你发现的规律写下来",学生可以用语言描述规律,如:两个平方数相减等于这两个数的和乘以两个数的差;也可以用字母表达,如:$a^2-b^2=(a+b)(a-b)$。学生发现规律之后去解释这个规律时,会有不同的水平层次。水平层次低一点的学生会进行举例说明。如:假设这两个数为5和2,$5^2-2^2=25-4=21$,$(5+2)\times(5-2)=7\times3=21$,因为21=21,所以$5^2-2^2=(5+2)\times(5-2)$。这样的回答思维水平还停留在具体水平,能够说明问题,但不能解释所有问题。

(二)文字阐述

文字阐述是指学生在进行表达时,用文字来阐述自己的发现。用文字来阐述清楚比举例说明更难,因为它要求的概括水平更高,语言的逻辑性更强。我们依然以数学为例进行说明。

【案例4-5】 数学表达(二)

观察下列等式:$4^2-1^2=5\times3$;$8^2-5^2=13\times3$;$14^2-4^2=18\times10$;$20^2-2^2=22\times18$;……

(1)运用发现的规律计算下列各题。

$18^2-12^2=(\square+\square)\times(\square-\square)$　　　　$29\times31=\square^2-\square^2$

$=\square\times\square$　　　　$=\square-\square$

$=\square$　　　　$=\square$

(2)请把你发现的规律写下来,并解释你发现的规律。

学生用文字阐述:我发现两个数的平方差就等于这两个数的和乘它们

的差。因为两个数的和乘它们的差就等于第一个数乘这两个数的差加上第二个数乘这两个数的差，再运用乘法分配律，化简后等于第一个数的平方减第二个数的平方。

在这段文字表述中，第一个数与第二个数可以是任意数，能解释所有的现象，但理解起来相对还是比较困难的。

(三)字母表达

字母表达是指思维水平较高的学生在进行表达时，往往会借助字母、符号等抽象的语言进行表达，用字母表示，抽象水平更高。

比如，上文中数学例子所提到的解释平方差公式时，有学生运用字母进行数学表达：

$$\begin{aligned}(a+b)(a-b)&=(a+b)\times a-(a+b)\times b\\&=a^2+ab-(ab+b^2)\\&=a^2-b^2\end{aligned}$$

显然，用字母进行表达，过程更清晰，思考更严密，能解释所有的现象，更具有一般性。

支架式教学是建构主义下的一种新型教学模式，它将知识点分层次架起一个支架，并顺着这个支架层层深入，最终引导学生自主探究知识。在支架式教学中，教师是整个教学的主导者，学生是课堂的主体，而在学生全程参与的过程中，教师起引导作用。通过搭建支架，帮助学生提升阅读能力的同时，发展学生的语言。通过支架式教学，让学生体会到作者的精准用词，体会到作者表达的有理有序，更让学生积累了运用语言的经验。

第五节　联结体悟，生动表达

情感是人们在各种生活中产生和发展的一种心理反应，它具有强烈的展示欲望，是推动人们积极思考和创造的内在动力，也是促使生动表达的一种方式。我们注重联结生活经验，激发学生积极的情感，促进学生用心体悟生活，对生活产生真实的感受，表达出富有生命力的生动内容。运用联结策略，一方面，培养学生获取信息、感悟情感、生动表达、评价鉴赏、迁移运用的能力，提升他们的阅读素养；另一方面通过联结使阅读与表达不再仅仅停留在认知、理解的范畴，而是有机融入孩子的情感与经验，浸润孩子的精神世界，提高学生的表达能力。

一、联结多种经验

（一）联结知识经验

有意义学习是区别机械学习的一种学习方式，它立足学生的固有知识经验，通过学生主动的知识建构，将新知识内化到原有的认知结构中。在教学中，教师要重视学生原有的知识经验，把学习看成是与学生经验交往的过程，让学生充分利用自己的知识经验来学习，并在学习与经验的交往互动中学会认知，建构稳固的知识结构，发挥学生的主体作用，积极主动地参与学习、生动表达。

比如，数学学习的过程中，如果我们不能直接从已知的事实条件中找到相应的依据，也不能从有关的定理、法则中找到相应的依据，我们可以从已经学习过的知识、经验中找到相应的依据，结合生活体验，从而使数学表达生活化，更具情境感。以“分母是10、100、1000的分数”一课为例，在教学1

厘米=0.01米时,倪国平老师是这样设计的:

教师出示米尺。

师:把1米平均分成100份,每一份是多少?

生:1厘米。

师:1厘米等于多少米?说说你是怎么想的

生:1厘米等于1/100米,因为把1米平均分成100份,每一份是1厘米,是1米的1/100,所以是1/100米。

师:那么用小数表示呢?

生:1厘米=0.01米,因为1厘米等于1/100米,1/100也就是0.01,所以1厘米等于0.01米。

在这个教学片段中,学生在回答1厘米等于多少米时,教师不仅要求学生能说出结果,而且要说出思考过程,并能用"因为……所以……"去表达,这就要求学生在进行数学表达时要做到言之有理。当学生得出1厘米等于1/100米时,教师进一步追问:那么用小数表示呢?学生是这样回答的:"1厘米等于0.01米,因为1厘米等于1/100米,1/100也就是0.01,所以1厘米等于0.01米。"在这个回答中,不仅得出结果是0.01米,而且还说清楚为什么是0.01米,依据是什么。在这里,我们无法从已知的事实条件中找到相应的依据,也无法从有关的定理法则中找到相应的依据,但我们可以从前面同学的回答"1厘米=1/100米"及课的前面部分已经学习的知识"1/100=0.01"找到相应的依据,从而做到言之有据。

再如,在古老的歌谣《诗经》中,人们对表达对象的称呼就很多样,称呼的不同并不是随意而为,称呼中隐含着人们对表达对象的一种特别的情感。生活中,人们也会运用不同的称呼"冠名"他人,小学语文部编版教材三年级上册《带刺的朋友》一文中,"我"对小刺猬的称呼方式有许多种,随之"我"的情感也有变化,"我"对小刺猬的称呼从"圆乎乎的东西"到"那个东西"再到"聪明的小东西",最后以"朋友"定题,在这样的表达中,作者的情感也由惊讶到好奇再到钦佩,对小刺猬的喜爱之情也溢于"称呼"中。

语言在任何一个地方都不是孤立存在的,教师要有意而为之,引导学生

基于文本称呼的变换，与作者共鸣情感，感受作者为什么会对同一事物有不同的称呼。乔璐老师指导学生联系全文，结合自己的生活经验来理解这些称呼，引导学生思考：这分明就是偷枣子的小盗贼呀，但是为什么作者要称它是朋友？生活中，别人是怎样称呼你的？在什么情况下你会被这样称呼？文字表达一旦和生活发生联结，就会有“人情味”，学生的表达也会充满情感。语言的学习最终要走向运用，称呼是沟通中不可或缺的语言要素，善于“称呼”、会称呼也是核心素养中培养沟通能力的重要体现。

教师要尊重和承认经验是学生学习的重要资源，从学生已有的知识经验出发积极调动学生的元认知，组织开展学习，及时对学生已有的经验进行沟通与提升，从而让学生能够更生动地表达，表达得有理有据。

(二)联结阅读经验

阅读与表达相辅相成、相互作用，在教学任务上各有侧重。前者侧重培养理解能力，后者侧重培养表达能力。联结阅读与表达就是利用“读”与“写”互相迁移、同步发展的规律，在完成各自独立的教学任务的同时，将学生的表达与阅读密切联系在一起，通过“读”来促进“写”，通过“写”反促进“读”，这是提高学生表达能力的一个重要途径。

比如，小学语文部编版教材六年级上册《穷人》这篇课文最大的特色是环境描写、心理描写。小说开篇环境的对比描写以及桑娜抱回孩子之后一系列的心理活动，是这篇小说最富魅力的表达特色。曹海棠老师引导学生联结以往的阅读经验，与之前学过的《学会看病》《剥豆》两篇文章进行比较，阅读后学生发现了三篇文章有相同之处——大量运用了心理描写，呈现人物的矛盾心理。回顾之前所学，学生知道写人物心理有直接写想以及通过人物言行写心理、通过环境描写描述心理等几种方法。再比较三篇文章有什么不同之处，学生发现《穷人》大量运用了省略号、问号、感叹号等标点符号来描写人物的心理，这些标点符号呈现了桑娜的矛盾心理。联结已有的阅读经验，学生对原有的心理描写方法进行了回顾，又发现了新的描写心理活动的写作方法，再通过联系课文内容，尝试运用生动的语言再现桑娜内心的矛盾。

与相关文本联结，能让学生跳出原有的思维框架，通过熟悉文本的某个信息，了解阅读文本中与之相似却比较难读懂的意思。如在小学语文部编版教材三年级上册《去年的树》一课教学时，为了理解树对于鸟的意义，感悟树与鸟之间的深厚情感，周蓉蓉老师引导学生阅读《小王子》片段，思考：对狐狸来说，小王子有什么不同？再回到《去年的树》，思考：树和鸟儿是怎样的关系？

生1：树对于鸟儿来说也是唯一的，课文前面部分写道："鸟儿站在树枝上，天天给树唱歌。树呢，天天听着鸟儿唱。"它们结下深厚的友谊，许下了承诺。

生2：老师，我要补充，正是因为树对于鸟儿来说也是唯一的，鸟儿才愿意守着诺言，历尽千辛万苦寻找树，我感受到鸟儿和树之间无比深厚的情谊。

《小王子》是学生比较熟悉的儿童文学作品。教师运用联结策略，将《去年的树》与《小王子》文本进行比照和印证，将小王子与狐狸的情感移情到树与鸟儿的情感体验中，使学生深刻地理解树之于鸟儿的意义，并生动地表达出了自己的想法。

（三）联结生活经验

生活处处皆语文，语文时时现生活。将生活引进文本，联结生活，学生的视野就会更加开阔。在日常生活中，学生经常会接触到一些与学习有关的现象，在成人的帮助下，通过课外书籍、电视、网络等传媒，他们已积累了一定的感性经验。教师要了解并调动学生已有的生活经验来学习新的知识，探索解决新的问题，激发学生的生动表达。

比如，教一年级学生认识人民币。学生在学习这一知识前已具备了一定的生活经验。胡卿燕老师在教学时，首先，让学生介绍自己认识的人民币，它叫什么，有什么特征。在此基础上，引导学生对人民币进行分类，有按纸币与硬币分的，有按元角分分的，等等。然后，组织学生讨论这些人民币之间有什么关系，归纳出元角分之间的进率。接着，教师创设购物的活动，让学生在情境中进一步认识元角分之间的关系。最后，让学生说一说还知道哪些国家或地区的货币，并利用媒体让师生共同欣赏世界各国或地区的货币，扩大了学生的视野，丰富了学生的表达。

再如，为了让孩子们在成长过程中获得“爱”与“被爱”的双重体验，理解父母抚养宝宝成长的辛苦与不易，一年级同学开展了趣味十足的“护蛋大行动”。学生要一整天与自己的“蛋宝宝”形影不离，联系自己的生活经验，想方设法不让自己的“蛋宝宝”破碎。同学们利用周末时间给“蛋宝宝”们准备一个温暖、美丽又坚固的家。有的学生给“蛋宝宝”裹上了网兜、泡沫、餐巾纸等外衣，还有的学生给“蛋宝宝”做了个厚厚的小窝，个个生活经验丰富，大家都小心翼翼地把“蛋宝宝”呵护着。学生们还带“蛋宝宝”在校园漫步，边走边向“蛋宝宝”介绍校园美景，讲讲每幢教学楼的用处，看看新光长廊，逛逛后花园……介绍中，学生生动地展现了自己的表达能力。语文课、数学课、英语课、美术课、体育课……同学们带着“蛋宝宝”在学校学习了一天，都完成了一件非常了不起的事情，当了一天的“蛋妈妈(爸爸)”。课后，大家通过撰写护蛋日记的方式，记录下这份难忘的回忆。

与生活经验联结，学生不仅展现出了自己的独特感受，而且还能用上童真的语言，表达出自己心中的乐园。如此，将文本阅读与学生现实生活世界联结起来，丰富了学生的情感体验，培养了学生生动表达的能力。

二、体悟表达技巧

(一)运用修辞方法

语言的生动性是指语言具体、形象、新鲜、活泼，富有感染力。在语言的表达过程中，巧妙合理地运用修辞手法，不仅可以将人物形象刻画得愈加具体形象、愈加真实直观，还可以使整篇文章呈现出真实的效果。

比如，曹海棠老师在执教部编版教材二年级上册《黄山奇石》一课时，就引导孩子们学习比喻与拟人写法。首先，引导学生梳理文中具体介绍了哪几块巨石？它们分别像什么？然后，引导学生发现作者用“比喻”与“拟人”是有方法的——(1)把事物比作身边很常见、很相似的事物。(2)多写事物的样子、动作等，把它写得像人一样会说话、做动作等。(3)让学生运用比喻与拟人手法写一写教材中的“语句段运用”。学生写得生动、写得形象，一棵柳树也能写出好多种不一样的形象来，很是精彩(见图4-9)。

柳树上的鱼钩 陈朗硕 shua…shua… 柳树妈妈在钓鱼 柳树弯弯似鱼钩 一条大鱼涌上来 一二三四五六七 哇！好技术	荡秋千 王千予 小小柳条长又长 一长长到河面上 小小青蛙游过来 抓着柳条荡秋千
小扫把 姚芊羽 柳树头发长 长得像扫把 春风一吹 柳发一扫 地上的叶子扫光光	柳树姑娘 谢可可 柳树姑娘辫儿长 风儿一吹 一条条柳枝甩进池塘 洗洗干净 头发亮亮才漂亮

图4-9　学生作品选登

(二)选用表达方式

我们常说的“表达方式”主要是指文章的写作方法以及这种方法所表现出来的语言形式特点。就文章的写作方法而言，一般来说，我们在写作时可以运用的常见表达方式有记叙、描写、抒情、议论和说明。有的作者创作一篇文章仅仅用了一种表达方式，也有一些作者会在一篇文章中使用多种表达方式。表达方式的多种多样构成了交流方式与文章表达的丰富多彩。教师在平时的教学中指导学生掌握各种表达方式的使用技巧，灵活运用不同的表达方式，能让学生写得得心应手、写得生动具体。

【案例4-6】　从《松鼠》学表达

小学语文部编版教材五年级上册课文《松鼠》是一篇文艺性说明文，围绕“松鼠是一种漂亮的小动物，乖巧、驯良，很讨人喜欢”，介绍了松鼠的外形、活动范围、活动时间、行动特征、搭窝过程及生育等情况。课文主要采用

比喻、拟人手法生动形象地说明事物的特点，与学生以往学习的说明文在表达方式上有很大的不同。这篇文章就是一个学习不同表达方式的很好范例。曹海棠老师这样教学。

板块一：比较不同点

下面两个片段都是介绍松鼠的。读一读，比较两个片段在表达上有什么不同？

片段一

松鼠体形细长，体长17～26厘米，尾长15～21厘米，体重300～400克。

——选自《中国大百科全书》(第二版)

片段二

松鼠是一种漂亮的小动物，乖巧，驯良，很讨人喜欢。它们面容清秀，眼睛闪闪发光，身体矫健，四肢轻快。玲珑的小面孔，衬上一条帽缨形的美丽尾巴，显得格外漂亮。它们的尾巴老是翘起来，一直翘到头上，自己就躲在尾巴底下歇凉。它们常常直竖着身子坐着，像人们用手一样，用前爪往嘴里送东西吃。可以说，松鼠最不像四足兽了。

——选自布封《松鼠》(节选)

通过对比，学生发现：①片段一的内容比较简洁，片段二的内容更丰富；片段一的语言比较平实，片段二的语言更活泼。②片段一是从不同方面写，事物的特点更明显；片段二是按照一定的顺序写，也能把事物介绍清楚。③片段一使用了列数字的说明方法介绍松鼠；片段二用比喻、拟人的手法，生动活泼地介绍松鼠。

板块二：选择合适的表达方式，改写《白鹭》

如果将一篇散文改写成说明性文章，会变成什么样呢？查找资料，试着将课文《白鹭》第2～5自然段改写成一段说明性文字，体会它们的不同。

1. 根据《白鹭》写的几个方面，查找相关资料(见例图4.6)。

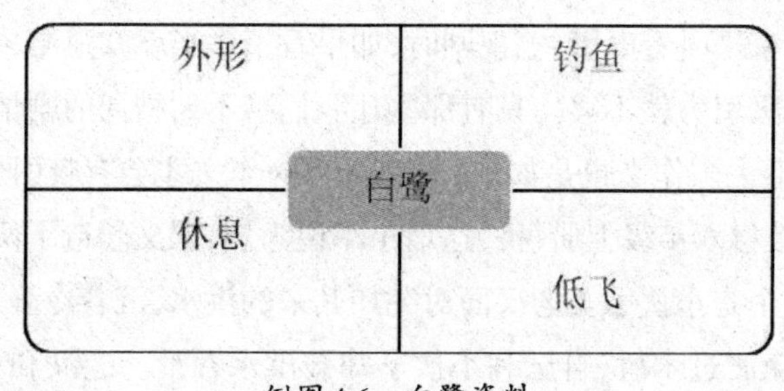

例图4.6　白鹭资料

2.选取合适的材料，用上比喻、拟人手法，生动活泼地介绍。

基于上述教学方式，教师有意识地引导学生关注写作对象，并学习不同的表达方法。同样是写白鹭外形，有的学生这样写：白鹭是一种优雅的鸟类，品格高洁、体型优美，很讨人喜欢。它们有铁色尖尖的长喙，一头雪白的"头发"，身着洁白的"衣裳"，再配上一双青色细长的腿，就显得格外优雅了。它们的头总是机灵地转来转去，检查四周是否有可疑情况，优雅中透着机灵。还有的学生这样写：大白鹭的体长约90厘米，是白鹭属中体型较大者，也正因如此它的名字中才有一个"大"字。中白鹭的体长约60~70厘米，虽说比大白鹭小，但还是比小白鹭要大一些。小白鹭的体态纤瘦，大白鹭和中白鹭都比它要大许多，"小"字也是这样子来的。

可见，选用不同的表达方式使学生的表达呈现出不同的艺术效果，生动地呈现了学生不同的写作风格。

(三)学习构思技巧

成功的文章来源于成功的构思。文章的构思是文章写作最重要的程序。古人把构思看成"驭文之首术，谋篇之大端"。的确，构思是从生活材料到文章成品的关键程序，同时，构思过程也是作者创造性才能充分发挥的过程，作者的创新思考和创作才华主要通过构思的独特方式表现出来。

比如，写事的文章一般按事情的发展顺序来写，有时为了增强表达效果，突出中心，我们可以引导学生在安排材料进行叙述时，要善于改变常规的叙述方式，独辟蹊径，创造性地叙述。采用倒叙、插叙或补叙来进行叙述，从而增强文章的吸引力和感染力。

再如，大家平时看电影、电视剧时，如果看了一半就知道结果，这样的电影、电视剧的吸引力就不够。只有那些让我们猜不到结局的剧情，才会真正吸引我们看下去。作文也是如此，思路奇巧的作文才会有吸引力。以小学语文部编版教材六年级上册《桥》这篇小小说为例，课文塑造了两个人物，一是老汉，另一个是小伙子。老汉面对突如其来的洪水，沉着冷静，临危不惧，指挥全村群众渡过木桥，自已和小伙子却被洪水吞没。老汉和小伙子是一对父子，直到课文结尾才揭示，结局出乎意料，但又在情理之中。曹海棠老师引导学生发现这篇课文独特的构思方法，提供表达素材，创设一个开头，让学生尝试写一个“出人意料的结局”。

“嘎——吱——”似乎是门打开的声音，有谁进来了吗？____________

____

书写前，教师引导学生设想环境、设置悬念，帮助学生对文章进行构思。有了课文写法的样例，学生改变了文章的平铺直叙，写出了像九曲黄河一样、曲折婉转、跌宕起伏、扣人心弦的文章，让读者产生“山重水复疑无路，柳暗花明又一村”的感觉。

如果我们的文章按照一个模子铸造，就显得呆板，没有活力。教师引导学生灵活地改变文章的结构方式，可以使文章思路活起来。比如，写多个人或多件事，可采用小标题的形式来安排内容；时间较长或跨度较大的内容，可以采用时间推移的形式来组织内容；若要和他人交流，可采用书信体的形式，等等。文章这样安排，结构新奇，能给人耳目一新的感觉。

第六节　释放想象，创意表达

想象是一种创造性的思维活动，也是构思语言的一种心理能力。释放想象，多角度地观察生活，发现生活的丰富多彩，捕捉事物的特征，力求创意的表达，这是义务教育阶段对“表达”提出的课程目标之一。从教材积累到身边熟悉的事物再到大自然的方方面面，表达的时空弹性会逐渐扩大。我们利用角色扮演、课程戏剧、绘本制作等方法让学生多角度观察表达，对生活的关注更细致，想象更丰富合理，进而实现自我觉察、自我整合，启发更多的表达灵感，激发洞察力和创造力。心里有了生活，心里有了世界，在创新、开放、自由的环境中，学生就能进行真情实感且富有个性化的自由表达。

一、创意表达

（一）独出新裁的表达内容

表达，首先要解决的是“表达什么”内容的问题。任何一个内容的选择都必须具有较强的时代感，能够体现时代的特征，而不是游离于时代之外，在选择新材料的同时，应该选取新颖独特的角度进行表达，从而给人以新鲜感，使表达做到平中见奇、小中见大。

比如，我们让学生写儿童文学作品《了不起的狐狸爸爸》读后感。大多数学生想到的都是狐狸爸爸很聪明，围绕“聪明”这个点，学生从以下几个角度写了读后感（见表4-2）。

表4-2　学生梳理《了不起的狐狸爸爸》读后感

题目	书中事例	生活事例
智慧的力量	狐狸爸爸 有爱 聪明 勇敢 救孩子 破解 地道 四通八达 位置 偷(取) 牢固 隐蔽 光 风	赵州桥
智慧可以战胜一切		赵州桥、新冠肺炎疫情
智慧可以打败敌人		抗日战争地道战
智慧创造美好		赵州桥、大禹治水、造纸术
做一个聪明的人		爱迪生发明电灯

不难发现，学生选取的角度大同小异，都是倾向于人物的品质，表达上也难逃千篇一律。于是，教师引导学生关注以下角度的思考(见表4-3)。

表4-3　教师引导《了不起的狐狸爸爸》读后感

关注角度	学生想到	书写内容
关注狐狸爸爸的思考过程	学会思考	狐狸爸爸建造地下通道时，它是如何思考的？分析它的思考过程，比如: 1.选址:安全、隐蔽等 2.建造:四通八达、可进可退、路线要合理等 3.规划:画设计图、事先观察等
关注狐狸爸爸遇到的困难	1.没有解决不了的困难 2.没有过不去的大山	1.狐狸爸爸遇到了哪些困难 困难一:缺少食物，它要如何解决 困难二:农场主的追捕，生命安全如何得到保障 困难三:同伴的安危，它如何帮助它们解决 2.把狐狸爸爸遇到的困难比作“三座大山”
关注动物与人类的共处	谁是坏家伙	思考到底谁是坏家伙？分析农场主与狐狸爸爸的所需，谈人类与动物如何和谐共处

学生的思路被打开,不仅关注内容、人物特点,还关注人物的思考过程,即关注人物的思维、关注书中引发的问题探讨,进而让学生有了更多元的选择,更独特的书写内容。内容独特了,所呈现的表达也自然与众不同,富有创意。

(二)别具一格的表达方式

传统的教学方式较为死板,即使一些文章形象生动,有时候也会变得缺乏乐趣,这让很多学生都提不起兴趣来学习。小学生有极强的表现欲,他们对一切事物都非常好奇,像童话故事或者有关小动物的寓言故事,表达方式有趣味会让他们感到非常兴奋。教师可根据小学生的心向特点,把课文内容改编成课本剧、音乐剧、歌舞剧等,教会学生有创意地表达,既要斟酌表达内容,又要力求表达上的创新。比如,在执教小学语文部编版教材五年级上册《闻官军收河南河北》时,曹海棠老师就引导学生将此诗改编成剧本。

【案例4-7】《闻官军收河南河北》教学板块

板块一:梳理人物的喜悦之情

《闻官军收河南河北》全诗情感奔放,处处渗透着"喜"字。你能找出诗中人物的喜悦之情吗?填写在下面的射线维恩图中(见例图4.7)。

例图4.7 射线维恩图

板块二:将诗中情景改编成剧本

诗人丰富的情感蕴含在对人物动作、语言、神态的描写之中。你能将当时的情景编写成一个小剧本吗? 试着写一写吧!(见例图4.8)

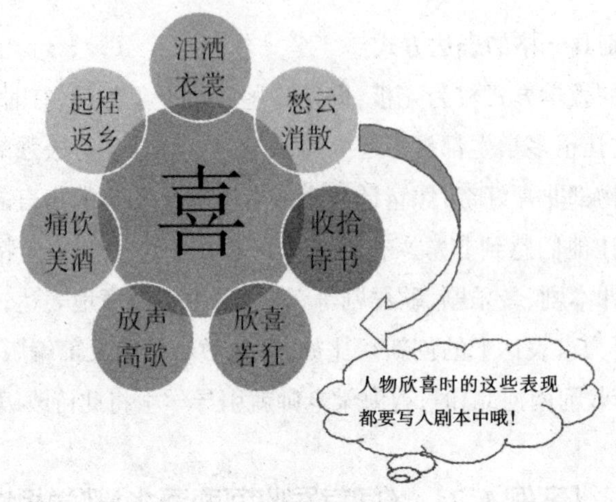

例图4.8　完整射线维恩图

《闻官军收河南河北》剧本

时间:________________

人物:________________

地点:________________

唐代宗广德元年(763)春天,那一场险些摧毁唐王朝的安史之乱终于结束了,流寓四川的杜甫听说了这个消息。

杜甫(撩起衣角,擦去满脸的泪水)离开家乡已经好几个年头,一直过着颠沛流离的日子。如今唐军收复蓟北,终于可以回家了。这真是大喜之事呀!

妻子(　　　　　　　　　　　　)________________

____

杜甫(　　　　　　　　　　　　)________________

____

板块三：将剧本演一演

你还可以试着将你编写好的剧本，与同学合作演一演。

在此基础上，教师适时地对学生进行引导、鼓励，让学生在充分理解课文内容的基础上，选择自己喜欢的角色，发挥自己的想象力，对剧情中人物的语言、动作、神态进行设计、想象，让学生充分体会人物的内心世界以及他们的思想感情，在脑海中更好地浮现出需要刻画的人物形象，再通过自己表演进行再创造。这样一来，就可以让学生更好地发挥自己的想象力，将语文教材中的艺术素材充分挖掘出来。

从读一首诗到编写剧本再到剧本表演，学生的表达能力一步步得到锻炼与提升，从字面的表达到肢体语言的表达，剧本的表演更是别具一格地展现了学生的创意表达，也丰富了学生的情感体验。

再如，音乐学科涉及的知识点很多，要学会分辨乐曲的音色、旋律、节拍、力度、体裁、演唱形式、人声等，难度不小。以节奏专题为例，有前八后十六、切分、附点等很多的节奏型，学生非常容易混淆，出现节奏不稳定等问题。由此，教师想到了一个音乐实践活动——"玩转杯子舞"。学生只需要用到一个杯子，通过变花样"玩"塑料杯，来演绎一场手掌和杯子的合奏。这种看似简单的律动游戏，运用了音乐教学三大体系里的奥尔夫教学法，通过一些声势律动、拍手、拍肩等，培养学生稳定的节拍感和乐感，考验团队间的默契度和团体意识，也让学生实践了多样的、创意的表达方式。

（三）各具特色的语言风格

让学生有创意地表达，既要在表达的内容和表达的方式上下功夫，同时要在写作语言上力求展示不同的风格。语言风格有平实和华丽之分。不少学生认为精彩的语言表现在词句的华丽上，其实这种认识是不够全面的。因为平实的语言也能准确地表达客观事物和主观感受，也能为作文添光增彩，两种风格各有千秋。比如，同样是写"晨读情景"，小A的语言平实，小B的语言华丽，两人的作文一样精彩。

小A：大槐树下，李刚（化名）同学没有走来走去，他放一本书在地上，一屁股坐在书上，盘腿而读。他时而大声朗读，时而小声吟诵，时而静静地勾

画圈点。下课的铃声响了,他似乎没有听到,还专注地思考着。

小B:晨读是一道美丽的风景线:碧蓝的天,深绿的树,艳丽的花,自由自在读书的同学;晨读是一曲动听的交响乐:低沉的蜜蜂声,清脆的鸟鸣声,朗朗的读书声。

又如,六年级同学在学习《伯牙鼓琴》《书戴嵩画牛》这两则文言文时,他们就发现文言文与现代文的语言表述有很大的不同。文言文语言精练,经常会出现"之、乎、者、也"等虚词。他们还发现文言文很多字与现代字意思不一样,但是文言文读得多了,有些字的意思也就记住了。基于学生对文言文学习的兴趣,教师鼓励学生学习古人的写法,尝试把生活中的一些小事写成文言文。2019届三班王悦悦(化名)同学学习了文言文独特的语言风格之后,在老师的指导下,完成了《花鼠》这则文言文作品。

花　鼠

王悦悦

花鼠者,善采集也,赖果以继冬。

昔有一幼鼠,其名为勤。秋至,勤自朝迄暮,总无一刻之闲,采果于深山之中,藏果于其洞。秋至半,果盈其洞。

另一花鼠,时年一岁有余,其名为闲。闲善盗,寻勤之洞久矣,终得,窃其果。

待勤归,无一果存于洞。勤嗅闲之味,寻其洞,果见其果。勤欲搬其果,闲见之,欲扑而杀之。两鼠自洞斗于溪,复斗至于树。良久,勤胜闲败。闲匍匐于地,佯死以保命,后逃之。勤遂携其果归洞,居其洞以待冬至。

余观之,望闲悔,能改其过。勤者,吾辈之楷模。庄子曰:"君子不为盗,闲人不为窃。"吾辈应以此自勉。

对于小学生而言,"有创意地表达"比较难表现在高深的立意、独到的结构等方面。只有在写作内容、表达方式、语言风格三个方面下功夫,用自己的语言表达自己的理解,不和别人雷同,就是有创意的表达。

二、跨域表达

创意是人类社会发展的动力，是艺术的生命源泉。学生的思维活跃富有创意，不仅能在学习中不断创作有创意的作品，还能在未来的生活中不断去创新和探索。

（一）多学科呈现

开发与整合课程资源是课程改革的核心。“素养立意”的今天，整合课程与教学资源已成为现实学情的迫切需求。学科与学科间看似有着区别和界限，但事实上并非如此。教师要善于打破学科的限制，根据学生对同一主题问题理解的需要，将不同学科的教学内容相衔接，形成学科间的“大课程”。

比如，在学习小学语文部编版教材二年级下册《邓小平爷爷植树》这篇课文时，曹海棠老师带领学生进行了一系列多学科整合的创意呈现，围绕给树设计标语的主题活动，融合多种表达技能。

【案例4-8】《邓小平爷爷植树》主题活动

1. 学课文，读绘本《树真好》《阅读树》（语文与课外阅读相整合）。
2. 结合3月12日植树节，校园里种一棵班树（节日与劳动实践相结合）。
3. 给班树设计书牌，写上标语（整合美术与语文）。
4. 为树量身高与腰围（与数学整合）。
5. 种一棵班树，写一首班歌（语文与音乐相整合）。
6. 如何让班树快快长大（与科学整合）。

我们将语文、数学、音乐、美术、科学、劳动实践等多学科进行整合，这样的整合把科学种植、美术绘画、音乐创作、歌词创作等一系列内容创意地呈现出来，学生很喜欢，而且培养了学生的“读、写、唱、动手、绘画”等技能。

又如，人们在欣赏、谈论音乐作品时，常常会说“这首乐曲简直像一幅美丽的风景画”。从物理学角度来说，音乐中的声音和美术中的色彩都是一种波动，即声波和光波。音乐具有自由、模糊、不确定的特征，而小学生又以形

象思维为主，根据这个特点，在音乐课堂中采用音乐“视觉笔记”的方式，让学生在欣赏音乐的过程中，可以通过绘画来表达自己的情感。

对于小学生来说，用语言清晰地表达整首乐曲带给他的感受比较困难，借助手绘画面不仅能帮助学生清晰地听辨乐曲的段落结构，还有助于更好地表达音乐带来的直观感受。

一(2)班浩浩(化名)同学的音乐视觉笔记清晰地罗列了聆听中听辨出的乐器声音，逼真地描绘了鸭子嬉戏的场景，活灵活现地勾画了鸭子的性格和神态，用特殊的形式进行了出色的音乐表达(见图4–10)。

图4–10 “鸭子嬉戏”音乐视觉笔记

音乐“视觉笔记”这种新尝试，让学生在学习音乐的同时，开动脑筋去体会、感悟音乐作品中渗透出来的深厚的历史文化、民族风格和时代特征，并将这些无法在演唱、演奏、舞蹈中表达出来的联觉感受用图文结合的形式予以表达。

(二)多平台展示

每个学生都有强烈的表现欲望，我们应该为学生提供一个发挥潜能、展示才华、体验成功的平台，让他们创意表达，使其精彩的作品得到展示，让他们的表达能力在展示中再次得到提升。

我们可以给学生搭建多种“发表”平台。学校开设校刊、每月专栏给孩子们投稿发表；举办各类征文大赛、故事会、朗诵会，让孩子写出自己的文采，讲出自己的风采；办班报，每周或每月一期，呈现学生精彩的作品；鼓励学生投稿给杂志社、报社，让更多的孩子能够发表自己的作品。有了读者，学生的真情实感就能自然流泻；有了读者，学生就会在互动中增进写作欲望；有了读者，学生就会更加努力提高自己的写作能力，展现自己的写作水平。

我们可以给学生搭建“艺术展台”，通过办画展、音乐会等真实展示活动，让学生的艺术发展进行充分表达。创设“天天有画展”“班班有歌声”等平台，把校园打造成一个艺术长廊或音乐殿堂来展示学生的艺术修养，熏陶提升其审美情趣。通过“童心童画展”“丑小鸭艺术节”等把艺术展示延伸到社区、景区、商场、剧场甚至更大的舞台，让学生在真实的社会生活环境中展示其艺术才华。我们牵手杭州爱乐乐团，给艺术特长生以更加专业的引领。社会性展示是我们学校的重要举措，为学生的个性特长发展奠定了基础。

我们还可以给学生搭建网络平台。借助学校微信公众号、广播电台等，用视频、音频呈现学生的创意作品，让每位学生都有展示的机会，展现自己的创意表达。网络平台的开设，通过听、说、视、打等各种感官的刺激，再现生活场景，活跃学生的思维空间，充分激发了学生表达的兴趣。同时也拓宽了学生的阅读方式，让学生在网络阅读中提高自己的写作水平。网络平台丰富多样的评价模式，激励了学生在表达中创新，展现出创意的表达。

第五章

指向“人人能实践”的课堂

“能实践”是指学生能动地改造和探索现实世界一切客观物质的学习活动。实践是学生认识的来源和认识发展的基础，学生在课堂上阅读、观察、尝试、操作、运用等都是在“做中学”。学生亲身经历学科或跨学科的相关实践活动，能够唤醒学生的“直接经验”，激发学习动机，促进学习的迁移，提升学生的创造力。

《中国学生发展核心素养》指出，在社会参与方面，要培养学生的实践创新素养，发展学生的劳动意识、问题解决和技术应用能力。基于这个目标，时代小学在基础性课程和拓展性课程中强调学科整合，开展了不同形式的实践活动，培养学生动手操作、运用知识、综合学习、问题解决、探究创新的能力。本章主要聚焦时代小学拓展性课程的实施，将从链接生活选材料、设计活动重应用、亲历实践重能力、开放结果求创新四个角度，结合教师案例，在学习方式、学习过程等方面介绍指向“人人能实践”的课堂。

第一节 “人人能实践”素养的理论依据

“实践创新”是中国学生发展核心素养的重要指标，它包含劳动意识、问题解决和技术应用三个目标。我校将发展学生的实践素养作为SMART灵动课堂素养培育的主要任务之一，尤其注重拓展性课程和实践性活动在培育学生核心素养方面的独特价值。学校倡导开展以获得直接经验、实践能力和创造能力，增强社会责任感为主旨的研究性、探索性、综合性的学习活动。在基础性课程中挖掘实践素养，在拓展性课程中发展实践素养，在项目式学习和研究性学习中整合实践素养。这些措施提升了时代学子的实践素养，也激发了时代教师开发、实施素养本位课堂的综合能力，使学校的课程教学改革进入又一个高质量持续发展的新阶段。

一、实践是源于经验、回归生活的需要

学生的生活经验是指学生在长期的生活实践中形成的内在知识、能力、情感、态度、价值观等主体精神状态与经验性的主观感受。教学要基于学生的经验，是因为只有了解和掌握学生的生活经验，才能作为定位教师教学水平的依据和教师进行教学的切入点，才能使课堂教学符合学生的实际。同时，只有在学生原有经验的基础上，将学习资源链接到他们的真实生活中，才能让学生的学习不仅仅局限于书本上语言文字描述的抽象符号，而是激发学生到更广阔的空间探索知识的奥秘，是提高学生在实践中应用知识的能力的有效手段。

在素养本位的时代课堂中开展研究性学习，形成了师生对学习内涵的重新解读。它倡导学生主动参与、乐于探究、勤于动手，培养学生收集

和处理信息的能力、获取新知识的能力、分析和解决问题的能力以及交流与合作的能力，训练他们的工程设计思维，让他们成为有创新能力的终身学习者。

（一）激发创造心智，构建智能时代学习新样式

随着科技的发展和时代的进步，网络化、数字化与智能化时代已经来临，定制化、多样化以及基于团队的组织结构、主动创新、整体思维或系统思维成了信息时代显著的标志性特征。学校教学的中心任务是“意义学习，理解为先”。学生适应未来最核心的素养与品质是在真实情境中发现问题并且创造性解决问题以及支持这个过程的积极创造心智模式。时代SMART课堂倡导激发学生的创造心智，关注真实情境，在实践活动中亲自动手、设计创造，培养学生创造力，促进学生适应高技术的工作环境。同时，时代SMART课堂还倡导在个人实践素养发展基础上，以团队的方式开展创新，构建智能时代学生学习新样式。

（二）注重思维拓展，发展开放时代学习新内涵

时代学子的学习内容是互动的，更是开放的。随着对素养本位时代课堂研究的推进，教师、教材对教学和学生的绝对控制权逐步消除，学生主动参与的课堂实践活动不断增加；教师持续关注方法的掌握和思维的锻炼，拓展学习外延；重视实践与真实情境，以开放的项目式学习来替代封闭式学习；关注学生在学习的过程中，知识的生成，探寻并解决问题，发展开放时代学生学习新内涵。

（三）探寻能力长板，打造信息时代学习新景观

随着学生的学习走出教室，进入家庭和社会，“为迁移而教”（帮助学生联系所学与实际生活的教学）显得尤为重要。信息时代创新学生学习方式应该致力于寻找学生的能力长板，即寻找适合学生的学习方式，来构建基于“行动—学习—行动”的学习循环圈，为学生打造新型的任务空间和教学空间。其目的在于帮助学生借助信息技术，运用工程思维解决真实任务（任务空间），并在他们遇到学习障碍时，提供更多途径的即时个性化辅导（教学空间），促进学生形成将所掌握的知识和技能迁移到现实生活情境中解决现实问题的能力。

二、实践是深度学习、发展思维的要求

课程化、项目化是时代小学实践活动的显著特色,它与拓展性课程、德育课程等紧密结合,形成常规的运行机制,引导学生参与社会行动。这样的运行机制不仅使学生提升了自身能力,还让他们更好地帮助他人与社会。这也是时代课堂在实践素养层面的集中体现。

首先,关于深度学习。深度学习是指在基于理解的学习基础上,学习者能够批判性地学习新思想和新的事实,并将它们融入原有的认知结构中,能在众多思想间进行联系,并能将已有的知识迁移到新情境中,做出决策进而解决问题。在传统的课堂讲授方式下,学生能在短暂的时间内获取大量的间接经验,这些经验的获取对学生来说是以接受的方式习得的,学生没有经历知识的发现和探究过程,没有主动对知识进行操作和探索。从根本上来说,这种教学方式不利于学生的自主思考能力、批判精神和创新能力的激发。深度学习要求学生在教师的科学指导下,自觉能动地、创造性地学习,在实践中实现自主性发展。在深度学习基础上的实践活动,有利于学生主动构建知识体系,主动参与课堂互动,充分发挥主体地位。

其次,关于发展思维。只有将被动地接受知识转化为自主地探究知识,学生的思维才能实现进阶,关键能力才能得到有效培养。在时代小学的拓展性课程、项目式学习和研究性学习中,教师鼓励学生充分交流、交换意见、分享发现、探讨问题解决的途径。特别留意学生在学法交流、发言顺序、遇到争议时的处理方法、小组汇报语言等方面的表现,聚焦学生的思维,研究其深层次的思考。这些做法都打破了传统意义上的封闭式学习,实现了联结生活、联结社会。对学生而言,指向思维发展的实践能让他们始终明白需要学习什么,需要掌握什么。我们在课堂上往往能看到,越来越多的学生能够迅速理解教师所讲的内容,并及时做出反应。对于尚未完全掌握的学习内容,他们也会积极做出调整,思考一些更深层次的内容。

最后,关于关注过程。教学实践要关注过程。从教师层面说,关注过程意味着教师承认并尊重教学活动的生成性、情境性、开放性、互动性和不确定性。在教学实践中,教师将关注学生素养的落实,关注课堂民主、平等氛围的营造，关注采用何种教学方式更贴近学科性质和本节课教学任务，关注教学情境的创设，关注开放性问题的设计与教学重难点的突破，关注学生的个性化理解与表达，关注信息技术与学科教学的整合以及关注采用何种评价方式更为科学、合理等。从学生层面说，关注课堂过程不仅有利于学生在真实或模拟的生活环境中运用先前获得的知识，创造性地解决某一新问题，还有利于考查其知识与技能的掌握程度，以及实践、问题解决、交流合作和批判性思考等多种复杂能力的发展状况。同时，他们在学习过程中也能学会批判性地思考，抓住中心思想和事物的本质，善于质疑权威、勇敢表达。学生将不拘泥于知识的识记，会主动去推导和证明有关知识，会认真对待实验、尊重数据，意味着他们必然注重知识的联系性和整体性，注重知识的层次性，能够循序渐进地理解知识，重视思维逻辑，注重推理的严密性，多角度理解问题，并具有较强的发散思维、联想能力等。

三、实践是学科融合、跨界拓展的必然

在基于实践素养的时代课堂中，学生的学习体现了多学科的跨界融合。跨界不是将不同学科知识内容简单地加以组合，而是有机地自然运作。学生在真实问题和项目的驱动下，运用多学科知识和工程设计思维，以探究为手段，创新性完成任务。结合每一次不同的课堂教学主题，建构不同学段的拓展性课程、项目制课程体系，链接丰富的生活资源。

首先，学生在实践中的融合与拓展体现在学科融合上。素养本位的时代课堂教学突破学科界限，围绕主题将各学科知识融合在一起，实现了知识间的连通。同时，通过学习渗透系统的思维方式，提高整体性分析问题、解决问题的能力，实现了学生综合能力的发展。基于实践素养的课堂学习跨越了学科的界限，突破了学科间的壁垒。在大单元、大主题的引领下，将各学科知识有机整合在活动各环节中，学生在情境化的综合学习中积极主动体验，学习目标更加明确，参与意识更加强烈，学习收获也更加精彩丰盈。

其次，学生在实践中的融合与拓展体现在资源融合上。资源统整指学习资源的跨界与整合。学习资源不局限于教材，教师要根据自身对项目的理解以及学生的需求与想法、问题与期待，对一系列教学资源进行重组与重

构,建构独特的内容体系。项目设计充分发挥教师的引领作用,教师或借助学校里和课堂上现成的资源,或带领学生到周边合适的场馆,或邀请专家进校园普及知识,或充分利用隐性的教学资源开展学习,实现了校内资源和校外资源的充分交汇,自然资源和社会资源的充分融合。

最后,学生在实践中的融合与拓展体现在展示融合上。不论是项目式学习还是研究性学习,基于实践素养的时代课堂在课程、项目、活动等设计之初,就已充分关注到最终成果呈现方式的多样性。成果展示经历了从单一、平面的成果发展到跨越多领域的演进过程,经历了最初只考虑到以手册、海报为主到现在更加关注成果展示的多样性、统整性和融合性的变化。学生的成果丰富多彩,有研究报告、方案设计、模型制作等,力求工程设计重创意、技术实践重探究、应用操作重规范、展示反思重感悟。

第二节　链接生活选材料

教育即生活，在课堂中让学生感受生活的意义，从而热爱生活，珍爱生命，是我们培养“人人能实践”素养的目的之一。学生作为一个独特的生命个体，有着不同的生活经验、个性爱好和发展潜能等。课堂中选择贴近生活的学习素材，让学生更有兴趣去研究，给予他们不同的发展路径。同时，学生也是一个完整的生活主体，获取和掌握知识不是教学的全部目的，只有用知识解决实践中的实际问题，增强适应和改造世界的能力，学生才称得上是“生命的主宰、生活的主宰”，才有了生活的意义和价值。

因此，课堂链接生活，能帮助教师找到教育教学研究的意义，更能帮助学生获得真实的生活体验，积累丰富的生活经验，加深对人、自然和社会的整体性认识，主动地发现身边的问题，积极提出问题并努力解决问题，从而促进学生的个性成长、变化与发展。

时代小学的综合实践类拓展性课程通过STEM学习、项目式学习、研究性学习等学习方式开展。STEM学习侧重工程思想和设计思维，在科学、技术、工程、数学等领域进行产品设计。项目式学习侧重跨学科综合应用知识解决问题，产生可见的公开成果，并对成果进行修订和完善。研究性学习侧重学生主动地获取知识、应用知识、解决问题的学习过程。三种学习方式侧重不同，但都努力与学生生活相链接，教师在教学设计、教具选择上选取合适的材料，营造适合学生实践素养培养的真实情境。本节分别从STEM学习、项目式学习、研究性学习三种学习方式出发，对如何链接生活选择学习材料进行介绍。

一、STEM学习的选材

(一)基于学科

在STEM课堂中,情境的意义在于:提出需要解决的问题、指出任务要求、反映出科学家与工程师工作的意义和方式。STEM学习面向真实情境的问题,把抽象的知识和生活联系起来,学生真正观察、感受、探究,能提高学习积极性,培养问题解决能力。同时,STEM教育强调以核心概念为主线,实现科学与工程实践、跨学科概念和核心概念三者之间的紧密整合。因此,基于学科的STEM学习,需要在教材核心概念基础上选取素材,链接儿童生活,创设真实的问题情境,把知识和儿童生活联系起来,应用知识,解决问题。

以STEM理念下的数学学科教学为例。数学的核心知识主要是指重要的学科概念以及与这些学科概念相关的一系列基础知识和技能。《义务教育数学课程标准(2011年版)》提出了10个核心概念:数感、符号意识、空间观念、几何直观、数据分析观念、运算能力、推理能力、模型思想、应用意识、创新意识。我们将前8个概念看作数学STEM学习可以依托和发展的核心概念,学校的数学教师一起挖掘了数学学科的核心概念,据此设计了与各生活领域STEM学习的关系图(见图5-1)。

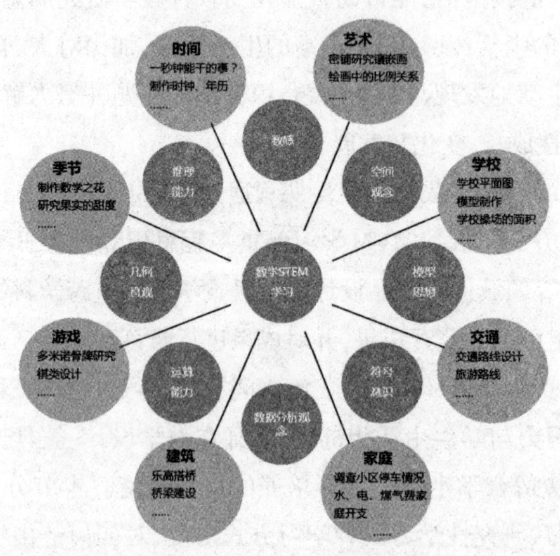

图5-1 数学核心概念与各生活领域STEM学习的关系图

（二）超越学科

STEM学习一般会超越单一学科范畴，以学科融合方式进行。这里的"融合"包括横向和纵向融合，其实质就是依据课程标准，实现跨学科和项目的进阶。横向融合是指学科内知识之间相互联系贯通，需要打破教材中的单元知识点，根据课程标准和项目内容，融合知识。纵向融合是指跨学科内容融合，对核心概念理解的逐级深入和持续发展可以系统地帮助学生学习核心概念的内涵，最终为学生比较全面、系统而深入地理解核心概念打下扎实的基础。当然，横向融合和纵向融合之间也是相互作用的，共同促进课程实施效果的提升。

在STEM学习中，师生通常会选定某一主题，学生通过整合科学、技术、工程、数学等多学科知识解决问题，体验与真实生活相符合的情境。这一学习形式强调实践性与体验性，学生以合作的方式开展探究、制作等，发展团队合作能力和实践能力。同时鼓励创新，各种项目的解决方案是多样化的，给予学生更多的发挥空间，满足他们的个性化发展需求。学生在这样的课程中应用了跨学科的知识和技能，并获得创造性运用知识的社会性能力。下面以陶道利老师执教的"水果音乐会"课程为例。

【案例5-1】 水果音乐会

基于STEM的教育理念，"水果音乐会"课程在设计之初将多学科的知识与技能整合在项目式学习中，探究基于项目的STEM学习模式，跨学科协同，共同开发课程。

在设计"水果音乐会"教学时，音乐和信息教师共同参与备课，打破个人与学科界限，协同学科开发课程开展教学研究。制作创意编钟，要解决这一实际问题，需要多学科知识的融合，实现多学科的跨越与整合。例图5.1所示是创意编钟主题的跨学科概念图。

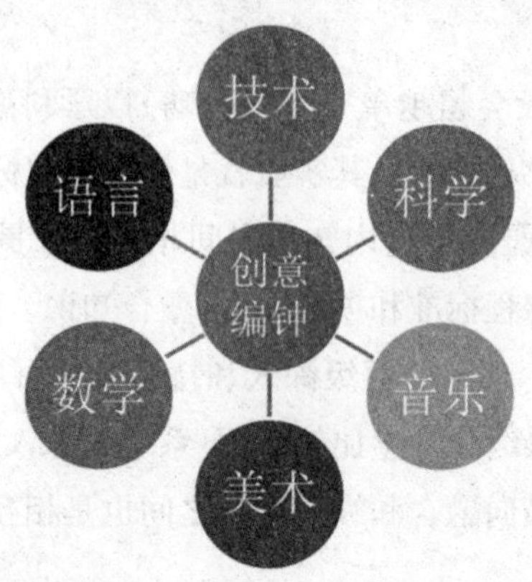

例图5.1　创意编钟主题的跨学科概念图

在跨学科概念图的基础上，又进一步梳理出制作创意编钟的学习目标，如例表5.1所示。

例表5.1　创客音乐会之蔬果创意编钟作品制作目标梳理

分类	技术		科学	音乐	美术	数学	语言
内容	使用酷乐宅	Scratch编程	水果、蔬菜、人体导电性	弹奏乐曲	界面设计编钟美化	蔬果数量	创意编钟作品介绍
初级要求	会连接	会编写单个音符的脚本	了解蔬果的导电性	弹奏简单曲谱	界面清晰	会确定	有说明
中级要求	能连接8个按键	会编写简单曲谱的脚本	知道蔬果导电性的运用	能流畅地弹奏简单曲谱	界面美观	合理确定	表达清晰
高级要求	使用排针连接	会编写复杂曲谱的脚本	利用蔬果的导电性制作编钟	能流畅地弹奏复杂曲谱	界面美观且原创	灵活确定	表达有吸引力

课堂中强调把知识关联起来，学生在理解原理后，利用酷乐宅、Scratch编程自己设计制作创意编钟。将技术、艺术、数学、语言和工程思维等有机融合，注重动手操作，贴近生活实践，提升学生解决实际问题的能力和素

养。STEM视野下的课堂是致力于解决真实问题的课堂，课堂上老师鼓励学生跨学科地解决真实情境中的问题，让不同的水果发出不同的声音，强调学生在看似烦琐无序的学习情境中有效提升跨学科的思维能力、创意设计能力、解决问题的综合能力。

二、项目式学习的选材

（一）基于学科领域

学科领域项目式学习的做法是结合真实情境中的问题解决，将某一学科的某一类学习内容进行整理、开发和重组，让学生展开项目式学习，其基础是某一学科的关键能力和学生发展目标。在这种类型中，学生可以利用其他学科的知识、概念、工具和方法，但最终是为了实现本学科学习的目标及发展本学科核心素养。学生研究的项目选题有一个或两个比较明确的学科作为背景，它突破了基础性课程原有的体系，以学生兴趣入手，贯穿课程学习整个过程中，学生不断被自己的好奇心牵引，研究步步深入，在一个或两个学科领域积累自己的认识。

以杨洁老师指导的“花序研究”项目为例。该项目的研究内容为花与形、花与序。学生从感兴趣的花瓣数量入手，通过调查、分析，发现花王国神秘的数学特性——看似平常的花瓣，其实都是按照一定的顺序和特定的角度排列的，与神奇的斐波那契数列相符。这样螺旋形的序列可以让植物最充分地利用空间和阳光，吸引蜜蜂、蝴蝶这些传播花粉的昆虫。孩子们既感受到了花朵为适应大自然而进化的奇迹，也对数学之美产生了浓烈的好奇，并学习了用钉线画的方式钉出螺旋形几何图形来记录“数学之花”。

在这个项目中，教师以数的序列为核心概念知识，通过真实情境中的调查分析丰富对概念的认识，让学生全面、充分地理解概念的本质，并能运用概念，以概念为工具解决问题。基于学科领域的项目学习选材，着眼于打破学科的桎梏，充分调动学生积极性，也为学生的创造性留下了足够的空间。类似这样基于学科的项目学习在我校各个学科中都有开展。

（二）指向活动体验

指向活动体验的项目学习需要学生运用自己的综合能力，解决在项目

情境中遇到的各种问题。为适应时代发展需要，满足学生多元化发展需求，学校在素养本位的时代课程基础上，开发了指向学生活动体验的“项目式学习群”，为学生提供了多种学习经历，丰富了他们的学习体验，尤其关注学生的学习过程、学习情境、学习渠道和实践环节。项目式学习群中的各个项目，旨在帮助学生在学习过程中，体验、感悟、建构和生成知识，发展学生实践素养。在指向活动体验的学习情境中，多种知识相互交叉，多重能力相伴成长，学生们在享受身心愉悦的同时，也逐渐成长为有兴趣、爱合作、能实践的聪慧少年。

如学校的“快乐星期二”系列活动中，就包含了很多有意义的节日课程：1月“迎新感恩”节，2月“除夕送红苹果”活动，3月“学雷锋日”活动，4月“悦读乐学”读书节，5月“活力运动”健康节，6月“丑小鸭”艺术节，7月“夏之梦”夏令营，8月“建军日”活动，9月“歌颂祖国”诗歌会，10月“玩会名堂”游戏节，11月“Enjoy English”英语节，12月“金钥匙”科技节。同时开展了聚焦学生跨学科素养的“四季课程”，从一年四季大自然中最熟悉的植物和自然现象中选取部分主题，开展学习。还有分年级进行的经典活动：一年级“手心里的生命”、二年级国粹经典进课堂、三年级“十岁天空”成长教育、四年级珍爱生命主题教育、五年级国防教育、六年级学农活动。

这些活动都可以整合成主题式、系列化的项目式学习。比如毕业班的孩子利用小学生活的最后一个学期，集体或是分组策划一场“感恩时代”的毕业典礼，从撰写计划、调整方案、安排节目到组织彩排、展示演出再到活动总结、评价等，就是一个完整的项目式学习。我们认为，只有学生经历活动体验后，才会留下真实的感受，情感、态度、价值观才会相伴成长，知识与能力才会相互转化，“会关爱、会学习、会创造”的素养才有可能实现。此类项目式学习中，学生围绕着真实的问题或是任务，开展学习活动，经历从无到有、从无序到有序、从问题到解决的过程。

（三）源自生活经验

这一类项目式学习选材直接来源于生活经验，很难一下子发现与某一门或某几门学科相关，但它恰恰又是最贴近学生生活经验的一种研究，非常有助于学生自主意识、问题意识的培养。如“四季课程”学习中，学生会根据学校总的主题，设计自己的研究主题。这些主题来自学生的生活，是学生感兴趣的研究内容。

在“春天的花”的项目研究中，学生列出了不同的研究项目：制作花的服饰、鲜花旅游胜地、花的纪念品、花的装饰工艺品等，教师再对这些主题进行整合，编制小组。以“花的美食”研究为例，三至五年级的一群“小吃货”聚在一起，从自己喜爱的与花相关的美食“桂花糕”“洛神梅红茶”入手，通过资料检索、材料预算、尝试制作、不断改善，发现了这两道点心的历史、配料、养生效果以及制作工艺和小诀窍，一个个大大咧咧的男孩子也开始了解米价、菜价，学着精打细算，学着为自己做的美食定价。在成果展示活动中，学生们售卖亲手制作的花的美食，销售火爆。

在研究“秋天的果”的项目时，学生总结了“春天的花”的成功经验，尝试“切果堂”这一子项目，即各种果实的去壳方法。在确定项目之后，杨老师和学生们首先讨论出了本项目研究的内容及评价规程，根据评价规程，各小组制订了活动计划。学生在研究过程中把果实分成了水果、蔬菜和坚果三类，并选择自己感兴趣的果实研究去壳方法。学生们从果实的介绍、果实的去壳方法、去壳的原理三个部分进行研究记录，并形成研究报告。同时，学生在自己的研究方法中选择一种方法拍摄视频并制作成二维码，插入报告。最后所有学生的研究成果汇编成《切果小秘籍》(见图5–2)。

图5–2　切果堂小秘籍

在活动中，一个个项目巧妙地把学生置身于真实的任务情境中，激发他们去挑战未知、解决问题，创造性地完成任务。学生们在这样的情境中，体验真实的生活，解决实际的问题，获取最直接的生活经验。

三、研究性学习选材

研究性学习依据研究内容、研究方法、组织形式等的不同，在材料选取上也有所区别。如根据研究内容的不同，就可以分为课题研究类和项目（活动）设计类；按照组织形式不同，又可以分为小组合作研究和个人独立研究。研究性学习的选材与问题提出密切相关，这些问题主要包括科学与技术方面的问题、社会与生活方面的问题等。时代小学的研究性学习在选材上极有特色，包括：在内容上着眼科技前沿，发挥学校在技术资源上的优势；在动力上立足兴趣特长，力求为每一个孩子提供最合适的课题或项目；在组织上倡导亲子实验，家长与孩子携手解决生活中的难题。

（一）着眼科技前沿

研究性学习强调理论与社会、科学与生活的联系，特别关心现代科技、环境问题对当代生活的影响，以及与社会发展密切联系的重大议题。我校科技教育上的实力在上城区位列前茅。学校科学组致力于学校的钱学森教育，将科技、航天精神、劳动教育有机结合，每年推出“种一株太空百合，绿一方校园净土”航天育种特色活动、“家庭阳台巧变身，居家来种航天菜”植树节专题活动。每年种桑养蚕时节，学校组织学生走访丝绸博物馆，看历史，探文化，并在家亲手养蚕宝宝，观察记录蚕的变化。借助学校活动平台，时代学子在养护活动中开展研究性学习。

种植航天菜、种一株太空百合是每个孩子必做的事。历时两个月，小小的种子，早已发芽生长，或是开出了娇嫩的小花，或是长出了可爱的果实。孩子们用文字、画图、视频等方式记录了航天蔬果的生长过程。低年段的孩子们不仅用照片记录了植株变化的全过程，并且还专门为航天蔬果写了日记，记录了自己看到植株变化时的心情。中年段的同学们用更加详细的数据、更加科学的用语，细致地记录了航天蔬果的生长变化。高年段的同学们更是录制了精致的微课，详细地记录、讲解了从播种到开花结果的全过程。

催芽、移植、长出子叶和真叶、生长、开花、结果，同学们将植株生长的每一个阶段都通过照片和视频的方式配上专业的课件和解说进行了展示。

2020年春，一场突如其来的新冠肺炎疫情席卷中国大地，全国医务人员驰援湖北，也牵动了孩子们的心。学校倡议“种太空百合，送白衣天使”，呼吁同学们把自己在前一年培育的太空百合赠给医护工作者们，以此表达自己对他们的崇高敬意。太空百合是一种特殊的百合，母种上过太空，有着不一样的意义。而这些花都是同学们亲手栽培的，代表大家的诚意，更好地回馈医护工作者们在疫情期间的辛苦付出。全校同学积极响应、参与，有50余名同学将自己种植了一年的太空百合捐赠了出来。研究的意义不仅是懂得了知识，解决了问题，还把研究的成果回馈社会，懂得关爱，这才是研究更大的价值。

六年级同学开展的青少年护水计划“小河长”研究学习提高了学生的社会参与度，使他们关注身边的环境变化。水是地球生物赖以生存的物质基础，人们不合理的开发和利用所引发的河流污染问题，已直接影响我们生活的质量。六年级的学生对生态系统、水污染及治理等已经有一定的知识积累，通过观察身边河流的水环境，诊断河流水质，基于实际问题提出相对应的科学建议或者进行“爱水护水”科学研究活动，保护身边的河流，做河流的守护者。

（二）立足兴趣特长

研究性学习强调对所学知识、技能的实际运用，注重学习的过程和学生的实践与体验。时代小学的学生个个有课题，人人爱课题，其秘密就在于在研究性学习中真正做到了立足学生的兴趣特长。低年段的学生通过摆摆画画研究如何合理摆座位让全年级的同学在操场上开展活动；中年段的学生设计实验研究在生活素材中提取颜色；高年段更是人人有课题，个个搞研究，全面培养学生综合运用所学知识的能力，收集和处理信息的能力，分析和解决问题的能力，语言文字表达能力以及团结协作的能力。下面就着重介绍六年级的“人人有课题”研究选材。

研究选材的关键环节在于发现问题。“提出一个问题，远比解决一个问题更重要。”在研究性学习中，如何选取合适的研究点，常常是困扰学生的大问题。对此，六年级老师制作了微课，专门指导学生如何选题。在教师的引导下，学生充分考虑到自己的知识水平、兴趣特长，考虑到学校、家长及社区

现有的教育资源，先后拟定或修改了自己的研究主题。

学生们的研究内容包罗万象，选题涉及了社会、历史、科技、文学、饮食保健、民俗文化等多个领域。有人喜欢文学，如六(1)班小杨研究的是《古诗词中的年俗文化》、六(2)班小陈研究的是《唐朝著名诗人人物关系研究》、六(3)班小朱研究的是《诗经的研究》。有人酷爱科技，如六(1)班小钱研究的是《人工智能应用发展》、六(3)班小刘研究的是《中国航空发动机发展史》、六(4)班小王研究的是《生活垃圾的处理方式》。有人关注社会热点，如六(1)班小蔡的《居家之防疫》、六(2)班小徐的《线上教学学生用眼卫生状况初步调查》、六(3)班小王的《关于导致病毒传染的野生动物》。还有关注生活文化的，如六(1)班小然的《关于茶文化的调查研究》、六(1)班小吴的《巧克力演变史》、六(4)班小汪的《油烟机吸油量、耗电量与厨房环境的问题》等。

为期一个月的研究性学习之后，六年级同学都交出了自己的研究报告。他们还制作了PPT或者微课，和同伴分享自己的研究成果。人人有课题，同学们真正基于自身兴趣，在教师指导下，从自然、社会和学生自身生活中确定研究专题，主动地获取知识、应用知识、解决问题。

(三)倡导亲子实验

实验是以“做中学”形式开展研究性学习的良好载体。在发现问题、明确问题、确定课题后，多数课题需要进入实验研究阶段。每个实验项目都是微缩的技术工程，要求一个或几个学生同时进行。如果是几个学生研究一个课题并做实验，我们要求在实验过程中要有分工组合，几个指标同时进行测试，既不互相干扰，又要密切配合，来完成实验。小的实验也可以一个人独立完成。

我校研究性学习的特色之一是倡导亲子实验。采用这一形式，与我们对研究性学习评价的定位密切相关。首先，在评价功能上，我们认为研究性学习要突破传统的甄别与选拔的导向，建立一种促进富有个性、面向全体的发展性评价。而家长是最了解孩子的人，他们在与孩子共同实验的过程中，会更注意选择适合孩子的学习策略，更关注孩子的自我认识、自我教育、自我体验和自我进步。其次，在评价取向上，我们认为应突破原有学习空间和时间的限制，注意学习主体在学习过程中的多元化体验。而亲子实验形式能更好地注重不同学生在认知、情感、态度、方法等方面的多元化体验，助力学校教育，实现学生个性的全面发展和实践素养的全面提升。最后，在评价内容上，我们认为家庭亲子实验在学习情境和问题设计的真实性与情境性方面，相较学校教育也有一定优势。

具体而言，时代小学亲子实验的主要内容分为四个模块，分别为物质科学、宇宙科学、生命科学和科学技术。在校外的家庭亲子实验中，学生能体验与父母一起玩中学、做中学，增进亲子交流，享受学习的乐趣与成就，获得研究学习能力。表5-1是物质科学的部分实验内容。

表5-1　物质科学领域

序号	实验名称	实验内容简介
1	超级来“电”	水也能产生电流吗
2	镜子的世界	你见过各种各样的镜子吗
3	“球”你别走	乒乓球能沉在水底吗
4	稳中求胜	只靠一点接触，重物能平稳地立在悬壁上，可能吗
5	心心相吸	漂浮在水面上的磁铁会组成什么图案
6	咸蛋超人	浸泡在盐水中的蛋能悬浮吗
7	倒立的烛光	烛光能透过小孔在另一侧成像吗
8	庐山真面目	水彩笔的颜色能被分离吗
9	酸酸甜甜	液体是酸性的还是碱性的，你知道吗
10	五彩缤纷	五颜六色的液体倒在一起会怎么样
11	防“爆”神器	气球遇到针用力刺居然不会破
12	冰冻三尺	不用打结，绳子居然能钓起冰块
13	电磁的魔力	一根铁钉能吸起回形针吗
14	电工小子	你能点亮一个小灯泡吗？你能让两个一样的小灯泡的明暗发生变化吗
15	同气相“球”	一大一小两个气球用管子连通，大小会怎么变
16	葡萄干炫舞	在可乐中丢入几颗葡萄干会怎么样呢
17	吸水神杯	倒扣的杯子能把周围的水都吸进杯子里，这样的神杯你见过吗
18	电池取火	火柴不划火柴盒，能被点燃吗

第三节　设计活动重应用

当代认知心理学研究发现，对知识僵化状态的反思，体现了学者对知识教学与学生实践能力发展脱节的忧虑，进而认定"学会认知与学会做事在很大程度上是不可分的"[1]。在设计指向实践素养的活动时，将活动与应用紧密结合，教师关注创设真实的情境，注重采用不同的方法策略，构建解决问题的支架，运用多元评价支持学生解决问题。在这个过程中，学生不仅学会了知识，更能把知识应用到实际生活中，体现活动设计的应用价值。

一、情境创设策略

情境是指事物在具体场合呈现出来的样子。创设真实开放的问题情境，能帮助儿童跨越经验与知识之间的鸿沟，按照儿童真实生活直接所表现的那样来解释学科内容，将知识视为指导儿童不断成长的方法，把各门学科统一于儿童的生活世界，使知识与儿童的真实生活联系在一起，学校与社会关联起来，使儿童获得的一切知识经验能迁移于他们的日常生活。

基于认知心理学和情境学理论，SMART灵动课堂中的实践能力是指学生在真实情境中利用现有工具和已有经验及知识解决问题的能力。创设真实情境主要分为三种：第一种是教师创设的真实的学科问题或任务情境，第二种是基于活动设计有功能指向的物质情境，第三种是师生营造的民主平

① 联合国教科文组织编．教育——财富蕴藏其中[M]．联合国教科文组织总部中文科，译．北京：教育科学出版社，2014.

等的氛围情境。

(一)构建真实开放的问题情境

教师构建的情境需要建立知识与真实的生活世界、多种情境之间的联系。从确认核心知识、本质问题到形成驱动性问题,事实上就是将学科的本质和多种类型的情境建立起联系的过程。这样的实践活动会涉及多种类型的情境。①

1.历史情境。将某核心知识"放还"到它所产生的历史河流中,复演它之所以产生的特定情境、发展历程中的故事和演变历程。如在研究性学习中,基于语言文字的积累与应用的核心知识,六年级的学生以研究年俗为切入点,在不同领域研究年俗文化的产生、发展、变化。

2.现实情境。将某核心知识"放还"到它发挥作用的现实的问题情境中,发现人们是如何在情境脉络中运用它或者综合它与其他知识来解决一个真实问题的。如在STEM学习"我们的小缆车"时,基于科学运动和力、数学时间等核心知识,教师创设的"送奶公司"是模拟空间。在这种的现实情境中,学生扮演送奶工,利用垫圈,设计送奶车在规定时间内(鲜牛奶1秒左右、酸牛奶2秒左右)从天地站到达时代站,完成送奶任务。

3.艺术情境。将某学科核心知识"放还"到应用它可以产生艺术美感的作品或艺术场景中去,制作可以体现这一知识的艺术品。艺术情境可同时增强学生的设计、想象、直觉等创造性、批判性思维。如在"数学之花"项目式学习中,教师创设的艺术化情境:美术馆将要举办以"数学与自然"为主题的艺术展,现征集作品,请学生利用直线与曲线的知识,设计制作一幅创意、美观、有规律的钉线画。这就需要学生用到数学直线和曲线及美术色彩搭配、形状变化等核心知识完成该项目。

4.工程情境。将某核心知识"放还"到应用它可以综合解决科学、技术、工程问题的情境中。工程情境特别强调学生的动手制作与设计思维。如在STEM学习"机器臂"时,基于科学简单机械的核心知识,创设参加"隔空取

① 夏雪梅.项目化学习设计:学习素养视角下的国际与本土实践[M].北京:教育科学出版社,2018.

物”的游园小游戏的情景，要求同学们自己设计制作一款多功能机械臂。

（二）设计功能明确的物质情境

功能明确的物质情境是指根据活动的内容设计不同功能的学习场所。这样的物质情境有助于学生沉浸式学习，让学生能全身心地投入学习，减少外界干扰，更有效地开展实践活动。在物质情境中按照活动场所可以分为常规性学习空间和非常规性学习空间。常规性学习空间包括常规教室、功能教室。

1. 常规教室。在常规教室中改变桌子的位置，调整座位，可以变成四人小组的T字形、长方形及多人讨论的U字形等。这样的变化突出合作性，方便学生开展合作学习，同时整合实践的空间，提供更宽敞的制作场所。简单的细节如座位摆放的情况会在很大程度上影响小组活动。在成功的小组讨论中，成员都坐得很近，可以自由交谈，也可以看到小组其他成员的动态。在远处旁观的教师很容易了解小组讨论的情况，也可以判断出哪些小组讨论得不太顺利。在项目学习中，学生开展小组讨论、明确研究内容、制订研究方案或者小组汇报、反思交流时，可以在常规教室通过这样的调整展开活动。

2. 功能教室。功能教室是指适合开展特定活动，有特殊设备的教室。比如，有适合体艺课程的美术教室、书法教室、音乐教室。教室根据其课程特点提供特殊功能，有的配有较大的书写书桌、灵活变化的移动六边形桌子，有的提供方便清洗画笔的水槽、排练合唱移动阶梯形的凳子、练习舞蹈的把杆和镜子。还有适合拓展性课程的科学教室、信息教室、木工教室。这些教室通常开展合作学习，因此桌子就比较大，适合4~6人开展活动，教室里储物柜备有常用的制作工具、设备。如木工教室配有木工的切割工具，科学教室的科学仪器，信息教室的电脑设备。

非常规性学习空间是指开放的学习场所。学习的空间从室内延伸到室外，从学校拓展到校外，学习空间是立体的。如在学校内的后花园，学生研究池塘水质净化、种植太空百合、观察记录植物的生长变化；校园操场开展牛皮筋舞蹈编排、纸飞机的飞行测试，等等。在校外，学习还能在社区开展，社区的自然环境、学习空间都能支持学生的实践学习。如学校附近的东河，学生成立“小河长”护河小队，在东河开展水生生物生态系统的研究、检测当地的水质、向社区提出建设性的保护水质建议;小营社区的钱学森故居也是学生参观学习的场所。开放的学习场地给学生提供了更加广阔的空间,延伸学习的场所也就延伸了学习的内容。

(三)营造民主平等的氛围情境

心理学研究表明,人在心情愉快时的感觉、观察都较敏锐,想象丰富,思维敏捷;而人在心情沮丧时,这一切都将受阻。一个民主、平等、激励、和谐的氛围情境,可以唤起学生学习的热情,激发学生的求知欲,发展学生智力。给学生一个无拘无束的表现空间,让学生敢想、敢说、敢实践,从而以更大的热情去攀登学习的巅峰。民主、平等、和谐的情境实际就是学生自主参与、主体性充分展示的课堂。在民主的氛围中,教师关爱学生、信赖学生、研究学生,公平公正地对待每一位学生。设计活动中学习目标的制定、难度的把握、学习结果的测评都要面向全体学生。同时关注学困生的学习状态,运用各种手段营造和谐、平等的教学氛围。在课堂小组讨论以及问题探究时,不论是导入环节还是合作环节和展示环节,教师都应充分调动每位学生的积极性,保证他们拥有发表意见的平等权利。

【案例5-2】 有趣的分形

激趣导入:分形对于学生而言是一个陌生而又抽象的概念。教师选择了学生熟悉的植物西蓝花引入,让学生掰一掰西蓝花,排一排大小,感受西蓝花各个部分结构相似的特点。学生通过活动的方式发现真实存在于身边的神奇数学现象,激发探究的欲望,创建一个平等、放松的学习氛围。

合作探究:学生以小组为单位选择一种材料,设计分形作品,全员参与,合作完成。学生多以四人小组形式分配任务,1~2名“设计师”负责图纸、1~2名“工程师”负责制作,还有负责调控的时间管理员。

汇报展示:每个小组轮流上台展示,组长负责介绍作品特点和制作过程,组员展示作品并进行补充。在交流过程中,大家用掌声对每个小组的作品进行鼓励,有不同想法也能大胆提出建议。最后大家还用贴纸评价的方法选出了最受欢迎的作品。

在小组合作中，学生自主活动，共同完成分形作品；活动后集体讨论交流，畅所欲言地发表自己的想法，在思维碰撞的过程中，学生的实践素养得到了提升。教师在过程中始终以引导者的身份参与课堂，小组活动中给学生提供帮助，及时引导，适时总结。在民主和谐的氛围情境中活动、讨论，调动每位学生的学习积极性，促进了实践活动的顺利开展。

二、方法选用策略

设计活动方法指向实际生活中的问题，强调用发散性思维多种方法思考，通过支架链接新知识重组信息获得新的解决方法，并能对成果进行反复的测试和调整。指向“人人能实践”素养的时代灵动课堂主要通过多种联想发散思维、多组支架重组信息、多重核检启发思路三种策略展开。

(一)多种联想发散思维

联想是指通过某个事物，想到另外的事物，而这两者有某种潜在的联系。学生通过联想建立已有知识与未知知识之间的联系，就会激活原有认知结构中的观念，培养学生的发散思维。在实践活动中，我们主要采用相似联想、对比联想、相关联想的方法培养学生的发散性思维，拓宽解决问题的思路。

相似联想是对所遇到的对象进行观察，找到相似事物的过程。在教学过程中，教师要及时引导学生观察基本事物特点，并对其相似点进行联想。在沈贞老师的“超级百变娃”游戏课中，学生通过“说一说”对图像基本形的特点进行观察，再用“变一变”组合基本图形，引导学生联想身边相似的事物(见图5-3)，学生们创造出了一个个富有变化的“娃娃”(见图5-4)。学习突破常规思维的创作方法，学生创作出能表达自己情感的绘本作品。

图5-3　组合基本图形

图5-4　富有变化的“娃娃”

对比联想是通过两个或者两类不同的对象进行比较，分析其中的不同点，然后得出新的结论的一种思维过程。教师帮助学生在不同对象之间架设好桥梁，通过对比联想，形成不同的思考方法。在杨洁老师“神奇的密铺”STEM课堂中，学生类比了能密铺的正三角形、正方形，联想到任意三角形、四边形的密铺，继续类比后再次联想正五边形不能密铺，任意五边形的密铺。在对比中，层层递进，引导学生不断对相似的图形进行联想，促成学生思维的发散。

相关联想是从一个事物联系到与它有关系的其他事物的思维过程。这种思维过程的可视化通常通过思维导图的形式展示。思维导图就是通过较为简单和直观的结构，将思考过程通过图示的方式逐渐分层，从而将知识点直接地关联展示出来的一种教学工具。如在项目式学习初期，确定研究主题后需要学生应用相关联想，对主题进行发散性思维，思考可以研究的内容。图5-5为四季课程“春天的鸟”绘本研究中，学生运用思维导图得到的结果。

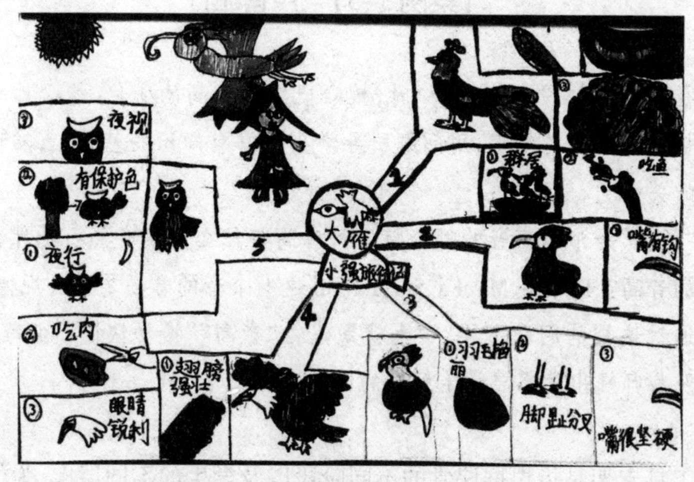

图5-5 “春天的鸟”绘本思维导图

（二）多组支架重组信息

在开展STEM学习、项目式学习和研究性学习时，学生需要收集整合大量的信息并对信息进行进一步的加工和分析，从而获得新知识并有意义地进行运用。这样的过程信息量大，分析信息过程复杂，应用难度大，需要教师提供不同类型蕴含新知识的不同学习支架，帮助学生联系已有经验，链接新知识，并达到新知识的迁移。

在开展实践活动中，我们把学习支架主要分为三类。第一类是问题支架，主要由教师根据课程的核心知识提出问题，学生根据问题展开学习；第二类是工具支架，是指老师提供辅助学生思考理解的工具，学生自主开展研究；第三类是活动支架，是指学生参与体验性的活动，在活动过程中反思总结。

问题是教学设计的核心。从教学内容上看，问题支架通常指向关键概念，可以是一个关键问题，也可以是连续问题串，或者是学生回答后的教师追问；从呈现方式上看，问题支架包括叙述、活动、实物、图形、游戏和欣赏等；从教学环节上看，引入问题支架的时机包括新课导入环节、教学开展环节以及回顾反思环节等。

【案例5-3】 声音工厂

在STEM学习“声音工厂”时，核心概念是音高的变化，鲍心如老师让学生回忆有关声音的知识，用问题引导学生在原有知识的基础上，发现音高与振动的关系。

“低沉”是形容声音的哪个特质？音高与什么因素有关？是什么造成了不同的音高？“Do、Re、Me、Fa、Sol、La、Si”这七个音的音高是什么规律？

通过这样的问题引导，学生就聚焦在“音高”“振动快慢”“频率”等关键词以及教师提出的需要学生解决的问题上。

工具支架是指根据课堂的不同阶段以及学生的不同层次，为他们顺利完成项目或研究提供不同的辅助工具。如在课前需要学生确定研究问题或聚焦某个问题时，教师会提供关于研究内容的KWH表，帮助学生明了现有基础（K=Know，即“我知道了什么”）整理学习需求（W=What，即“我还想知道什么”），明确研究方向（H=How，即“我想运用这些知识解决怎样的问题”）。

在课堂探究的过程中，由于每个孩子对知识的理解不同，在研究过程中会遇到困难，教师会根据不同层次的学生提供不同的"工具锦囊"。例如在项目式学习"月历家族"时，有的学生对设计月历外形有困难，老师会提供有关不同类型的月历微课视频；有的学生在研究月历数字规律时，内容不够丰富，老师会提供不同的模型，包括正方形、十字形、W形等，帮助学生拓宽思路，进行知识迁移。除老师提供的工具外，学生也能给自己提供学习工具，如课堂记录本、工程设计手册等。学生边学习边记录过程，并加以及时反思，帮助自己梳理信息，获得改进。

活动支架是需要调动学生原有的知识并能在活动过程中获得对新知识的理解，它就像桥梁，能沟通新旧知识。活动可以是一个实验，也可以是一个游戏。如在"建筑与桥梁"学习中，核心知识是稳定的结构关系，教师设计了人体连接器的游戏。从2人到6人，学生始终用手两两握住，变化出不同的形状，做一个结构坚固的连接器。游戏中有参与的学生，也有负责观察的学生，游戏后学生共同讨论。

(三)多重核验启发思路

指向实践素养的课堂不同于一般课堂，学生要在不断动手动脑的尝试中，习得知识，发展解决问题的方法。然而正如所有的设计师一样，诸如设计稿这样的作品都要经过一次次的修改，优化改进，最后形成成品。学生在课堂中也要经历这样的过程，不断对项目和活动的思路进行核验，找出不足，提出新的设计思路。以STEM学习为例，工程设计的流程可以分为以下几个核验环节。

1.个人思考—小组讨论。以学生独立思考为基础，首先让学生及时记录自己的想法。根据不同年段提供学习手册：低年段教师提供模板手册，中年段教师提供半开放学习手册，高年段自主设计手册。有了原始材料的积累，小组成员在讨论中互相交换想法，调整方案设计，最终确定小组设计方案。这个过程就是以个人思考和小组讨论形式进行的第一次核验。图5-6是组内成员设计的电路图初稿和最后确定的电路设计图。

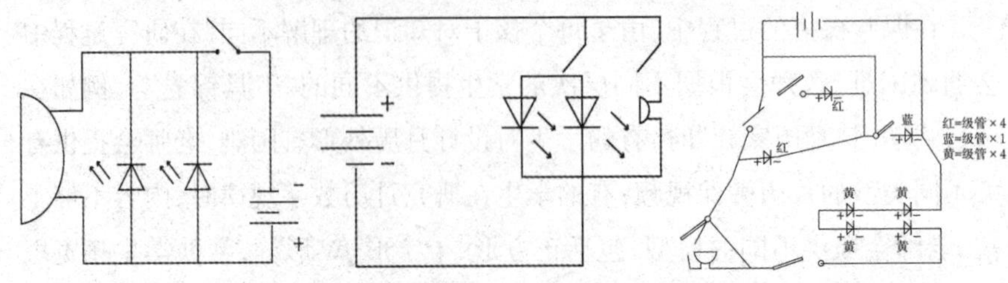

图 5–6　电路图设计及修改过程

2. 小组讨论—测试验证。有了小组讨论后的设计方案，学生开始动手实践，制作、实验、测试，再次对设计进行修改。实验不成功，则需要重新设计；测试没有达到要求，也需要修改设计的某一部分。这个过程就是以小组讨论和测试验证为主要形式进行的第二次核验。如在"翻滚的小人"的测试环节中，有的小组制成的小人不能翻滚，就要重新制作；有的小人不能连续翻滚，小组成员就要通过不断调整小人的角度或两个小人之间的距离等办法，最终达到理想的效果(见图 5–7)。

图 5–7　"翻滚的小人"测试

3. 全班展示—反思改进。小组活动经历了设计和制作环节后，进入全班展示环节，这也是组间互相学习和改进的过程。展示分为作品展示和作品演示。作品展示主要是由小组成员进行汇报讲解，其他学生从中发现优点并对其作品提出意见。作品演示是对作品的功能进行全班演示,其他同学共同反思其成功或失败的原因。最后,小组成员再一次集中讨论,对作品进行修改提升。这个过程就是以全班展示和反思改进为主要形式进行的第三次核验。

在“翻滚的小人”展示环节结束后,学生们对自己的作品进行反思,进而改进设计出翻滚更加灵活的小人。他们有的决定改变小人的形状,让其更接近半圆,有的想到用其他方法改变小人的重心位置,如使用不同厚度的纸张、增加小铁片等方法。很多学生在后续研究中进行再次实践,力求完美。

实际上,我们会发现学生的核验活动并不是只有三次。在反思改进后,他们又会再次进入小组讨论、测试验证环节,因此核验的过程是一个循环的过程。只有经过多重核验,学生才能不断产生新的设计思路,最后形成他们满意的,同时也是最有创意的产品。

三、评价引领策略

评价的目标指向我们期望学生的学习结果。在设计活动时前置评价,教师和学生共同讨论。在“以终为始”理念的指引下,实现“教—学—评”一体化,为学生真正理解和运用知识,达成问题解决能力和创造力的培养目标提供了载体。指向“人人能实践”素养的评价策略主要包括共同开发评价标准、共同参与评价过程、共同应用评价量规。

(一)共同开发评价标准

我们坚持主体取向的评价,认为评价是一种价值判断的过程,而价值是多元的。在评价情境中,无论是作为评价者还是被评价者,教师与学生都是平等的主体。在实践活动中,评价是评价者与被评价者、教师与学生等共同建构意义的过程,教师、学生都是意义建构过程中不可或缺的组成部分。特别是对学生而言,要实现评价主体的多元化,就必须提高他们在评价过程中的参与程度。师生共同制定评价标准的过程,就是大家民主参与、协商和交流的过程。通过参与制定评价标准,学生能够更深入地认识自己与评价标准之间的差异。在学校的拓展性课程中,师生共同开发评价标准是设计的第一步。

【案例5-4】 神奇的电路

在“神奇的电路”中,评价标准的教学设计:

● 教师播放视频,展示不同电路盒子,让学生根据这些作品归纳出电路盒子应该包含哪些要素,优秀的电路盒子有哪些标准。

● 学生讨论:面对一年级的学生,他们可能喜欢怎样的电路盒子?

同理心:指站在对方立场设身处地地思考的一种方式。

● 给出头脑风暴的定义并进行阐述。

头脑风暴:接受所有想法,产生尽可能多的想法;建立在别人的想法上,产生新的想法;继续寻找新的想法。

学生通过设身处地以及访谈的方式了解一年级学生的期望,对这些信息进行头脑风暴,确认一个符合一年级孩子期望的电路盒子的标准。

(二)共同参与评价过程

评价不仅包括教师对于学生学习过程和目标达成度的考量,更是促进学生个体和团队发展,促进学生成长与社会化的有效手段。师生共同参与评价过程,可以出现在课前(驱动学习)、课中(支持学习)、课后(诊断学习)、反思(促进学习)等各个环节。因此,我们在实践活动中贯穿了多次评价,既有及时进行的自我评价,也有需要较长时间的自我反思;既有小范围的小组评价,也有较大范围的班级评价以及范围更广的全校性评价等。

如在以项目式学习“秋天产品展销会”中,六年级学生以小组为单位开展活动,首先,各小组设计展销会方案,在组间和组内进行小组互评,确定最终研究方案。其次,根据方案,各小组开展研究,在研究过程中,主要以组内评价为主,组员随时对活动内容和活动过程展开评价,保证项目顺利推进。最后,小组以张贴、陈列的方式进行班级展示。全班学生互相参观,并用投票(粘贴纸等)方式进行评选。学生在研究项目过程中,老师根据每个小组的学习情况发放“菊花币”(全校“秋天的菊”研究期间通用的代币)。在项目展示活动过程中,学生可以根据奖励币参加不同项目的活动体验。这是全校师生的评价,收获奖励币的数量也是对展销的作品质量、营销策略、创意设计等多方面的综合评价。

(三)共同应用评价量规

为了能更有效地开展评价,师生共同制定的评价标准通常以量规的形式呈现。量规是一种具体罗列评价维度与评分标准的"评分工具"。其作用是保证评估与学习的一致性:将成绩划分成一定的技能、帮助识别学生提高的方面、给学生提供反馈。量规的组成有:用于测评表现的评分标准、测量表现、程度描述以及每一程度的具体描述。不同的实践活动需要不同的模式进行示范,也需要不同的量规进行评价。根据项目性质和内容等的不同,我们设计的量规也不同,通常分为两类,一类是通用型量规,另一类是个性化量规。

通用型量规是大多数学习过程都可以使用的量规,这样的量规一般只需要制定一次,以后可以反复使用。如工程设计过程的量规,一般用于STEM学习中,教师借助量规引导学生规范经历"像工程师一样思考",习得工程素养。形成性评测量表以工程设计的六个步骤(提问、想象、计划、创造、改进、测试)为评估维度,将学生在每一个步骤中所达到的水平分为入门级、成长级、熟练级、模范级四个等级,对应分值为1~4分,支持和促进学生在工程学习中的表现程度。测量表见表5-2所示。

表5-2　工程设计形成性评测量表

水平 步骤	1 入门级工程师	2 成长级工程师	3 熟练级工程师	4 模范级工程师
	并没有达到标准,或者工作不到位	基本能够准确达到标准,但留有改进余地	准确达到标准	严格准确达到标准并作为其他学生的典范
提问 通过问答来定义挑战内容和限制因素				

续表

步骤 \ 水平	1 入门级工程师 并没有达到标准,或者工作不到位	2 成长级工程师 基本能够准确达到标准,但留有改进余地	3 熟练级工程师 准确达到标准	4 模范级工程师 严格准确达到标准并作为其他学生的典范
想象 能够集思广益,有多种解决方案,并与同学合作,提出多种设计方法				
计划 选择一种设计并制订计划				
创造 设计要符合评价标准,也要在限制条件之内,并能测试模型				
改进 深思熟虑地进行反思并提出改进建议				
测试 修改模型用于试验并记录准确的结果				

个性化量规是根据不同的学习内容和学习要求定制的量规,每一次开始学习活动时都会有不同的量规。如在项目学习中,每次项目的主题不同、制作的产品不同,老师和学生会根据产品的制作过程、产品功能特点、产品推广等方面共同制定量规,根据教学目标更有针对性地进行评价。如表5-3所示。

表5-3　电路盒子产品量规

项目分数	4分	3分	2分	1分
故事	有故事性，故事有趣，解说生动	有故事性，故事一般，解说生动	有故事性，故事一般，解说一般	没有故事性，解说一般
绘画	绘画内容清晰，构图合理，色彩饱满	绘画内容清晰，构图合理，色彩不饱满	绘画内容清晰，构图不合理，色彩不饱满	绘画内容不清晰，构图不合理，色彩不饱满
电路设计图	电路闭合，线路清晰，有文字标记	电路闭合，线路清晰，无文字标记	电路闭合，线路不清晰，无文字标记	电路不闭合
组件功能	3个用电器都正常工作，开关外置，操控方便	3个用电器都正常工作，开关内置，操控不便	2个用电器能正常工作，开关可以控制	只有1个用电器正常工作
融合程度	所有组件与绘画和故事融合，且都有意义	组件有两个部分与绘画和故事融合且有意义	组件有一个部分与绘画和故事融合且有意	组件与故事和绘画无关
产品说明书	内容完整，步骤明晰，言语简洁	内容完整，步骤明晰，言语不简洁	内容完整，步骤不明晰，言语不简洁	内容不完整

第四节　亲历实践重能力

"亲历实践"是指学生通过亲身经历相关实践活动来进行学习。这种"行动"或"制作"是带有思考、假设、验证概念性质的，是动手动脑，整合了技能、态度的行动。实践为知识提供不同的创新路径，学生通过丰富的实践活动自主参与、自觉解疑、积极探索，解决问题能力得到提升。在实践活动中，我们希望学生像真正的学科专家那样进行思考和实践，像真正的科学家、工程师、作家、数学家、新闻工作者那样遇到真实的问题并进行决策、思考和解决。①

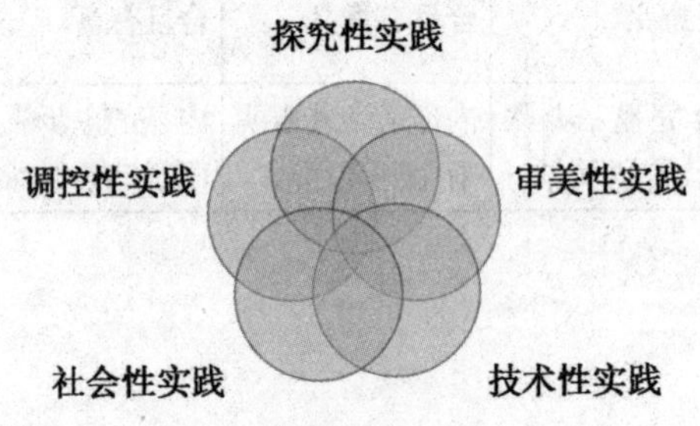

图5-8　五类实践形态

实践可以分为五类形态(见图5-8)。其中，探究性实践是学生运用系列的方法和流程来解决问题的过程；社会性实践是指学生的社会参与，与人沟通合作的社会联系，以及活动中与人交往的社会能力；审美性实践是对产品进行审美，在活动中的创造力、想象力、人文关怀等；技术性实践是善于运用

① 夏雪梅.项目化学习设计：学习素养视角下的国际与本土实践[M].北京：教育科学出版社，2018.

不同的工具辅助学习和解决问题;调控性实践是在活动中学生对自我的情绪控制、反思、计划、时间管理等能力进行调控。五类实践形态并不是截然分开的关系,而是有一定交叉与融合。目前,我校研究应用较多的是探究性实践、技术性实践和调控性实践三种形态。

一、探究性实践

探究是科学家、工程师、设计师等的主要实践方式,也是高素质公民在进行问题解释时的主要实践方式。探究性实践从对真实世界的观察中产生问题,经过和知识的联结、抽象,再次回到真实的世界,产生迁移。学生在这一过程中至少要经历几个阶段:在真实世界中观察与调查,提出问题;与以往所学的知识建立联系,建构理解或运用推理、批判性思考和模型进行设计;形成相关的模型或解释并进行验证;讨论这种模型、解释、设计的适切性,进行修订与完善。探究性实践是实践课堂中的关键环节,但在不同的学习中侧重能力略有不同。我们认为,STEM学习中的探究侧重工程设计能力,项目式学习中的探究侧重解决实际问题的能力,研究性学习的探究侧重研究的过程经历。

(一)STEM探究性实践

工程设计是STEM学习的关键,一般的工程设计流程分提出问题、建立知识联系、制订解决方案、构造和测试、分享解决方案、评估改进解决方案几个环节。下面以“我的机械臂”课程为例,通过展示兼具挑战性、趣味性和可操作性的学习工具与教育解决方案,呈现我校教师在培养学生实践素养中的课堂设计。这些设计体现了跨学科学习和培养学生运用多种学科知识解决问题的能力。学生在强化学科素养的同时,能用新的态度和思维方式去认识世界、感受世界,从而激发学生的想象力和创造力,在STEM学习中培养了批判精神、创新意识、合作意识,并发展了相应的综合素养,特别是实践素养。

【案例5–5】 我的机械臂

1.提出问题

创设真实情境,明确要求。

六一儿童节的游园活动,新增了"隔空取物"小游戏,怎样才能取到远处的物品?为了顺利参加"隔空取物"的游园小游戏,要求同学们自己设计制作一款多功能机械臂。

任务要求:能夹到1米以外的物体,能夹出不同形状、重量的物品,自由伸缩,便于收纳,控制成本。

2.建立知识联系

教师展示常见的取物工具,要求学生仔细观察每一种取物工具的特点,教师可以先组织学生进行头脑风暴,接着每个学生画出自己构思的机械臂草图,然后组长组织进行小组内部论证讨论,选出组内最佳设计方案。

3.制订解决方案

①确定机械臂设计方案:学生分组讨论,以原有设计图(见例图5.2)为基础,构思新的设计方案。设计图要考虑夹子的大小及夹物的稳定性、机械臂可伸缩收纳、每个结构的材料及成本、详细的尺寸等。

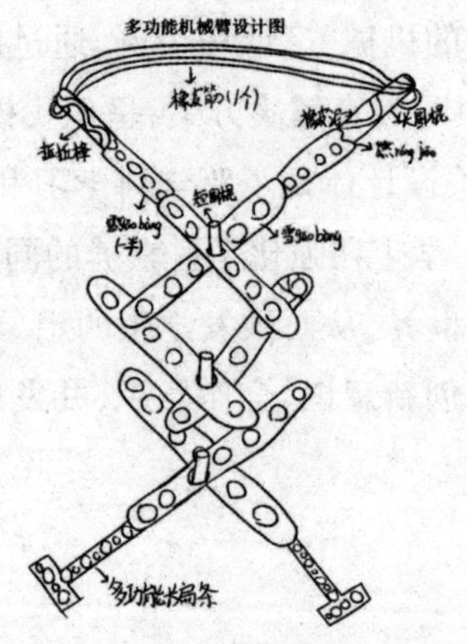

例图5.2　多功能机械臂设计图

②插入选择合适的材料。(考虑材料的性能与成本)

4.构造和测试

①制作模型:制作多功能机械臂模型。机械臂具有取物平稳、伸缩自由的特点。

②测试模型:小组竞赛,开展机械臂大赛(见例图5.3)。

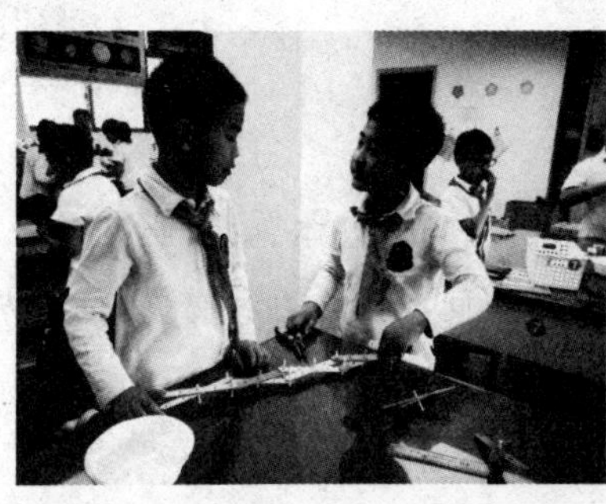

例图5.3 小组竞赛

每组有两次机会进行1分钟"隔空取物"小游戏,并将夹取的物品记录在学生手册上。选取得分最高一次作为本组最终成绩。

5.分享解决方案

交流设计:"隔空取物"活动总结。每组派代表对自己的机械臂制作活动进行总结分享,要求结合数据规律对比赛结果进行分析,条理清晰,论证有据。

6.评估改进解决方案

总结性互评:最佳机械臂评选。教师组织每组将"隔空取物"的物品得分与成本得分进行汇总,总得分最高者的机械臂获得"最佳机械臂"荣誉称号。

优化模型:机械臂加固。根据全班讨论,各小组对自己的机械臂进行加固,让自己小组的机械臂更加坚固稳定。

(二)项目化探究性实践

项目式学习是一种探究性实践,它以解决问题为目标,让学习的重心从记忆事实转移到对可迁移的重要概念和知识结构的深层理解,促进学生思

维能力的发展。学习一般分入项活动、知识与能力建构、探索与形成成果、评论与修订、公开成果、反思与迁移几个环节。下面以“春天的鸟”之“游戏棋设计”项目式学习为例进行介绍。

【案例5-6】 游戏棋设计

1. 入项活动

• 明确研究内容，制订研究方案。

• 以小组为单位展示一份研究方案，研究方案基本包括：研究内容、研究目标、研究过程、研究成果的初步思考。组间相互学习和交流，讨论方案的合理性和可操作性，方案定稿。

2. 知识与能力建构

• 学生收集、整理鸟类的相关知识，重点关注鸟类保护方面的信息，包括鸟类的天敌、鸟类保护组织机构有哪些等。

• 借助实物了解游戏规则的设计特点，确定小组游戏棋的基本类型和特征（见例图5.4）。

例图5.4 讨论确定游戏棋特征

• 制定鸟类游戏棋规则，通过小组讨论确定游戏棋的基本类型。

3. 探索与形成成果

• 小组合作尝试绘制游戏棋。设计内容包括：基本结构、绘图、装饰、规则内容、可操作性、游戏时间等。

• 游戏棋初稿交流，介绍棋面设计的原理、特点和游戏规则；其他小组肯定优点，指出问题。

4. 评论与修订

• 小组汇报，讨论修改。根据介绍时收集的意见，进行棋面修改，游戏棋完成定稿。

• 小组内完成项目相应的记录单及评价表，能及时进行自我评价。

5. 公开成果

• 各小组对其作品的设计思路和设计特点进行描述与展示。根据组间交流的结果，各小组反思、完善自己的项目作品及研究报告。

• 游戏棋终稿评选：各小组作品以张贴、陈列的方式进行班级展示。学生互相参观，并用投票方式进行评选。

• 游戏棋推广使用：最优作品被印刷制作成巨幅成品铺放在操场上，供全校学生体验互动；部分作品被打印成小幅成品作为体验的奖品分发给参与活动的学生(见例图5.5)。

例图5.5 游戏棋在全校推广展示

6. 反思与迁移

撰写反思笔记。学生总结活动经验，及时记录活动中的问题，思考解决方法。

在项目式学习案例中，教师充分放手，不再告诉学生该怎么做，而是让他们自己去发现。如在探究过程前面的大半段里，教师实施的是非指导性教学，由学生自己去摸索、去反思、去总结，从而为学生自主建构个人知识以及依照自己的思维方式去认识世界提供机会。在这一探究性学习过程中，包括问题提出、方案设计、过程开展、结论取得等环节，在很大程度上都是学生自主建构和完成的。学生不仅自主建构了关于不同游戏棋的知识，而且通过亲历探究以及事后的反思与总结，自主建构了关于探究过程中的规则使用、用户体验、游戏效度的概念。

在整个过程中，学生的知识成为关注的焦点，学生拥有机会去解释他们的探究过程、思维过程和方法。其中，教师也提供了一些支持和帮助，在讨论的过程中和最后总结时，运用自己的知识参与对学生探究的质疑和提升。如在学生讨论时，教师也参与其中，不时地参与一两句质疑或反驳的话，最后，在学生总结经验教训的基础上，教师进一步给予提高。

二、技术性实践

信息技术是当代社会发展最为迅速、影响最为深远的技术。它不仅是学生学习的对象，也是学生学习的工具。作为21世纪的小公民，善于运用各种技术工具来辅助自己的学习和解决问题，对于在实践中形成信息素养，提高信息收集、处理和交流的能力具有重要意义。信息技术不仅可以扩展学习方式，丰富学习路径，并且正在重构学习环境、学习内容乃至学习目标。

技术性实践强调在实践活动中，小学生除借助传统学具，更要借助计算机和网络获取、处理、表达信息并加以解决实际问题、开展学科学习；在活动中感知信息的重要性，初步形成良好的信息意识；通过动手操作，掌握常见信息处理工具的收集、处理信息的操作与方法；形成积极参加信息技术活动，主动探究信息技术工作原理和信息科技奥秘的求知欲；在参与实践活动的过程中，观察、思考和讨论与信息技术应用相关的社会现象，养成适当的信息技术使用习惯。

（一）STEM技术性实践

STEM学习强调成果产品化，学习过程中工具的使用是必不可少的。这里主要从技术操作的表现形式进行介绍。技术操作可分为三大类:第一类工具,包括安全使用各类手工工具(剪刀、标尺、夹子、锉、榔头等),餐具或炊具(刀、叉、筷子、电磁炉、煤气灶等),仪器(酒精灯、显微镜等),设备(电脑、3D打印机、小型切割机、打磨机、钻孔机、无人机等);第二类软件,会用操作系统软件、(计算机、平板电脑、手机中的)应用软件进行编程,AR或VR技术的使用;第三类了解相关材料的使用性能和经济成本,对选择的材料进行实验和创造性制造。以"奇妙的密铺"为例,来介绍在反馈结果环节中的AR技术验证是如何运用STEM技术性实践的。

【案例5-7】 奇妙的密铺

1. 小组汇报:发现提供的三角形和四边形都能密铺。

2. 教师提问:任意画的可以吗?

学生用AR技术检验任意三角形和四边形,结果大致分为三类:直接扫描所画的图形(见例图5.6);电脑显示学生绘制的图形(见例图5.7);点击密铺按钮,图形自动密铺(见例图5.8)。

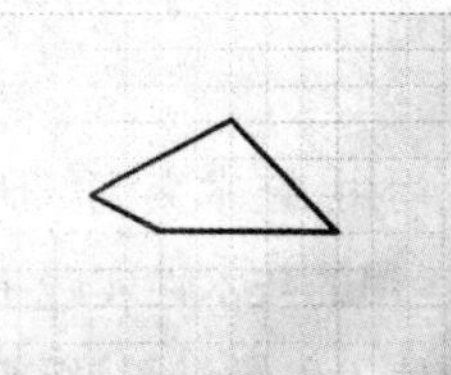

例图5.6 直接扫描所画的图形

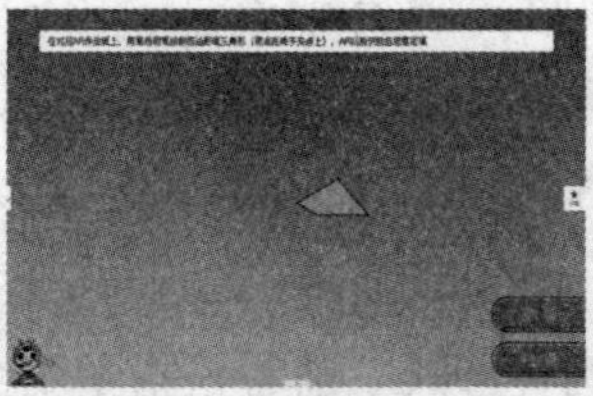

例图5.7 电脑显示学生绘制的图形

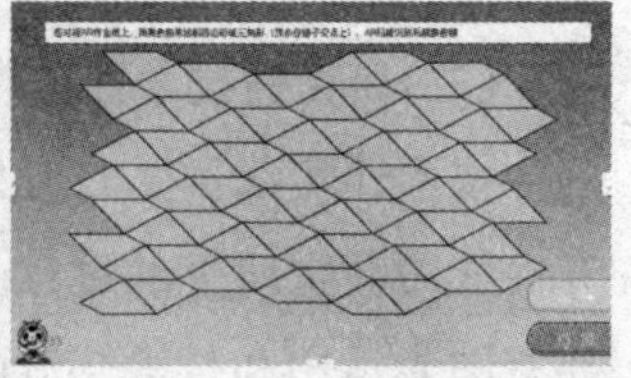

例图5.8 图形自动密铺

3. 全班讨论:为什么可以密铺?

四边形内角和是360°,它的四个角正好能拼成一个周角。任意四边形都能密铺。(学生黑板实物演示)

学生自主尝试任意三角形AR扫描密铺(见例图5.9)。

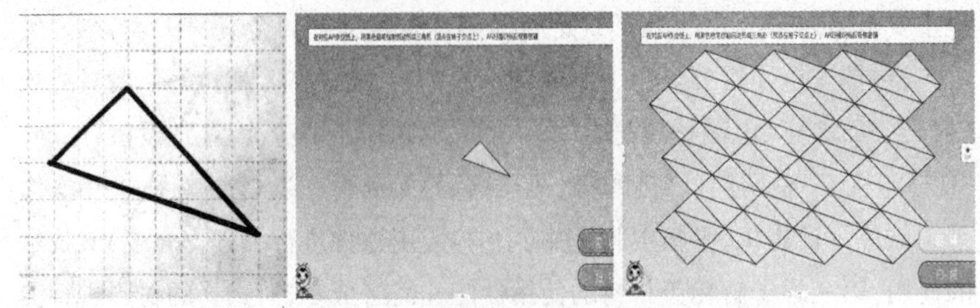

例图5.9　任意三角形AR扫描密铺

小结:正三角形和正四边形是密铺图形,任意三角形和四边形也能密铺。

AR技术有助于支持学生发展空间观念,进行数学抽象和数学推理。在本节课中,虚实结合的AR技术赋能课堂,体现了技术性实践的强大优势。在解决任意三角形和四边形是否能密铺这个问题时,学生遇到了瓶颈,如果让学生在课堂上现场制作若干个相同的图形来操作,需要很长时间,单凭实物很难快速让学生判断任意三角形和四边形是否密铺。基于学生动手画出的图形,借助AR技术,将真实切换到虚拟,计算机进行快速拼摆,验证结果。真实世界信息和虚拟世界信息叠加,用到真实课堂中,增强了可视化、交互性,实现了技术和课堂的完美融合。

(二)研究性技术性实践

技术性实践主要有三种表现形式:技术操作、图表运用、技术交流。研究性学习注重研究的过程。在具体研究过程中,学生运用的技术性实践主要有图表运用和技术交流两种形式。前者是指学生会使用思维导图、组织图、数据表等可视化的思维工具,后者是指学生能运用软件、设备、图表等多种技术、方法与他人交流、沟通。

1.图表运用。学生在玩落叶的过程中,发现不同的人吹落叶的数量、大小都不一样,于是他们通过讨论决定做一个"疾风吹落叶,名堂在其中"的实验。具体解决的问题如下:一次吹落的叶子最多可以有多少片?最少有多少片?男生和女生比,谁吹得多?不同年级的学生吹的量会不同吗?哪个年级多,哪个年级少?得出的研究成果除了用普通的数据呈现外,学生还运用了图表形式,进行对比说明。参加总人数为279人,占全校人数的

40%，其中男生共133人，女生共146人。总体吹落量数据为男生481片，女生390片(见表5-4)。学生还统计了不同年级的吹落量，发现它随年级增高而增大(见表5-5)。此外，学生针对个人的一次吹落量进行统计，制成对比图(见图5-9)。

表5-4　男女生吹落量比较

项目	男生	女生
吹落量(片)	481	390
人数(人)	133	146
吹落比(片/人)	3.62	2.67

表5-5　各年级学生吹落量比较

年级	吹落量(片)	人数(人)	吹落比(片/人)
一	39	28	1.39
二	137	53	2.58
三	256	91	2.81
四	235	62	3.79
六	204	45	4.53

注：因五年级全体学生参加学军生存训练，没有参与本次活动。

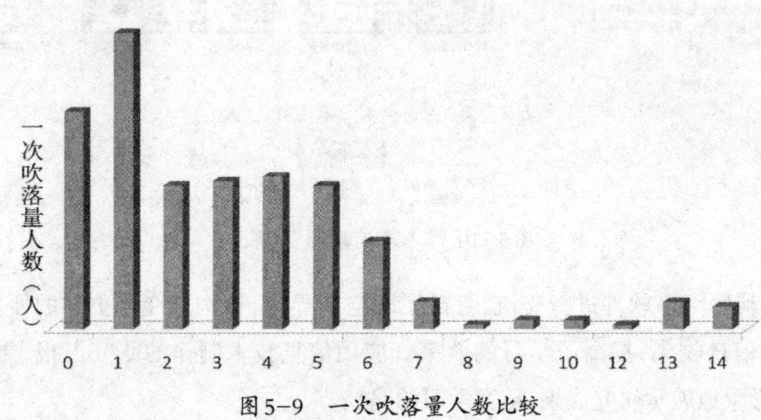

图5-9　一次吹落量人数比较

孩子们学习研究的主题是在他们玩落叶的过程中提取的，为了解决吹落叶量的问题，他们自己设计了项目方案，进行了实验活动，在实验结束之后他们还利用技术手段统计、分析数据，最后得出实验结论。这种图形处理信息的方法帮助学生把思维可视化，有利于问题的解决。

2.技术交流。2020年春，新冠肺炎疫情为师生开辟了另一个时空网络，让我们更好地实现了“停课不停学”。确定研究课题后，班主任收集了全班同学的选题，根据选题类型相近和同学自愿原则组成网络学习小组进行小组讨论、分工。年级组的老师根据自己的专长，进入到各个网络小组，成了同学们的贴身军师。学生一遇到疑难问题就随时可以和老师沟通请教。热心家长也参与到课题研究之中，利用自己的专长帮助孩子们排忧解难。一个月的研究性学习之后，六年级学生都交出了自己的研究报告，还制作了PPT或者微课，和同伴分享自己的研究成果（见图5-10）。

图5-10 “人人有课题”成果

利用网络软件进行交流，打破了时空的界限，让沟通变得更加的便捷，加快信息收集，提高了学习的效率。应用信息技术制作的研究汇报，更直观、形象地展示研究成果，拓宽学习的路径。

三、调控性实践

调控性实践在拓展性课程的学习中表现得最为突出。比起仅仅为了完成考试、评级或是为了获得老师和家长的认可而进行的学习，学生对拓展性课程更有主动性。但拓展性课程学习具有时间周期长、答案不确定、认知要求高、自主性要求高等特点，对学生的自我调控、反思、计划性、时间管理等能力提出了更高的要求。我们整合了非认知技能、社会性情感学习、成长性思维、学习品质等多个领域的研究成果，结合拓展性课程的特点，提出了调控性实践的主要表现：投入学习、专注与坚持、成长性思维、调控情绪、计划与反思。这些表现主要通过学生在项目式学习和研究性学习中得以展现。

(一)项目化调控性实践

项目式学习集中关注多个学科的中心概念和原理，旨在把学生融入有意义的任务完成的过程中，让学生积极地学习，自主地进行知识的建构，以现实的、学生生成的知识和培养起来的能力为最高成就目标。在学习的过程中关注调控性实践，提升自我调控能力。“纸箱变变　创意无限”项目是我校第十八届“金钥匙”科技节的主题活动。与以往拼盘式科技活动不同，本次科技节利用项目式学习的方式，以纸箱创作为主题，让全校学生更加集中、高效、团结地创作项目产品。我校科学组张忠华老师主持的“纸箱变变　创意无限”案例较好地展示了在项目式学习中如何实施调控性实践。

【案例5-8】 纸箱变变　创意无限

【项目任务】

全体学生利用身边随处可见的纸筒、纸盒、纸箱为原材料(即作品主体)，“变废为宝”，制作成充满科学元素的创意作品。该产品要求包含一定的科学元素(声、光、电、磁等)，一至二年级的作品至少有一个科学元素，三至四年级的作品至少包含两个科学元素，五至六年级至少包含三个科学元素。该产品可以个人制作，也可以团队合作。

【项目实施过程】

本项目分三个阶段进行，具体安排见例表5.2。

表5.2 项目实施内容及过程监控

阶段	内容	过程监控
准备阶段	发布活动通知，学生收集资料，进行前期准备	活动任务安排、学生完成作品结构的初步设计
实施阶段	学生利用创意盒子活动手册，记录自己创作的过程，包含设想（计划）、制作、修改、反思等	
展示、评价阶段	每位学生设计作品海报，填写作品创意制作说明书，递交作品，并在指定场地进行展示。根据作者现场介绍，全校学生边参观边选择投票（能量币）	学生评价他人作品，对照自己作品进行反思，提出改进设想

如表5-8-1所述，学生的学习活动基本都在课余和回家时间里完成，利用身边随手可及的材料制作，学生参与积极性很高，制作了很多很有创意的作品。实施的过程有半个月的时间，老师通过活动手册监控和帮助学生开展设计与研究。手册中需要学生的活动计划、记录自己的设计过程，还有教师提供的制作指南，并配有反思和修改的地方。这样的设计通过持续记录研究过程，关注学生的专注与坚持。在学生遇到困难时提供支架，辅助他们自己解决问题。

（二）研究性调控性实践

研究性学习的课题类型可分为课题研究类和项目（活动）设计类，前者又可分为调查分析类和实验证实类。特别是在实施环节，最能体现研究性学习和调控性实践的特点。从活动形式上讲，由课题小组（或个人）根据研究计划决定活动开展的内容和方式；从活动场所上讲，不再局限于教室和校园场馆，而是延伸到了校外的各种场所；从学习载体上讲，也不再是固定的课本、教材，而是以问题为中心的探索和实践活动。

我校“行走德育”特色项目——走桥研学活动，涉及了从古桥到非物质文化博物馆等相关内容，主要采用调查分析办法，按照“调查——分析——结论”的程序开展。学校根据各年级学生的年龄和特点，选择一座桥和一个桥附近的非物质文化遗产开展体验式研究性学习，同时也融入了调控性实践。下面以任婷老师的“测量拱宸桥”为例，说明在研究性学习中如何实施调控性实践。

【案例5-9】 测量拱宸桥

【活动背景】

拱宸桥，历史悠久，是浙江地区保存较少的七孔拱桥之一，也是杭城古桥中最大、最高、最长的石拱桥。数学课上，三年级学生刚刚学习了“两位数乘法”，已经认识了长度单位米和厘米，掌握了一些基本的测量方法，接下来还要学习千米、分米、毫米等长度单位。于是结合行走拱宸桥，我们设计并开展了“桥长度测量”活动。这项任务既是学生“走桥”的实践活动，又是学生“量桥长”的探究过程，也是学生“数学知识”学以致用的过程。

【组织形式】

三年级4个班，鉴于场地大小、安全等因素，我们分四批进行，1个班在桥上测量，其余3个班在不同的博物馆参观。一个班35人，自愿组合，成立研究小组(大约5~7个小组)，每个研究小组由一名家长志愿者负责。

【学习过程】

1.测量前：提出问题——头脑风暴

到了拱宸桥，所有孩子都坐在台阶上认真地听老师布置任务“估量拱宸桥的长度”。围绕问题“怎么测量呢”，学生们开始头脑风暴。

经过激烈的讨论之后，学生们得到初步测量结论：

- 工具可以是软尺、米尺、绳子、步长；
- 测量方法可以用米尺从桥的一端一直量到另一端；
- 也有利用对称原理，测量一半即可；

• 还有打算测和算结合，先量一个台阶的宽，然后数一数台阶的个数，再相乘，最后加上中间桥面的长。

2. 测量中：合作测量——记录数据

头脑风暴结束后，学生们分组行动，投身于测量中。家长志愿者和老师帮忙做一些辅助性的工作，偶尔进行一些启发性的指导。比如，怎么在操作中减少误差等。

3. 测量后：计算结果——结果比较（“估测”与“实际”差距）

学生们完成测量和记录工作之后，在自己的任务单上开始计算桥长。结合桥头石碑上的数据92米，来对比自己的计算结果，自行检查和调整自己计算过程中出现的问题。

全班集合，分小组汇报自己的测量结果和过程中出现的问题及调整方案，统计正确率，进行测量方法优化、选择。

“测量拱宸桥”创设了一个开放的学习环境，提供了一个能让学生充分进行数学实践活动的机会。在真实的环境中，学生们从自己的生活经验中，因地制宜，就地取材，想出了多种测量的方案。通过小组合作的方式，集思广益，相互补充；在操作中，大家团结协作，相互完善；遇到了困难也能协同互帮互助。这样的测量比课堂中测量铅笔、桌子、黑板难度大得多，但在这样一个生动活泼的、主动的和富有个性的探究过程中，学生们活跃了思维，开阔了思路，对整个研究过程的进度、方法、情绪等做出了调控，保证了研究的顺利完成。

第五节　开放结果求创新

不论是在体艺类拓展性课程的教学中，还是在综合实践类拓展性课程的课堂上，“人人能实践”的课堂关注的都是学生在实践中提出的真实问题、探究的真实过程和实验的真实成效。对于结果，我们都会对学生强调“没有成败，只有改进”。研究性学习的结果呈现可以是图片文字的汇报、视频制作，也可以是设计图纸或是制作成品。这样的开放结果，有利于学生根据自身个性开展研究，凸显“乐学”的价值，实现学生“学”的创新。

此外，基于评价的多种功能，我们认为评价学生“能实践”的公开成果，可以是学生“制出”什么，也可以是学生能够“报告”自己和小组为什么这样做，做的过程是什么，经过了怎样的思考和调整等。这些思考和调整的过程涉及对概念、情境中的背景知识、限制条件的综合分析、推理、再设计与创造。所以，我们所说的“开放成果”往往包含两类：一类是制作或表现出来的产品，主要强调“做和表现”的制作表现类成果；另一类是用来说明这个产品内在设计理念与过程的文本、PPT或口头报告，主要强调“说和写”的解释说明类成果。当然，学生在学习过程中生成的材料，比如观察日志、过程记录、清单核查表、实验报告、项目方案、个人学习记录、小组清单、日记等也同时可以作为佐证材料。两类成果可以单独产生，也可以同时产生，成为公开成果展，共同指向核心问题的解决和核心知识的深度理解，体现学生的创新能力。

一、制作表现类成果

制作表现类成果在各种学科领域都常见，需要学生制作出来。学生经历技术性实践、探究性实践、审美性实践，都能产生制作表现类成果。这一

类成果根据呈现的方式可以分为产品展示和表演展示两大类。

(一)产品展示

产品是拓展性学习经历探究过程后形成的作品,是知识建构的外在表现。产品可以是学生制作的一个实物、一个模型、一幅画、一本绘本、一份笔记等,一般可以直接体现学生对核心知识的理解。在作品的形成过程中,学生可重构他们的理解,体验问题解决的成就感和把创意变成现实的喜悦。结果不一定需要是完美的,失败也是一种经验。在产品展示的过程中,让学生获得成功的体验,提供互相学习的机会,交流迭代,萌发更多的创意设计。

如"天天有画展"是指我校的校园绘画展览。画展由学生自主报名,学校美术组主办,通过每周一次主题绘画,天天进行展览的形式,让全校学生参观。它是学生取得艺术创作的成就或成果展示。

1.展览作品的来源

"天天有画展"的绘画作品创作采取"校内外并轨"的方法,给予学生充足的创作时间,鼓励学生"不拘一格"地选择媒介材料,创作"属于自己的"独特作品。画展作品一般以主题式分类展出。

(1)课堂作品展。选择美术课堂上的作品进行展示,原因在于考虑到"共鸣"效应,让"图像识读"走进学生的心里。学生们都画过同一主题的绘画,虽然表现的方式很多,内容表达也各不相同,但对于这类绘画作品的欣赏,学生往往均有很深的感受,便于交流。

(2)单一绘画形式画展。这类画展的目的有两个:其一是扩充课外的绘画形式,让所有的学生接触多种绘画形式。"图像"的丰富,让学生有更全面的"识读"。二是为学有所长的学生提供展示的平台。学习特殊画种的学生逐年递增。据调查,本校学生中,以班级为单位,一个班34人,学习各类特殊画种的学生大约在4~8人之间。学过同一种绘画的学生在识读图像时更有感悟。

(3)个人绘画展。个人画展的绘画作品往往是一些综合类绘画作品的集合。一个作品展可以看出一个孩子的学画历程。这些"图像"往往带给欣赏的学生新奇和敬佩的心理,学生会想去了解这位学生,也会激发学生学习的欲望。

2.展览欣赏的交流与反馈

在学生欣赏画展的过程中,我们会注意交流与反馈。这有助于树立学生正确的评价态度,提升学生的鉴赏水平,提高学生的表达能力,掌握正确的评价标准和评价方法。

(1)画展中填写欣赏卡,让学生懂得感知美。鼓励审美个性,就是要求学生不仅能学会欣赏艺术品,而且能做出自己的审美判断。对同一审美对象,不同的学生,不同的心境,不同的经历、学识和情感个性,就会有不同的审美意味和不同的理解。在"天天有画展"活动中,教师准备了鉴赏卡(见表5-6),用于引导学生评价画展作品。鉴赏卡关注到了学生的审美感受,鼓励学生用自己独特的视觉感受艺术作品,使学生的情感与对象产生共鸣,审美的想象力自然会得到自由的发展。

表5-6 "天天有画展"鉴赏卡

鉴赏卡		
你喜欢哪位同学的绘画作品?	为什么喜欢这张画?	你想对这位同学说些什么?

(2)课堂中交流,引导孩子正确欣赏。自"天天有画展"活动开展以来,每节课前5分钟,教师会与同学们一起分享画展中优秀作品的鉴赏卡。在老师有意识的引导下,学生有内容地去表达对某一张作品的感觉,而不再是"画得很好、颜色好看"空洞的表达。在彼此的交流中,学生的审美能力有所提高。

(二)表演展示

表演展示是指以演唱、演奏、综合艺术表演等形式进行成果展示,常用于语言学科类、体艺学科类。这里主要介绍在音乐方面通过不同的表演形式展示学生的学习成果。

演奏表演是学生体验和感知音乐要素的一种形式,是节拍、力度、情绪等元素外化的表现。如在学习了节奏的变化后,学生以杯子为道具创编乐

曲。通过变花样“玩”塑料杯,来演绎一场手掌和杯子的合奏。这种创编没有特定的呈现形式,更像是一种创意,可以展现出不同的节拍,不同的排列组合。又如在水果音乐会中,学生利用水果和Scratch编程软件设计创意编钟,并通过小组和全班演奏的形式合奏《彩云追月》,开了一场别开生面的音乐会(见图5-11)。学生在演奏的过程中能享受音乐、掌握音乐要素,同时也能提升成就感和自信心。

图5-11　全班合奏《彩云追月》

综合艺术表演是指在舞台上的各种实践活动,是音乐学习的重要组成部分。学校通过“时代最强音”“炫舞时代”“器乐沙龙”“丑小鸭”艺术节及“花裙子”节合唱比赛等课内外结合的音乐实践活动,为学生搭建了丰富的展示平台。孩子们有的一展歌喉,有的演奏动听的旋律,有的表演优美的舞蹈……动听的音乐就像飞舞的蝴蝶扇动着灵动的翅膀,让孩子们充分感受到音乐的无穷魅力。除了在校园内给学生提供艺术表演的机会外,学校还组织学生参加各级组织的中小学生音乐表演活动,各类有意义的公益性演出活动,虚心向其他参赛或参演人员学习,取长补短。近年来,学校老师多次带领学生赴央视参与节目录制。学生灵活运用音乐综合能力,将所学的音乐知识有效迁移到实践中,在活动中提升音乐素养。

二、解释说明类成果

解释说明类成果通常在语言、人文领域比较多，主要是介绍为主，可以是汇报研究的过程、介绍研究的方案、研究成果的报告、说明书等。学生不仅仅是发表一些综述或感慨，而是指向核心知识进行阐述和说明。

（一）研究报告

研究报告是研究成果的记录，并对研究内容提出建设性意见建议、对策等。同一个主题可以有不同的研究内容，同一个研究内容可以有不同的研究报告。学校鼓励学生关心身边的事物，保持好奇心，积极探索方法以达到"人人有课题，个个善研究"。

【案例5-10】 "小河长"

在水质保护"小河长"研究活动中，学生按小组研究形成了不少有意义的水质研究报告。有的提出建立河流的活水体系加速水的流动性，从而增加河流自我净化的能力；有学生设计并制作了"河流自动多功能清污船"模型，以太阳能发电为动力，通过装置使河流的水质、淤泥等得到控制；还有学生设计的"漂浮过滤器"以风力和电力为动力来源，自动清理水面的漂浮垃圾和水中的悬浮物……学生通过设计与技术来解决污染问题，成为治水解决方案的创想者，积极主动地投身于保护河流的社会活动中（见例表5.3）。

例表5.3 "小河长"项目研究报告

研究项目	"小河长"项目研究报告
小组分工	组长：分配任务、购买材料、设计方案 组员1：分析水质，设计方案 组员2：采集数据，设计方案
数据采集	水质检测（pH值、色度、浑浊度、气味），水中生物、微生物等（略）

续表

研究项目	“小河长”项目研究报告
产品设计方案	我们组的设计宗旨是通过机制使我们的后花园水质、淤泥以及鱼的肥胖程度得到有效的控制。 我们组的设计主题是一艘船，第一个特点是船头模仿古代的木船，船尾则模仿天鲲号的“凹”形船尾设计，但与其不同的是它的船尾凹下去的地方是铲泥的，而我们船尾凹下去的地方则是主推进器。这样可以节省大量成本并且保证船能平稳前行，也不会让鱼儿进入推进区。 第二个特点是拥有一套独特的供电系统。船上配置了6台12伏的水力发电机，只要先让抽水机启动，船就能持续不间断地为整艘船供电。我们将2台水力发电机算为一组，配置了能显示每组发电量大小的芯片。大家可能认为电流那么大会不会将所有推进器烧坏，导致船发生故障？船上配置了将12伏电流变为3伏电流的变流器，为我们的推进器供电。 第三个特点是船上有一个形似电梯一样的东西，我们叫它“水底电梯”。它是为我们铲泥的设备，它接通抽水机，将淤泥抽上来，并且经过特殊的方法将淤泥和水分离，淤泥进入储泥盒、水进入过滤区。 第四个特点是运用了某种东西来增大水压，使水力发电机能发出更多的电。 （改进略）

（二）TED演讲

“时代TED”是专门为时代学子搭建的综合展示核心素养的演说交流平台，鼓励学生们“异想天开”，展示各种爱好、思想和观点。每个学生选择自己感兴趣的内容进行研究，通过TED的演讲方式在班级进行展示。每月第一周的周四中午进行全校的TED演讲活动。每期至少邀请4位学生演讲，各年级组为单位参加听讲活动。每位参与演讲的学生和指导者都会获得时代TED演讲证书和指导证书。每个学期末组织一次微信投票，评选出一个学期的时代TED大奖，并颁发荣誉证书。

在以“我的热爱”为主题的TED演讲中，孩子们天马行空地介绍自己的爱好，给大家带来一场无与伦比的听觉盛宴。六年级的小杨同学热爱钻研古代诗词，一代悲剧才女朱淑真的故事被她讲得波澜起伏。从幸福烂漫的童年，到嫁与粗俗小吏而幽怨悲伤的年轻时光，再到最后被丈夫软禁的凄凉生活，引人入胜的演讲博得在场观众的阵阵掌声。

有的孩子追忆遥远的古代，也有的孩子向往遥远的未来。小孙同学《寻找另一个"地球"》的演讲把我们从地球带到了硕大的火星。

根据"美国宇航局发现火星上有'水'的存在"这一报道，小孙同学进行了论述。他的精彩观点引发了在场小朋友们的思考，大家对于火星上是否有生命这一问题展开了激烈的讨论。

时代的孩子不仅关注遥远的太空，也关注我们赖以生存的地球，更关注与我们生活息息相关的杭州。如小彭同学就当起了"小老师"，带领着时代学子好好地玩了一把"杭州话"。他最后呼吁全体同学，千万不要等没人说杭州话了，杭州话变成非物质文化遗产，才想到保护！他希望保护语言文化的情怀能渗入每个同学的心田。

小夏同学以"我的摄影，我的爱"为题，展示出一个光与影的世界。她的摄影经历和摄影作品迎来孩子们的阵阵赞叹。一幅《饥饿的苏丹》向大家展示的不仅是景，更是深深的情。

三、公开成果展

公开成果展可以通过展览或交流的方式来进行，一般同时包含制作表现类成果和解释说明类成果两种形式。公开展示自己的作品不仅可以让学生的学习变得更有动力，还让学生再次回顾自己的项目历程，促进学生反思，让他们所学的知识变得可视和易于讨论，同时让整个项目变得更具真实性。特别是布置成仪式感、代入感很强的成果展，往往会给参观者留下久久难忘的印象。

时代学子可以把作品放到网络上，展示在墙上，还可以把产品提供给现实生活中有需要的人。成果展的目的不是展示精致而美观的作品，而是要展现学生对所学概念的理解和把握，同时庆祝学生自己与团队共同完成了富有挑战性的任务，让学生有仪式感和获得感。时代小学公开成果展的范围可以是小型的班级活动，也可以是大型的校园活动，其中游戏体验和产品

营销类成果展最受学生欢迎。

(一)游戏体验类成果展

游戏体验类成果展主要通过游戏的形式,以学生个人或者团队共同完成富有挑战性的任务。学生应用在学习过程中获得的知识设计游戏,绘制海报,制定规则,开展游戏组织,同时也会参与到其他不同的体验游戏中。让学生置身于真实的情境中,参加实践活动,获得学习体验,就是给学生提供一个适于创造的环境,去经历一个亲身实践的创造过程。在这样具体操作的过程中,教育教学变得可触、可融,学生置身其中的认识、体验、感受、感悟变得真实,逐步建构起属于他们自己的知识和能力。在游戏过程中边玩边学,知识得到应用,同时也获得了巨大的成就感。

我校第十八届“金钥匙”科技节的主体活动“纸箱变变　创意无限”,让学生将身边随处可见的盒子“变废为宝”,制作成充满学科元素的创意作品。学校会选择周二的一个下午在操场上进行科技节游园活动。所有学生把作品和说明海报统一摆放在操场的指定位置进行展示与演示,供全校师生和家长参观、评比。学生们的作品极其丰富,涉猎广泛,有电动风车、纸箱小车、乐高机器人、新能源纸箱屋、机械吊臂等。学生把作品设计成游戏的形式,让其他同学通过支付游戏币参与游戏互动,动手操作,体验作品的特点,了解制作的过程。五年级小魏和小许两位同学设计的产品是“智能小屋”(见图5-12),红色的窗帘可以自动拉上和打开,房子里面有太阳能面板,窗帘拉开后房间里的台灯会亮,还有自动喷淋系统。这个作品在现场收获了很多同伴的游戏币。

图5-12　智能小屋

在四季课程中的公开展示会上，游戏体验类的活动是学生自主设计的。如在“春天的鸟”之“棋类设计”展示环节，年级评选出了最受欢迎的4幅鸟类棋，印刷制作成巨幅成品投放在操场上，供全校学生体验互动；部分作品被打印成小幅成品作为体验的奖品分发给参与活动的学生。孩子们设计了不同数量的游戏通道，在规则设计中加入了“鸟的天敌”和“保护机构”等知识，比如遇到“国际保护协会”就可以直飞到终点；部分棋面设计为闯关模式，要回答出“鸟的成语”或是“鸟的诗歌”才能继续前进，这可是难倒了不少小朋友；也有将鸟棋设计成“纸牌”形式，现场翻出“命运牌”，什么命运由你的运气和鸟的知识储备量来决定（见图5-13、图5-14）。棋类体验游戏受到全校师生的喜爱。

拓展性课程突破日常普通的课堂教学模式，在更大的空间和时间里，学生学着合作、学着思考、学着动手、学着研究、学着展示、学着如何更好地学习，在研究中不断提升自身的综合素养和学习能力。

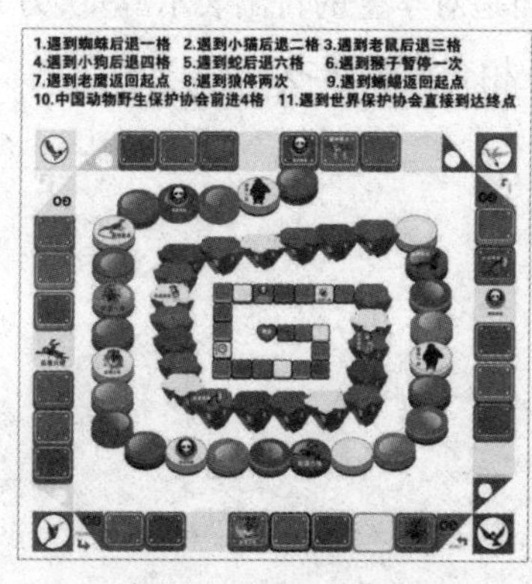

图5-13 “鸟之棋”之大闯关

图5-14 “鸟之棋”之命运牌

（二）产品营销类成果展

产品营销类成果展示会不仅是把学生的作品进行展示，而且需要学生负责对产品进行销售，把产品提供给现实生活中有需要的人。这就需要学生在学习的过程中，除了对产品进行制作外，还能对其特点、功能进行归纳总结，设计推广说明。整个产品营销活动模拟现实生活中的销售模式，学校就变成了一个超级市场，学生既是产品的制作者，又是买卖者，锻炼了学生

的社会参与实践能力。

在四季课程“秋之果”项目化研究学习中，学校分年级进行了“秋果储藏间”“秋果物流所”“秋果欢庆会”“秋果博物馆”“秋果创客坊”和“秋果出版社”6大类40余个主题研究，并成立了100余个研究小组进行主题学习。历经一个月，学校举行了“秋果”项目学习成果展示会。全校800多名学生做游戏、“玩”课程，把学校变成了一座瓜果飘香的乐园。

学校的“星光长廊”变身“秋果博物馆”，高年级的学生带了榨汁机、电磁炉、保温瓶等设备，制作水果茶、果汁、果酱、饰品等各色果实加工产品，学校的小礼堂传来学生们用水果演奏的电子乐曲。在这些场面背后，学生们承担着各类角色：设计水果广告词的小小设计师、制作运输工具模型的小小工程师、输送水果的小小快递员、制作水果茶的中药师、制作各色秋果糕点的厨师等，组织有序、分工明确。学生们在展示会上快乐地“工作”。

重视学生们的劳动成果，给予他们成果展示的平台。这场产品展销其实就是给学生们一次集体展示的机会，一方面是对学生的付出表示尊重，另一方面也是提供一个平台，让学生在活动中互相交流和学习。

第六章

指向“人人会合作”的课堂

21世纪的社会是合作的社会，学会合作是时代和社会提出的重要教育命题。一方面，课堂是学校教育的主阵地，无疑也是培育学生合作素养的主阵地。唯有课堂的深刻变革，才能对“人人会合作”品性的养成产生积极而深入的作用。另一方面，“人人会合作”的课堂是一种双边和多边的活动，既有教师与学生之间的互动，也有学生与学生之间的互动。生生之间的互动又包括学生个体与学生个体、学生个体与学生群体、学生群体与学生群体等彼此之间的互动。也就是说，因为有“合作”因素的参与，课堂教学已不仅仅是个体认识的过程，同时它还是一个交往与审美的过程。

第一节 “人人会合作”素养的理论依据

合作是人类最常见的生活方式，也是古已有之的一种重要思想。早在2000多年前，我国教育名著《学记》中就有“独学而无友，则孤陋而寡闻”的表述，强调受教育者要在学习过程中找到志同道合的合作伙伴。当前，我们处在一个全面合作、时时合作、处处合作的时代，是否愿意与人合作，是否善于与人合作，影响着一个人的终身发展。合作是新时代对人才的基本要求，是获得快乐人生的基础，是与他人和谐相处并融入社会的关键。对小学生来说，培养合作素养，有利于形成他们丰富而健康的个性，并提升所在集体和团队的核心竞争力。

一、合作是习得社会技能，满足社会需求的必备技能

“社会参与”是中国学生发展核心素养的重要指标，学生只有在社会参与中才能学习处理自我与社会及他人的关系，养成现代公民所必须遵守和履行的道德准则与行为规范，增强社会责任心与使命感。而合作素养则是学生参与社会最重要的素养之一。不管是工作、生活还是学习，每一个个体都离不开合作。经济合作与发展组织（OECD）将核心素养界定为三大类能力，其中一类就是“同异质集体构建良好关系、解决冲突的能力”；美国则将“21世纪技能”简要概括为4C技能，其中一个C即沟通能力与合作精神（Communication & Cooperation）。可见，培育合作素养已经成为全球教育的共识。

同时，在科技高度发达的今天，合作是一个人生存的需要。当代人要掌握社会技能来适应日益复杂的社会，才能在竞争与合作中保持其自主性和

独立的人格。人本主义理论家罗杰斯认为,一个“完整的人”是“能在各种活动中与他人有效合作的人”;不是为他人的赞许,而是按照他们自己的社会化目标而工作。

合作、与人共处的能力是21世纪公民必备的基本素质,但这样的素质和能力不是天生就有的,而是通过后天习得的,这些都需要教育来实现。尽管合作学习理论的主要代表人物在合作学习必备要素上的看法不尽相同,但在人人要为小组尽责、成员之间互相依赖、要具备一定的合作技能、尽可能互动学习等方面的见解却是殊途同归。专家们之所以对合作技能再三强调,就是因为习得社会技能、增强团队精神是小学生走出课堂、走向社会的必需,是他们融入社会、更好生活的生存技能之一。

在深化课程改革的进程中,我们的课堂已经从知识本位转向素养本位,因此合作素养的培育也正是我们基础教育课堂变革的重要任务。合作是与这个世界、与他人共存共处的重要因素,是一种十分重要的人际交往方式,特别是在全球化进程中,如何与不同文化背景的人合作更是一种必备的能力。对于小学生而言,合作既是一种学习内容,也是一种学习方式。在SMART灵动课堂中,我们把“人人会合作”作为素养目标之一,让每一个学生在合作中成长。

时代SMART灵动课堂中关注学生“人人为我,我为人人”的积极互赖、人人尽责的合作意识的培养,也关注学生倾听、认可、接纳等合作交往技能的训练以及在此基础上合作小组互动学习的方式和方法习得。我们通过学科学习,结合项目化、游戏化、场馆式学习,让学生从一年级就开始经历合作和合作学习,促使产生合作认知,掌握合作技能,形成团队意识,为学生的后续发展奠定基础(见图6-1)。具体包括:会倾听,尊重和理解组员的意见;会向组员做出必要的妥协,并掌握妥协的灵活性、原则和意愿;能与组员承担共同责任,协同工作;能珍视每个团队成员的个人贡献。

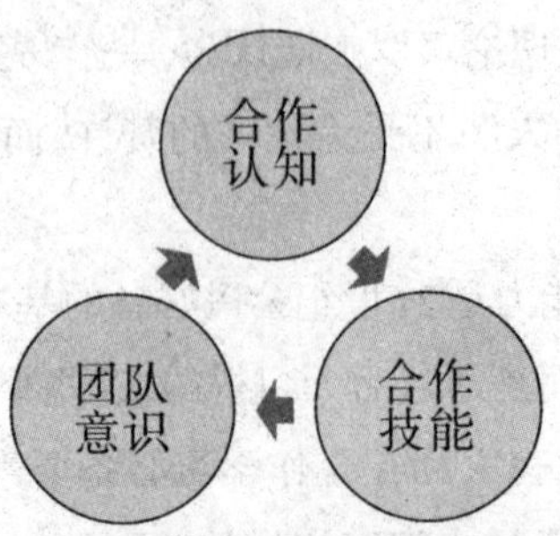

图6-1　合作学习形成关系图

二、合作是创建对话课堂，实现课堂转型的必然要求

新学习观认为，学习是一种社会的、文化的活动。相应地，学校的课堂也不是单纯字面意义上的物理空间，而是一种社会的、文化的空间。课堂的构成不仅有教师、学生和教材三个要素，还有学校、家庭、社会的因素。这些因素之间彼此持续影响，彼此交互制约。课堂不再是简单的教师向学生传递知识的场所，更是一个需要相互倾听，共同探索未知世界的场所。[①]在某种程度上，课堂是社会的缩影，课堂转型意味着孩子要学会与世界对话，而教师则要为每一个学生的学习和成长打造多声对话的课堂世界。如果说教学是为了促进学习，那么，就要在课堂上完成内化和外化的协调与循环。[②]但是，现在的课堂在很大程度上对学生来说是"内化课堂"，学生听讲、思考、想象等都是心理内化工作，学生开展讨论、动手操作等外化工作在课堂上时间不充分。我们期望，通过教学范式转型，课堂能从内化为主逐渐过渡到内化和外化合理配置。

我们认为，课堂学习从本质上来说是一种对话性实践，是以教材为媒介的师生、生生积极对话活动的生成过程。日本学者佐藤学在《学习的快乐：走向对话》一书中倡导"对话学习的三位一体论"。他指出，课堂教学活动绝不是提供或灌输现成标准答案基础上的知识与技能的积累，也不是凭借积累多寡进行竞争的活动，而是每一个学习者逐渐琢磨、认识周遭自然与

---

① 钟启泉.课堂转型[M].上海：华东师范大学出版社，2018：165.

② 钟启泉.课堂转型[M].上海：华东师范大学出版社，2018：33，39.

社会的种种知识与技术的过程，是反复咀嚼回味所经历的生活体验和学习经历基础上形成与重建自己判断的活动；是其在与新的自然世界和社会世界相遇和对话；在与形成了新的思考和见解的新的自己相遇和对话；在与具有不同思考和见解的学习伙伴之间的相遇和对话。正是这些多重对话，让学习者形成了对世界的新的认知以及新的人际关系，从而感受到学习行为本身带来的乐趣与喜悦。①

基于以上认识，我们认为，"人人会合作"的课堂应该是学生个体之间或群体之间为达到共同目的，彼此相互配合的一种联合行动、方式。时代小学的老师们通过几年时间，基于课堂互动实践，开展"对话式课堂"的研究，总结出了探究式建构性对话教学模式操作程序（见图6-2）。其中的"生生对话""师生对话"都是基于合作学习产生的互动对话模式中的一个部分。

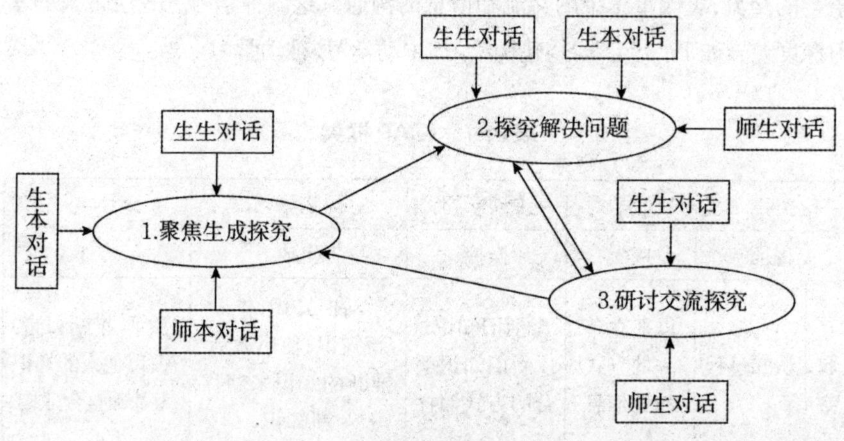

图6-2　探究型课堂对话模式

同时，"人人会合作"的课堂重视运用互动式和情感式师生对话模式，通过小组研讨加强生生对话。它通过教学沟通，保障了学生对学习活动的参与和投入，保障了学生之间的倾听与诉说，保障了同伴之间的分享与交流，保障了不同学生基于差异的理解与探究，保障每一个学习者学习权利的同时，提升每一个学习者的学习品质。

① 佐藤学.学习的快乐：走向对话[M].钟启泉，译.上海：华东师范大学出版社，2004.

三、合作是转变学习方式，互动建构知识的必要条件

美国亚利桑那州立大学季清华教授（Michelene T.H.Chi）的ICAP学习分类框架可以看作对维果斯基理论的应用发展（见表6-1）。其基本观点是，“参与就是能力”。在ICAP学习框架中，“参与”既包含个体的心理内化作用形式，也指代与他人的交互活动，即外化。按照学生参与的程度，学习方式分为四种（见表6-1）：(1)被动学习，指学生集中注意接受信息的过程，不发生其他学习心理活动，主要行为表现是“注意听”；(2)主动学习，意味着学生参与教学，通过实际学习行为操控学习材料，如画出关键句；(3)建构学习，指学生建构性地参与学习，能超越教材生成新知识，如画概念图；(4)交互学习，指两个以上的学生协同努力，通过对话开展学习。这里的对话不仅仅限于语言的交流，更侧重思维的交流和信息的沟通。这四种学习方式所带来的学习深度差异如下：交互学习>建构学习>主动学习>被动学习。①

表6-1　ICAP框架

<table>
<tr><th colspan="2">类别</th><th>被动学习</th><th>主动学习</th><th>建构学习</th><th>交互学习</th></tr>
<tr><td colspan="2">特征</td><td>接受</td><td>操控</td><td>生成</td><td>协作</td></tr>
<tr><td rowspan="3">教学或学习任务</td><td>认知过程</td><td>以孤立单一的方式储存信息</td><td>激活旧知识；以新旧知识整合的方式储存</td><td>激活旧知识，推断新知识；使用激活推断的知识来储存新知识</td><td>激活、推断和储存；以他人的知识为基础整合建构</td></tr>
<tr><td>认知结果</td><td>记忆
同一情境中</td><td>应用
相似的问题或情境中</td><td>迁移
解决或解释不同问题</td><td>创造
发明或发现新方法、解释</td></tr>
<tr><td>学习材料理解程度</td><td>最浅</td><td>浅层</td><td>深度</td><td>最深</td></tr>
</table>

① 盛群力，等．参与就是能力——“ICAP学习方式分类学”研究述要与价值分析[J]．开放教育研究，2017，23(2)：46-54．

由此我们认为，课堂教学的使命不是传递知识，而是经由协同学习，促进知识建构，进而发展素养。知识不是教学的目的，只是教学发生作用的一个媒介。合作学习关注学生发展的自主性、主动性、差异性，强调学生发展中的体验和交往过程，强调教学过程中学生个性化与社会化的辩证统一。合作学习方式的建立，给学生提供开展互助学习的场所和机会，使小组内的每一个成员都积极参与到学习活动中来，学习任务由大家共同分担，从而使学习者得以完成个人难以完成的入职任务，有利于减轻学习环境中的竞争压力，减少学习焦虑，提高学生在教学活动中的投入程度，满足学生的心理需求，有利于学生学习动机的激发和增强。同处于一个合作团队中，学生相互学习，能够不断地汲取他人的优点，反思自己的不足，有助于学生扬长避短，发挥潜能，从而不断提高学习效率。同时，在互动学习中，小组成员之间在交流、沟通的过程中表达自己观点的同时，促进了对所学知识的整合和理解，让自己的思考明确化和外显化，通过互动讨论能够更好地审视和评价自己的思维过程。①

总之，“人人会合作”的课堂是对传统学习组织形式的一种补充，为学生提供了团结、和谐、互助、愉快的学习环境。通过互动影响学生的价值观、态度、能力和认识实践的方式，突出课堂教学的情意功能，有利于学生人格和心理的健康成长，是我们努力要实现的课堂教学追求。

① 吴向丽.合作学习[M].青岛：青岛出版社，2006.

第二节　做好合作准备

美国小组合作学习的代表人物约翰逊兄弟提出了合作学习的五条基本原则：积极互赖、个体责任、面对面互动、人际技能和小组自治。“积极互赖”要求每名小组成员既要对自己的学习负责，还要为小组其他成员负责；“个体责任”确立了每个成员的行为表现对小组成功负有责任；“面对面互动”表现为成员之间互相提供帮助、分享资源、反馈交流信息、提出质疑、开展彼此信任的活动等，以提高合作的成效；“人际技能”指合作成员需要具备一定的交往技能，彼此信任、接纳、解决冲突等；“小组自治”则表明合作学习小组需要定期开展自我评价，检查小组活动情况，保持小组活动的有效性。

有效的小组合作学习模式就是在对这五个基本要素的理解和掌握基础上展开的。我们结合课堂教学的现实条件和目标设计，将合作的形成概括为准备、运行和评价三个阶段，其中团队组建、角色分配、任务分工、教室环境布置都归属于合作的准备阶段。

一、团队组建

合作学习小组是开展合作学习的基本组织单位，要拥有“会合作”的能力，前提是组建合作团队，它是有效合作学习组织的必要前提。组建一个人际关系和谐的小组也是培育小组积极互赖的良好开端。从小组组建的周期来看，有长期稳定的，有临时产生的。从组员关系来看，小组的结构有异质和同质之分。

（一）异质分组

异质分组是目前有关合作学习的研究中最常用的分组方法，也是我们最先开始运用的分组法。以我校36人的班级规模构建4人合作小组的操作程序为例，全班可以组成9个合作小组。这样构建的合作学习小组可以实现“组内异质，组间同质”。组内异质为互助合作奠定了基础，而组间同质又为在全班各小组间展开公平竞争创造了条件。

异质小组的“质”，可以狭义地理解为“智力”，现实教学中多以学生学业成绩的优异程度作为划分的标准，以保证一个合作团队中低、中、高各个层次水平的学生组合在一起；另一方面也可以广义地理解为“素质”，也就是学生的综合素养，包括学生的知识水平、思维状况、性格特点、交往能力、心理素质、接受能力、性别比例等多层次、多维度的内显和外显的表现。由于学生彼此“异”的内容很多维，所以现实课堂中的教师会依据某一维度作为主要标准来进行分组，再结合学生的性格和性别进行合理搭配，尽量让每个学生都能发挥出自己的特长，保护不同层次学生的自信心，以确保每个学生都能积极地参与到课堂学习的活动中来。

【案例6-1】 组建数学合作小组

四(4)班共36人，18个男生、18个女生，人数和性别比例都很适合平均分组。我们采用异质分组：将学生按其知识结构、能力水平、性别、身高、个性等因素分成4人一组，核心的分组依据是学生的四年级数学综合能力表现(见例表6.1)。

例表6.1 四(4)班学生期末数学综合素养得分情况(局部)

中阶数学评价维度	具体细则	①	②	③	④	⑤	⑥	⑦	⑧	⑨	⑩
1.喜欢数学，善于发现生活中的数学问题	实践作业	3	5	3	4	2	5	5	3	2	2
2.态度积极，养成专心听讲认真作业习惯	作业清订：书、作	3	4	3	5	3	4	4	3	1	2
3.勤学善思，逐步积累良好数学思维方法	AB班一学期测评成绩	3	3	4	4	2	5	3	2	2	1
4.敢于质疑，勤于反思，大胆提出独立见解	课堂发言	4	3	3	4	2	4	3	3	1	1
5.善于合作，乐于交流和展示学习的成果	小组交流	3	4	3	4	3	4	4	3	2	1
	总分	16	19	16	21	12	22	19	14	8	7

例表6.2　数学水平分类(局部)

层次	数学水平	学号	性别
A	＞20	④⑥	男男
B	16~20	①②③⑦	男女女女
C	10~14	⑤⑧	男女
D	＜10	⑨⑩	男女

根据学生的得分情况,把分数划为四个层次,分别为A、B、C、D,将学号一一对应放入汇总表,再将分组附加参考依据“性别”也放入其中(例表6.2)。从班级整体情况来看,大于20分的人数很少,这些学生平时的数学成绩基本都属于班级的前30%,数学水平和能力都是A层次水平。从例表6.2可以看出,总分过20分的只有④号和⑥号同学,像这样的同学可以分到两个不同的小组中,一般会作为组长人选。B层次的学生有4个,以女生为主。C、D层次的人数都是2人,且男女可以错开。因而从这10人中,可以将④②⑤⑩编为一组,剩余6人再和班级中剩下的学生进行统一组建合作小组。

(二)同质分组

合作学习理论的小组强调“异质”,但我们明白课堂实践不能为了合作而合作,而要基于学习内容的需要。因此,学科不同,合作小组的组建也会存在明显的差异。即使是同一学科,有时也需要根据学习内容而调整小组的组建形式,为此在构建合作小组时,一定要注意小组组合的科学性。在具体的分组策略上,我们突破以往人们习惯了的异质四人小组建设,还灵活运用了很多新颖的组合方式。

1.同兴趣建小组

相对于异质组,同质的团队组合在课堂合作学习时并不常见,但在集中性或周期性的合作任务中经常用到。比如学校“体验星期五”的课程中,学生的团队组建就是以一个学期为周期的。根据学校提供的社团,学生选择自己感兴趣的内容去参与，社团中的学生都是出于兴趣爱好聚集在一个教室里，不管原来是什么年级和班级，也不用担心性别问题，平时学业成绩对团队组建也没有任何影响，真正实现以“兴趣”为导向的“同质分组”。同样地，在“快乐星期二”的“四季课程”研究中，同质分组的做法也经常被用到。下面以学校一年两次开展的“四季课程”为例，论述同质分组在学生学会合作过程中的重要性。

【案例6-2】 四季课程之“春天的家”

2020年春天，因为疫情影响，我校的“四季课程”经过全校师生的头脑风暴后，票选产生了“春天的家”这一主题。“线上合作小组如何产生？如何组建？”二(1)班徐雅娣老师首先利用石墨小程序，设计调查问卷，把确定研究小主题的选择权交给了学生。最终二年级的学生认为围绕着“春天的家”这个大主题，可以研究家庭收纳、家庭成员、家里可以玩的游戏和音乐等，甚至有学生脑洞大开，衍生了“数学家和数字、汉字家族”等主题。最后在老师的建议和指导下，整个班级确定了“家庭收纳师、汉字家族、我们的家谱、厨房音乐会、创意家庭锻炼、数字家族、有趣的杯子舞”等项目内容(见例表6.3)。

例表6.3 二(1)班“春天的家”项目分组

主题	指导老师	组员
1. 我们的家谱	徐老师	小李、小钟、小陈、小周、小高
2. 家庭收纳师	徐老师	小胡、小莫、小潘、小沈、小毛
3. 汉字家族	徐老师	小吴、小李、小章、小鲁、小张
4. 数字家族	朱老师	小石、小康、小李、小王、小屠
5. 创意家庭锻炼	许老师	小王、小黄、小谭、小胡、小陈
6. 厨房音乐会	万老师	小尹、小张、小郑、小盛、小胡
7. 有趣的杯子舞	万老师	小潘、小丁、小周、小张、小凌

对于第一学段的学生来说，小组的组建需要指导老师的支持和指导。案例中的二年级学生已经从“老师组建小组”过渡到“老师指导下的组建小组”，这是之前三个学期研究项目的经验积累带来的自然变化。所以，学生们在居家学习期间都可以基于自己的思考，发掘自己感兴趣的研究小主题；围绕着相关主题，在老师的指导下，组建人数不等的同质合作小组突破时空限制开展研究和学习探讨。这样的合作学习，人数、性别、学业成绩都不重要，关键是要“志同道合”，有共同兴趣所在，学习自然有动力和成效，这也就是组建同质小组带来的价值。

2.任务单分小组

任务单是指教师为了达到预期的教学目标而设计的单子，目的是为教学服务，促进学生自主完成学习任务。任务单可分为课前、课中、课后三种，可以设计文字或者图示等形式。课前任务单能起到预习的作用，同时也是课堂技能合作训练的分组依据；课中任务单是为了明确学习任务；课后任务单是为了巩固知识技能，或者提高体能。

【案例6-3】“后滚翻”课前任务单

在学习“后滚翻”一课前，教师发放任务单，请学生自主学习相关的知识。根据学生提交的任务单，重点统计了第五个问题——学生容易出现什么问题并怎么解决这些问题。整理学生的回答后发现，在完成前滚翻时主要会出现以下几个问题（见例图6.1）。

基于学生任务单上反映出的动作问题，再根据学生对后滚翻动作技巧的掌握现状，将全班学生分为5个大组，E组因为人数较多，又分为体重过胖和技术要领没有掌握两个小组，以提高训练的时效性（见例表6.4）。

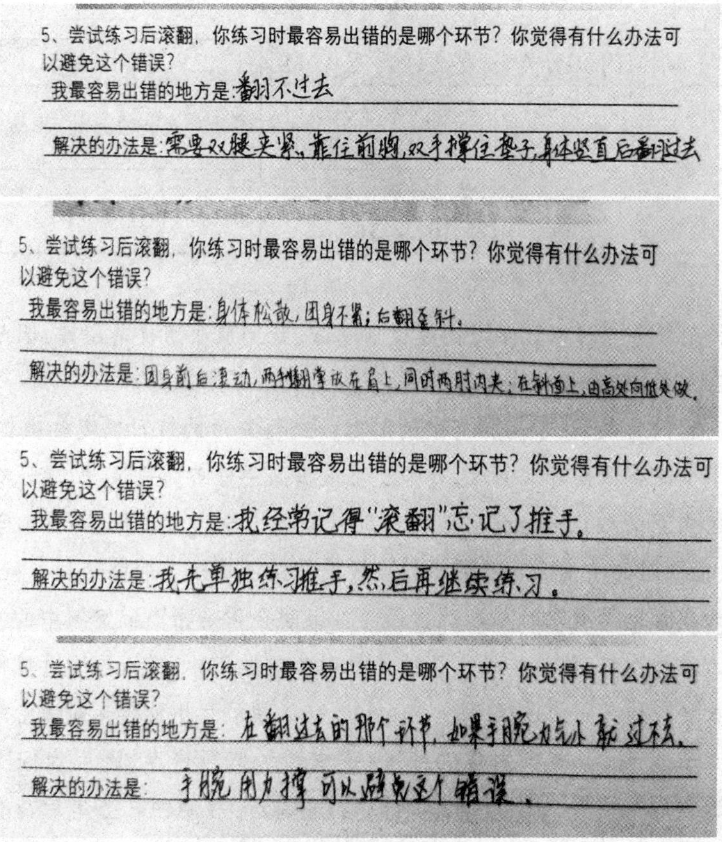

5、尝试练习后滚翻，你练习时最容易出错的是哪个环节？你觉得有什么办法可以避免这个错误？

我最容易出错的地方是：翻不过去

解决的办法是：需要双腿夹紧，靠住前胸，双手撑住垫子，身体竖直后翻过去

5、尝试练习后滚翻，你练习时最容易出错的是哪个环节？你觉得有什么办法可以避免这个错误？

我最容易出错的地方是：身体松散，团身不紧；后翻歪斜。

解决的办法是：团身前后滚动，两手掌放在肩上，同时两肘内夹；在斜面上，由高处向低处做。

5、尝试练习后滚翻，你练习时最容易出错的是哪个环节？你觉得有什么办法可以避免这个错误？

我最容易出错的地方是：我经常记得"滚翻"忘记了推手。

解决的办法是：我先单独练习推手，然后再继续练习。

5、尝试练习后滚翻，你练习时最容易出错的是哪个环节？你觉得有什么办法可以避免这个错误？

我最容易出错的地方是：在翻过去的那个环节，如果手腕力气小就过不去。

解决的办法是：手腕用力撑可以避免这个错误。

例图6.1　课前任务单举例

例表6.4　"后滚翻"分组练习表

分组	动作（问题）分类	学生（以学号代替）	针对性练习
A	能顺利完成后滚翻，动作标准	23、5、6、11、14、27	作为技术人员被分到其他组
B	后翻歪斜	1、7、19、20、26、28	将后翻和推手动作分解训练
C	没有推手动作	9、3、12、15、21、33	单独练习推手动作，熟练后再做完整的动作
D	后滚翻后，站不起来或站不稳	2、4、8、17、29、32	练习前后团身滚动

续表

分组	动作(问题)分类	学生(以学号代替)	针对性练习
E	翻不过去	(技术要领没掌握)10、18、13、24、30	多次观摩标准动作,模仿练习
		(体重过胖)25、16、22、31	垫子倾斜,降低难度

课前任务单可以让学习问题提前暴露,让同质小组提前组建,因此课堂上师生互助、生生互助的频率加快,很好地突破了原来课堂上"一对一"的时间和空间的局限,让学生在有限的时间内进行充足的练习以突破难点,实现学生水平的整体提升。同时,教师还可依据课中任务完成情况,展开有针对性的组内互助和组间合作。组内互助是指一个学生做动作,下一个学生协助,其他同组的学生要认真观摩并点评或是给予情感上的鼓励和支持;完成练习的学生也需要及时分享动作感受。组间合作是指类似案例中的A组同学因为动作熟练,作为技术人员被外派到各组做指导,其指导的过程也是自己技术提升和巩固的过程(见例表6.4)。任务单的运用让学生对课堂学习的兴趣大大提高,课前自主尝试练习,课中增加练习密度,课后确保随时锻炼。通过数据比较,学生各项体育数据(平均分)在运用任务单后都有了不小的提升。

(三)灵活分组

除了异质和同质分组以外,我们还有很多灵活分组方式,以适配不同的合作内容及不同的合作技能目标。所谓的灵活分组,在人数、形式、周期上没有固定的限制和要求,根据学科特点、课堂内容、合作所需产生。

如"差异组"是我们在STEAM课程学习中,根据学生在解决问题中的完成进度,利用时间差异而组成的临时合作小组。"自由组"是由学生自己选择合作伙伴而成的自由组合型小组,不受人数限制。这也是学生较为喜欢的一种组合方式,但不宜用得太多,以免形成小团体,不利于学生多向交流。"背景组"则是根据学生家庭背景组成的临时的合作小组。由于我校地理位置特殊，周边集中了几家大型医院，所以很多学生家长或是职业相同或相近，或是住在一起，这些家庭背景的孩子就特别容易组成合作小组，一些需要课下完成的STEAM学习会采用这种组合。

当然，涉及课下合作的内容，为了团队活动的便捷和顺利进行，住在一个区域的学生往往更容易形成合作团队。比如五年级科学课要研究水质，当老师发布“以小组为单位进行某水域的水质调查研究”的合作学习任务时，住在“东河”附近的学生就会形成合作团队，针对东河水质开展合作研究；而住在“中河”周边的学生会自然形成一个合作团队；也有住在“西湖”边的学生，自发组建“西湖水质小分队”。

二、角色分配

传统课堂的合作学习中常常出现以下几种情况：合作内容相对简单，一个人也能独立完成；小组成员始终固定，学科能力较强或综合能力突出的学生“承包”大部分内容，能力较弱或性格较为内向的学生只能选择旁观或机械地“听指挥”，没有真正地参与；组内成员对目标不清晰，分工不明确，角色混乱，合作探究活动无法有效、持续地进行。以上种种“假合作，真单干”的现象可以通过“分角色、明分工、定责任”来实现突破。

时代SMART灵动课堂倡导根据任务目标进行角色流通。角色的确定由小组合作任务决定，大致分为稳定性角色和临时性角色两大类。如在小组合作班级管理模式中的合作小组就是相对稳定的小组，因为建立稳定、和谐的班风需求，小组组建和组员角色（组长A、副组长B、普通组员C、普通组员D）都至少维持一个学期。但是在具体的合作任务中，这4个学生还是会因为不同分工被赋予新角色，这种情况下的角色就是“临时性角色”。

（一）临时性角色

1. 随机制

单一的小组结构可能会无法匹配不同形式的训练内容，为了保证学生足够的活动时间，可以采取随机分组的方法来提升课堂效率。随机分组可根据学生队形来分组，也可以根据男女配合来分组，或者根据身高来分组等，通过小组间的对练，让学生相互审视动作，提醒与纠正。“两人组”是我们常

用的合作小组形式，是指同桌或邻座或队形队列就近进行"两两配对"，不考虑其他任何因素。这是一种在最短时间内组成合作小组的方法，既方便又快捷。如在小足球"脚内侧传球"一课的"动作学习"环节，教师引导学生进行队形排列两人一组的练习：一名同学作为观察者踩住足球，另一名同学作为应试者进行脚内侧传球的练习。学生要注意支撑脚的站位及脚尖朝前，摆动腿外展用脚弓部位击球中部。观察者的任务是观察应试者的动作，鼓励应试者大胆完成动作并对动作存在的问题进行模仿性的反馈，每人练习10次后进行30秒的反馈，然后换角色练习。

2. 轮班制

无论是在学科的课堂教学中，还是整合性的拓展性课程中，抑或课下的学习活动中，临时型合作任务会经常性地出现，比如交流想法、组队训练、分角色朗读等，这样的任务对时效性有一定的要求，但对组员的前期准备和后续行为没有什么特定要求，因此合作意识不强的组员很容易出现"搭便车"的现象。解决这一类问题可以采用轮班制，以确定每个成员的职责。"轮班制"和"随机制"的区别在于，随机制具有临时起意的特点，而"轮班制"是有条件地进行"角色互换"，互换的程度和时间由任务的大小、周期与学习目标来决定。

如在《道德与法制》课上，需要每个小组完成一份实践活动小报。小组在课堂上先集体商讨确定小报内容和协商分工——A负责组织联络，B负责收集资料，C负责编辑，D负责美工。那么下次四人的对应任务则要轮换（见图6-3）。

图6-3　组员角色分工

临时型合作任务的角色分工，多数时候只要组内成员明晰就可以了，组员记住自己这次的工作，下次换一换即可。但为了加强指导，老师们也可以采用任务单形式，明文规定角色分工，让责任真正落实到人，以免后续合作任务出现组员推诿的现象。

(二)稳定性角色

1. 社团型团队:专人专项法

团体项目尤其是体育“三大球”的比赛当中,每一个人在赛场上都有各自的定位,各司其职方能发挥出一个队伍的最大效能。以学校足球社团为例:足球队由守门员、后卫、中场、前锋四大类构成,每一个位置上的队员任务都各不相同,守门员负责守卫球门不让球进入,后卫负责防守、截抢和阻止对方进攻,中场负责联系前锋和后卫成为衔接枢纽,前锋负责突破对方防线,争取射门得分。而每一个大类细分下去又有多种不同的细小分支,来确保球队进行共同的进攻或防守,这些角色对应不同任务,只有掌握一定的相关技能的学生才能胜任。而这些技能的习得需要长久的积累,因此只有专项专人,才能完美配合完成比赛。

体艺课都有类似的特点,比如音乐课合唱时低声部和高声部的合作,小组唱中组员的分工都是长期的,角色也基本固定,没有特殊情况,一般不会进行更换。

2. 探究型任务:组长固定法

探究型学习任务的合作往往由学习成绩较好、能力较强的学生担任组长或时间管理员。在合作学习活动中,借助向其他组员讲解合作内容的方式,提高自身的推理、认知水平及责任感;学习成绩较弱的学生在合作学习中可获得多个组员不同层面的帮助,还可利用观摩的方式借鉴其他组员的学习经验。同时,教师也要注意根据任务完成程度和小组实际运行的效果,与学生沟通,及时调整小组成员的内部搭配情况。如果学生小组成员都是性格内向、交往被动的学生,那么就要在其他小组内选择外向、热情、乐于帮助他人的学生进行调换。

如杨洁老师进行主题为“数学之花”的STEM教学时,设计了让学生合作完成钉线画作品的项目任务。学生分工情况如下:协助者——负责整个小组活动的安排和主要发言;记录员——进行简单的过程记录;材料员——负责活动材料;记时员——提醒小组成员完成时间。每个成员有各自的任务,同时每个成员都是产品制作的参与者。

3. 活动型任务:组长轮流制

活动型合作任务是指以小组为单位进行的基于教材学习的学科活动。如英语学科作为外语与母语学习有很大差别,特别是在低段教学中,会设计很多课堂活动以促进学生相互交流,提升口语表达能力。这些课堂小活动或小游戏多以小组合作的形式展开。为了让学生保持学习热情和积极性,同时培养学生的组织能力和合作能力,低段英语学科老师组建小组时会采用“组长轮流制”。

【案例6–4】 低段英语“组长轮流制”

(1)“组长轮流制”方法

一般英语课可以将全班分为四组,每组一名组长。组长承担组织、管理本组的工作。每节课让一名学生任组长,轮流时间为2~4课时,或是一个教学单元,或是按周进行轮换。组长上岗前,英语教师先组织轮值组长集体学习,交代轮值的内容、方法以及注意事项;提醒轮值组长注意说话的音量,要善用表扬,重视全员参与,如何对待不配合的学生,注意本组学生能力的搭配等。在实际轮流制组织中,教师要及时给予提示,耐心帮助指导,同时及时总结讲评,交流经验。

(2)“组长轮流制”内容

课前英语热身(领读或领唱)、互动游戏、分组分角色排练等;小型英语活动:记单词PK赛、英语书写大比拼、课外阅读攀登等。

“组长轮流制”有计划地设定每位学生担任合作组长,改变以往各小组长的“终身制”。周期性的组长轮流,让组内人人是组长的同时,人人又都是组员,两种角色因为时空差进行周期变换,又在同一时空中相互制约,让每位学生都有机会展现和锻炼自己的能力,使其积极、主动地学习,潜移默化地提高自身的组织能力和合作能力。

三、课堂管理的准备

合作学习要真正发挥其满足学生内在需要、提高课堂教学效果的作用，除了从合作要素本身的角度展开思考外，合作的外部因素也是不容忽视的一个部分，比如教室座位编排和学习环境的布置。前者为合作者提供便利，促进合作的多频次发生；后者创建"我为人人，人人为我"的情境和氛围，潜移默化地引导学生，促使学生心理上接受和激发合作的意愿。

（一）教室座位编排

常见的秧田式座位模式是中小学最普遍、最常见的一种座位编排方式，比较适合教师讲、学生听的知识传授型教学。但这种座位模式下，学生缺乏交往互动，不利于学生之间的讨论交流、实践操作和学生社会化成长，也不利于建立平等、民主的师生关系。我们努力打破空间的限制，在秧田式座位模式的基础上进行改变。

1. 专业教室

我校的音乐、美术、书法、科学及综合类课程，比如合唱、舞蹈等，都有专业教室，我们依据学科合作特点设计了相应的教室位置编排。美术教室以6人或4人为小组采用圆桌式，学生面对面增加合作频次。有的美术教室的桌子可以像七巧板一样随意拼凑出不同的形状，让合作小组的组合随时进行变化。科学教室既是实验室，也是学生"动手做"的活动场所，很多实验是需要通过合作来完成的，所以4人小组的座位是一种常态。音乐教室的凳子是单人的，但很小巧，方便移动，学生可以根据合作需要随时组合。

2. 大小教室组合

合作学习时时处处都会发生，但学生有差异，小组或团队之间也有差异，所以学生的合作需要也会有差异，比如时间、具体操作方法、结果等。对有时间差的小组合作，我们可以利用大小教室来解决。比如英语课上要求分角色朗读和表演，所有小组都要先在大教室内完成朗读的角色分工和练习，有些小组角色分工和朗读练习很快就完成了，这些小组就先进入小教室（见图6–4）开始分角色表演的合作练习。这样的教室组合让合作程序

变得灵活和机动，让整个班级合作目标达成变得有层次，也做到了尊重学生合作能力的差异。

图6-4　小教室

3. 常规教室

学校多数常规教室受空间限制，课桌摆放只能采取秧田式，但我们可以组织学生以小组式的结构就座，让课堂上的合作时效性增强。具体如下：全班共9组，为了方便，以第1～9组来称呼。根据能力水平，参考性别和身高，小组中的4个成员用A、B、C、D来说明（A>B>C>D，学生并不知道4人能力排名，避免打击C、D的自尊心和学习积极性）。座位安排如图6-5所示。

讲台							
C	B		C	B		C	B
A	D		A	D		A	D
D	B	过道	D	A	过道	D	A
A	C		B	C		B	C
D	A		C	A		C	A
B	C		B	D		B	D

讲台				
1组		2组		3组
4组	过道	5组	过道	6组
7组		8组		9组

图6-5　教室中36人位置

A和B作为小组的组长、副组长，在同一小组内位置前后交叉，与相邻小组同能力层次的组员交叉。这样编排位置的好处是在班级中有意识地构建合作的外部结构形式，形成能力强弱相互辐射的位置效果，方便学生之间的合作：能力相对较弱的组员能很方便地在同组内找到提供帮助的同学，也可以从前后左右相邻小组的A、B组员处借力；能力相对较强的组员，一方面能随时提供能力支持，保障小组活动的合作性和有效性；另一方面也可以从其他小组的A、B组员处得到能力层次差不多的交流和意见。从组内管理来看，这样的位置结构方便小组长在第一时间、第一场合进行有效的管理。相对来说，A、B同学的自觉性和学习能力要好于B、C同学，给B、C同学树立榜样的同时，也降低了B、C同学开小差的概率。异质交叉编排位置的做法可以更好地调整学生的人际关系，利用同伴良性影响，有利于学生自我教育。因为，比起老师的三令五申，良性的同伴影响可以达到事半功倍的效果。而且，这样的小组式座位编排，学生不需要走动，前排的学生只要向后转个身就能形成面对面的交流互动模式，大大提升了合作的效率。

(二)学习环境布置

让学生置身于充满合作氛围的环境中，会对学生合作素养的培养形成一种"润物细无声"的作用。我们的具体做法是，把学生自己设计的充满想象力和创造力、代表小组特点的标志张贴在教室的四周，选用一些蕴含合作思想的漫画、标语、名人名言张贴在教室里。比如"我为人人，人人为我""独木不成林""合作共赢，我们最棒"等。

关注合作，并不是排斥竞争。合作中有竞争，团队内部、团队与团队之间才能形成更好的螺旋上升趋势。因此，各个班级还会将"小组合作"评比细则、评价结果、竞赛成绩以海报的形式展示出来。这样做的目的，一方面让各小组时时关注本组的合作结果；另一方面让小组间产生一定的竞争意识，从而带动整个班级合作意识和合作能力的逐步提升，为达到"人人会合作"的结果而努力。

第三节 掌握合作技能

有效的课堂合作学习离不开生生之间良好人际关系的确立和学生对合作交往技能的掌握。学生掌握适当的合作技能是合作成功的前提,也是合作学习的前提。很多合作小组的学习之所以不成功,就是因为小组成员缺乏必要的人际交往技能。合作技能包括合作认知、人际技能、团队意识形成。学生已有的知识水平决定了传授合作技能的顺序,学生的合作需要决定了技能传授的时机。

根据课程学习需要,我们学校一年级的学生需要面对不同情境、不同场合、不同学科、不同团队背景下的合作,因此我们认为学生合作技能的习得越早越好,而且实践研究证明,根据年龄特征来逐步进行合作技能的学习,即使是一年级的小学生也可以很好地开展合作学习。基于对小学生心理和行为特点的认识和了解以及人际交往技能重要性的把握,我们重点开展学生倾听、沟通、解决冲突等技能习得的研究。

一、学会倾听

从身心特点来看,小学低年段(一、二年级)学生好奇、好动、喜欢模仿,行为上喜欢"看到什么或是想到什么就要说出来";中年段(三、四年级)学生自主意识逐渐增强,希望"人人都听我的";高年段(五、六年级)学生开始由儿童期向青春期过渡,独立性要求越来越高,不喜欢听师长说教,更愿意接受同伴的建议。可见,"学会倾听"是学生人际交往的第一步。

(一)倾听技能,漫画先行

要提高合作学习的时效性,必须以学生喜爱的方式教给他们基本的交往技能。以学科教学的方式对学生进行合作技能教育，以条文、规则来要求学生是单调乏味、较为僵化的技能教育方式，已经不适应当今小学生的身心发展特点。而漫画一直是生活中大家喜闻乐见的表达形式，它以其直观形象的手法诠释着生活中的智慧、幽默和趣味，更以其不拘一格的愉快方式打动着人们的心灵，特别能为大众所接受。漫画中生活化的情景、夸张的人物表情、细腻美观的构图，既具时尚气息，又富童真、童趣，非常符合小学生的认知特点和心理需求，给予孩子审美和艺术的享受。因此，我们把漫画带进了教室和课堂，用以创设合作学习氛围，培养学生的合作技能。

于是，我们在口语交际课上专门开设了合作技能专题，以课堂教学的形式来进行合作技能的教学。我们为“善于倾听”这一合作技能绘制了两幅漫画。图6-6针对一、二、三年级，而图6-7针对四、五、六年级。我们利用漫画图在四年级进行了一堂合作技能的教学课。

图6-6 仔细聆听

图6-7 善于倾听

【案例6-5】 学习倾听

老师先请学生观察漫画上的人物正在干什么。同学们马上就说出来了：一个小朋友正在汇报发言，她周围的两个同学正在倾听。老师肯定他们“倾听”这个词用得好并追问：从哪里可以看出两个同学正在倾听。同学们纷纷说出了他们的观察所得：他们的眼睛都看着发言的同学，有一个同学手

托着脑袋像个思想者的样子;他们的神情非常专注。这时,有同学提出:符号是什么意思?老师可以再请同学们观察,他们马上发现,那些符号正是发言同学讲的内容,也是两个同学倾听到的正在思考、分析、比较的内容,这些内容经过他们大脑的加工,正逐渐转化为他们自己的知识。然后,老师出示了图6-6的交往故事,看同学们的观察是否与故事内容相一致,是否疏忽了什么。最后,大家根据故事内容和观察所得一致得出"善于倾听"的要领:眼睛注视发言人,神情专注,边听边分析、比较,领会同伴发言的要点,必要时可以做记录。随后,我们联系自己的生活经验、学习经验,交流了"善于倾听"在生活学习、合作交往中的重要性,这当中有成功的经验,也有失败的教训。这堂课结束后,我们把漫画张贴在教室里,提醒学生,时时注意"善于倾听"。

(二)听说结合,建立规则

合作理论专家卡甘认为,倾听和思考较读、写、说是一种隐性行为,很难被教师监测和评价。隐性行为只有通过显性行为才能被展示和呈现出来,比如轮流说、轮流写等。为了避免话语权被少数学生掌握,教师要尽量为每个学生提供同等的学习机会和表达机会。因此,我们对课堂的合作交流或小组讨论明确了"轮流发言"的规则。"轮流发言"是根据一定顺序,让团队中的每一个人都有发言机会,以确保人人参与表达、人人学会等待和倾听。根据不同的学科特征和学习内容所需,可以分"强者先说"和"弱者先说"两种。

1. 强者先说

合作交流过程中,让第一时间有想法或有解题策略的学生(强者)先发言。强者的表现可以为其他组员树立榜样,一方面可以避免组内无人发言的尴尬;另一方面强者的发言内容为其他组员提供参考,为弱者(倾听者)发言做一定的铺垫。这种的发言顺序适合有一定难度的学习内容的讨论和交流,下面以部编版一年级下册语文课文《咕咚》教学为例进行说明。

【案例6-6】 部编版小学语文教材一年级下册《咕咚》

接近教学尾声时,老师提问:"我们已经学完这个故事了,你有什么想说的吗?"这个问题很开放,对于一年级学生来讲,抓住重点很困难,课堂一下子安静下来,班级中只有寥寥几只不太自信的小手举着。老师观察到学生们不知道怎么组织语言,马上启动了"小组交流":"如果你有什么想法,先在4人小组中说一说,已经想好的先说。"其中一个小组的发言场景如下。

生1:我觉得耳朵有时候会骗人,还是要动脑筋去想一想或看一看到底是怎么回事。

(听完生1的发言,停顿一会儿后,生2顺着生1的思路开始发言)

生2:我明白了,大象就是没有动脑筋跟着瞎跑起来的。

(从生1的发言中得到启发,开始逆向思考谈论想法)

生3:我觉得野牛的做法很好,因为它遇到事情先问清楚所有在逃跑的小动物,没有跟着瞎跑,最后就把事情真相弄清楚了。

生4:光靠耳朵听,没办法知道真实的情况,我们要多看多动脑筋才行。

(从生1、2、3的发言中,寻找突破,表达自己想法的同时,其实也是小组发言的总结提升)

从该小组的交流中我们可以看出,就"你有什么想法"这个问题,生1是小组内的强者,他是老师提问后第一时间能举手的学生,因此他在"已经有想法的先说"的要求下,不自觉地承担起了小组交流引领者的角色,他的回答也许是不成熟的,但却是最有意义的。其他三个学生第一步要做的就是认真倾听,从生1的发言中感受"问题是什么意思",并思考自己"可以怎么回答",慢慢地从倾听者变成发言者,甚至是发言总结者。

2. 弱者先行

如果所有的小组交流和讨论都是强者先说,小组合作学习就会变成"一言堂"或是个别学生的表演舞台,弱者被逐步边缘化,沦为看客甚至是游离

在小组之外，合作团队也就失去了它的价值。因此很多时候，小组内发言施行的是“弱者先行”的顺序原则。

弱者先行是指在小组合作学习中让小组内发展相对滞后的学生优先分享与表达自己的观点和想法，包括三种基本实践策略：(1)营造安全的心理环境，让“弱者”敢于先行；(2)培养会学的学习能力，让“弱者”学会先行；(3)建立公平的保障机制，让“弱者”必定先行。①以浙教版小学数学五年级上册《梯形的面积》一课的教学为例。

【案例6-7】 浙教版小学数学五年级上册“梯形的面积”

数学学习强调自主探究、合作交流的学习方式。特别是中高年级的图形知识学习，像梯形的面积学习需要学生从之前所学的三角形或平行四边形面积计算方法中找到联系，通过转化，沟通图形变化前的不同和相同之处，再从等积变形的多个算式中，提炼和概括出梯形面积的计算方法，总结为计算公式。

下面是学生探索梯形面积计算和交流汇报的方法汇总(见例图6.2，例表6.5)。

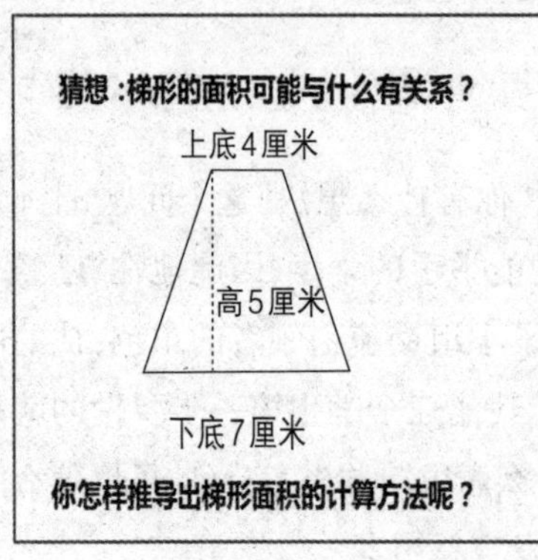

动手试一试

建议：

(1)选择你喜欢的梯形，先独立思考能把它转化成已学过的什么图形，再按照“转化—找联系—推导公式”的思路来研究。

(2)把你的方法与小组成员进行交流，共同验证。

(3)选择合适的方法交流汇报。我们比一比，哪个小组想到的方法多，动作快。

例图6.2 “梯形面积计算”合作学习任务

① 李帮魁.优化小组合作学习的内在机制[J].教学与管理,2017(35):23-25.

例表6.5　方法汇总表

方法	图	解题思路
(1)把两个这样的梯形拼成一个平行四边形	上底　下底　5cm　下底　上底　7cm　4cm	平行四边形面积的一半: 底×高÷2 (7+4)×5÷2
(2)把梯形分割后,拼成一个三角形		三角形面积:底×高÷2 (7+4)×5÷2
(3)把梯形分割成两个三角形	+	三角形面积+三角形面积 7×5÷2+4×5÷2
(4)梯形分割后是一个平行四边形加三角形		平行四边面积+三角形面积 4×5+(7−4)×5÷2

教师在教学现场一共发现了四种解题方法,但这些方法不是人人都能想到的,也不是每个组都能汇总出来的。因此,为了打开学生的思路,需要组内交流、相互探讨和补充解题方法。方法多的学生往往是小组内的强者,如果让他先说,可能方法少的组员就没有机会表达。为此,教师特别在小组合作学习的交流环节加了"方法少的先发言"这个要求,保证了弱者的发言权,让组内交流公平有序,更能体现合作价值和实现教学目标。

二、学习沟通

合作学习需要人际技能,而沟通是人际交往中最关键的部分。沟通是为了一个设定的目标,把信息、思想和情感在个人或群体间传递,并且达成共同协议的过程。良好的沟通可以实现事半功倍的效果。合作学习重视学生社会交往能力的培养,强调直面的、多维的、积极的互动,要求学生本人以真情实感与人交流。我们需要训练学生如何在个别沟通交流或者彼此分享建议的情境中扩大自己的影响力。

(一)沟通技巧

1.结合非语言沟通。与人沟通时要注意倾听,倾听的时候要面带微笑,最好别做其他的事情,并给予表情、手势、点头等方面适当的反馈,特别是当对方有怨气和不满需要发泄时的倾听,更能显示一个人的素质和修养水平。在表达自己思想时,要讲究含蓄、幽默、简洁、生动,给他人提意见、指出错误时,要注意场合,措辞要平和,以免伤及他人自尊心;与他人谈话时要有自我感情的投入,这样才能以情动人。

2.直面沟通。缩短信息传递链,拓宽沟通渠道。信息理论中提到,如果信息传递链过长,会减慢流通速度并造成信息失真。因此要减少组织机构重叠,拓宽信息渠道。例如,体育课上有队员不小心扭伤脚了,此时应该第一时间直接向负责的小组长汇报,而不是进行自我斗争式的纠结:“我脚受伤了,该怎么办?”或只是和队员进行无效的对话:“我脚受伤了,要不要汇报一下?”或是诉苦:“我脚好痛啊!”

(二)沟通规则

在合作过程中,任何一个决定或结论代表的都是团队智慧,而不是个人意愿。因此,要想决策在团队里有效地实施,需要传达对决策的理解,这就是沟通;如果是小组内要形成决议,彼此思想方法的交流、提炼和总结,这就是沟通。当团队内组员想法或意见不统一时,尤其需要沟通。如果通过交流能形成统一的意见当然最好;当意见无法统一时,我们需要建立一定的沟通规则来解决这样的问题,如课堂上学生们经常使用的“少数服从多数”。

如在一年一度的体育节上,有个游戏叫“风火轮”。同年级每班派出6人一组的团队进行速度比拼,速度快的获得年级前三名。面对“怎么才能更快到达终点”这个问题,大家产生了分歧,有的学生提议用跪爬的方法前进,有的觉得用站立行走的方法更好,最后通过举手表决的方法,哪种方法支持的人多就采用哪种方法。

少数服从多数原则是指在民主决策的时候,投票制度以少数服从多数的理念为基础,它需要在合作活动之前就确定。在时代小学的课堂上,这个规则是通用于各个学科和各个年级的。在群体生活中,从小就树立“少数服从多数”的规则意识，这不仅是合作学习过程中沟通的需要，也是建立小学生民主意识的需要。

三、解决冲突

小组交流中会出现一些不相同的意见，导致学生之间可能出现矛盾与冲突，这是难以避免的。如何将矛盾与冲突看成是一种建设性资源，就像如何将差异看成是建设性资源的道理是一样的。合理参与竞争，善于协同努力；协调矛盾关系，权衡利弊依存；勤于换位思考，不做无谓对立；守住自己底线，择需妥协忍让，等等。这些重要的品质和能力能够确保合作学习取得成功。学生在没有经过训练前，往往会采用破坏性的方法解决冲突，最常见的方式是逃避和竞争。采用逃避方式解决合作学习中的冲突，会导致合作学习流于形式；采用竞争方式解决冲突则可能导致合作的破裂，降低合作的有效性。

就学校教育而言，合作交往中的冲突解决方式具有正反两个方面的教育功能：当冲突以消极的破坏性、单边得益性的方式予以抹杀时，冲突就是导致学生讨厌学业、拒绝交往的主要原因；当差异以积极的建设性、双边共赢性的方式得到处置时，冲突就会成为学习者学术性知识、道德性价值提升的推进器。我们倡导采用建设性的方法解决冲突，认为人际交往技能中的“说话委婉”和“学会妥协”是比较有效的策略。

(一)说话委婉

合作团队中最容易出现的情境便是争论。当合作小组成员对学习内容意见不一致或是合作任务没有及时完成彼此责怪等情况出现时，如何妥善处理成员之间的矛盾便是合作学习成功的关键所在。没有合作技能的团队往往会争论不休，轻则完不成任务，重则伤了同学和气。这时候特别需要教给学生“委婉表明不同观点”“勇敢承认错误”“使用幽默缓解气氛”等技能。我们在教学这些相对复杂的合作技能时，通常是创设一个问题情境，然后借助漫画进行表演，再请每个合作小组想出解决问题的办法，最后集思广益，把大家认为最好的处理办法集中起来，成为以后解决实际问题的合作技能。

【案例6-8】 学习“委婉表明不同观点”

在三年级教学合作技能“委婉表明不同观点”时，教师采用了表演漫画创设情境的方法（见例图6.3）。教师首先联系实际抛出问题：当合作小组在学习时产生不同意见或是组员闹矛盾了，该怎么办？大家把各自的方法说出来后，教师肯定了一些好的做法，如谦让、宽容等，然后请同学们看看漫画中的人物是怎么解决意见分歧的。之后，请同桌两两配合，合作表演漫画中的对白，再请表演特别逼真的同学展示给全班同学看，由大家给予评价：态度是否诚恳，语气是否婉转等。接下来，教师请同学们继续思考：“要委婉表明你的观点，不让同伴难堪，你还可以说些什么话呢？”同学们纷纷讨论，“我首先认为你讲得有一定道理，但是我还想说明的是……”“你真会动脑筋，但你有没有想过……”“对不起，我暂时不能同意你的意见，因为……”“这个问题我们暂时放一下，是否先……”就这样，同学们通过表演、讨论，最后总结出了要尊重别人，委婉表明不同观点时，应该态度诚恳，语气婉转，要先肯定对方的优点，再讲出自己的观点和意见等策略。

例图6.3　委婉表明不同观点

（二）学会妥协

小组合作学习时的冲突是我们的教育契机，是学生合作技能提升的平台和思维转变的拐点。冲突有隐性和显性之分，我们需要特别关注在显性冲突尚未形成时，就引导学生形成积极的冲突解决意向。所以，学会妥协就显得尤为重要。在一个合作团队中，当冲突发生时，有些学生往往会采取回避的方式，表面上说“没关系，都可以”，实际上内心却有其他想法。这种看似退让却又心存芥蒂或是直接放弃自我观点的行为，不是我们所说的合作中的“妥协”。正视冲突是学会妥协、学会协商的前提，是学生坦诚面对自己的感受，对同伴开诚布公，清晰表达自己观点之后的适度让步，等同于协商。解决问题的协商过程有六个步骤：陈述自己的需要，倾诉自己的感受，说明自身的理由，理解对方的真实想法，创作互利的选择，达成明智的协议。时代小学“人人会合作”的课堂努力实现的是面对冲突学会妥协，在协商中达成合作学习目标。

【案例6-9】 又哭又笑的小组

体育活动课上，小夏小组因为有3个人动作不规范，特别是小黄错误很多，只得到85分，需要进行第二次汇报。老师点评后，2个男生开始大声指责小黄，小黄开始时认真地加以解释，后来感觉到3个组员在针对她，就来找老师诉苦。老师没有急于判断和处理该小组的矛盾，只是告诉她：这是你们内部的矛盾，需要自己去解决。小黄回到小组后，大家还给她加了一条罪名“找老师告状”。几分钟后，她开始抹起眼泪。旁边的小王看到小黄哭了，开始把矛头转向组长，觉得组长安排不合理。此时，之前一些没有过关的小组通过练习已经主动找老师要求第二次汇报了。看到这里，他们也按捺不住了，停止了没有意义的相互指责。组长意识到这样下去肯定不行，让组员一起想想办法。小夏向小黄建议道：“你跳得幅度大一点就好了，要跳起来。”小黄马上抬起头：“你们不要老是说我，我会好好练的。”组长说：“要不这样，我们调整下队列顺序，小黄在最后，看着我们做，好吧？”不爱说话的小高这时也点头附和：“我觉得小黄肯定不是故意的，我们再练练看吧。”就这样，经过协商，小夏小组恢复了良好的合作状态。

第四节　提供合作策略

通过组建合作团队，培养学生的合作技能，我们为学生进行合作学习打下了基础，但这并不等于说学生就能进行有效的合作了。要切实提高学生课堂合作学习的有效性，必须为学生提供科学合理的合作策略。我们发现，合作学习任务与合作形式的适配度是保证愉快合作和任务顺利达成的一个关键，因此在策略选择上特别强调精选合作内容，丰富合作形式。

一、精选内容

合作学习不是万能的，只有那些涉及互动、互助、协同、整合、求新、辨析、评判和表现等因素的教学内容或教学任务才适合合作学习。此外，在合作学习中，许多教师还会苦恼于有些合作内容在一堂课内因为时空问题施展不开，或是因为学生合作能力与技术不足，小组活动要么流于形式，要么拖沓冗长，耽误教学进度。为此，在课堂实践中，我们通过在单一学科中聚焦问题解决，精心设计合作环节的做法，有效提升合作效率；或将各学科进行整合，让学生面向完整的任务开展合作，突破课时周期和课堂空间的限制。

（一）单一学科：聚焦问题解决

在以往的课堂教学中，独立自学（实际上是单干学习）之所以受到青睐，除了我们没有将教学看成是师生之间、生生之间协商对话的互动过程外，一个最重要的缘由在于我们常常将教学目标局限在掌握单一的学科内容上，教师关注的是教材本身是否完成，但实际上我们真正要做的是教任务。在一门学科内如果能突出以任务、项目或主题学习的方式进行，就能扬长避短，充分发挥合作学习的优势。

以鲍心如老师执教的教科版五年级上册第四单元第一课“我们的小缆车”的教学设计为例。在明确需要解决的问题后，学生合理分工、团队合作、反复尝试。调整垫圈数量的过程就是提高学生思维能力的过程，在“鲜奶1秒必达”“酸奶2秒稳达”的任务驱动下，学生不断获得形象而丰富的体验，不仅能直观地观察到“垫圈个数越多、拉力越大，小车行驶相同距离所用的时间越少”，同时在不断巩固认知的基础上，量化的“送奶时间”成了学习的催化剂，从验证到运用的转变，更能强化已有经验，并在解决问题的过程中增加成就感。为什么要将“运动和力”的认识设计成一个项目任务呢？将学习内容设计为情境下的项目学习与常规学习的区别是什么呢？在表6-2中，我们能够得到清晰的答案。

表6-2　常规学习与项目学习的任务差异

	常规学习任务	项目学习任务
问题	需要几个垫圈才能驱动小车	需要几个垫圈才能驱动送奶车
合作内容	行驶相同的距离，改变垫圈的数量，测量小车的行驶时间 通过比较行驶时间的变化，观察小车的运动变化	行驶相同的距离（从天地站到时代站），挂几个垫圈能完成“鲜奶1秒必达”“酸奶2秒稳达”的任务 在送奶过程中，为了尽快达标，你们是如何调整垫圈数量的

通过对比，我们可以看出，该课时的常规学习中已经将合作学习融入其中，但因为任务过于简单，使得学生几乎没有提升的空间。设计项目任务，让学生聚焦问题解决，在合作中综合认识、理解和运用所学知识，这是时代素养课堂提倡的，也是我们SMART灵动课堂与常规课堂的区别。

除了将某个知识点融合在合作任务之中，单一学科还可以将一个单元或一周课的内容统筹安排，合理开展合作学习，统筹安排学习内容，为开展合作学习创设条件。只有以任务、主题或项目为核心来选择的学习方式，才能使表现多样化的合作学习成为必要。

(二)整合学科:面向完整任务

整合不同学科内容可以突出学科的综合性,加强学科之间的渗透联系。比如,STEAM课程就是包含科学、技术、工程、艺术和数学五大学科的综合性课程,要求学生学习和运用各个学科的知识,通过实践,研究与生活息息相关的问题。

素养本位的时代课程注重项目式学习、游戏化学习、场馆式学习,在课堂中践行学科整合、课程融合的理念。在此背景下的师生、生生合作互动更是比比皆是。接下来以四年级"叶"主题英文儿童绘本制作为例,介绍我们是如何通过学科内容的整合进一步拓宽适宜合作学习的条件。

【案例6-10】 "叶"主题英文儿童绘本制作

"叶"是集合科学、视觉(美术)、语言艺术(英语)三位一体的主题项目。本项目需要学生掌握一定的英语表达能力以及绘画能力,从而能够合作创作出英文绘本。考虑到四年级学生的认知水平与英语表达能力,教师将主题范围确定为简单的叶的科普知识,或者借用叶表达不同的故事主题等。

教师先将学生分成小组,每个小组确定好儿童绘本的具体主题。本项目共有3个小组参与,有两组选侧重叙述的故事绘本,一组选侧重说明的科普绘本。此外,教师还指导学生讨论制定项目评价规程。指导老师把学生带到校英语阅览室,组织学生阅读并进行头脑风暴,讨论绘本的典型外在特征以及所使用的语言特征。

在项目开始前,每个小组确定项目分工,分配角色和任务:编审员,使小组专注于任务,按时完成,并且对内容加以核对;作者,编辑绘本文字内容;插图设计者,为绘本设计插图;制作协调员,负责材料及将绘本书页制定成册。本项目的3个小组,人数分别为4、5、5。第一小组(4人组)一一认领不同的任务;第二小组为保持文本表达的一贯性和绘图风格的统一性,让第五个人在编审和后期制作之间自由选择;第三组则让第五个人做自由人,可根据需要在各种角色之间切换。

"叶"主题项目活动是我校"四季课程"中的一部分。当时采用了年级打通的分组方式,选择相同项目的4~6名同学成为一个项目研究小组,他们需要在一起策划各种学习细节,如:项目学习计划如何制订?分工怎样进行?初次产品完成后哪些地方需要改进?怎样让别人对自己研究的项目感兴趣?如何进行宣传?为了使小组能够高效地工作,在确定研究方案的过程中,他们相互倾听并考虑彼此的观点,经过分析和归纳,选取每个人的优点,共同协商制订研究方案。在研究过程中,他们合中有分,分中有合。各自收集相关资料,利用集中学习时间进行讨论交流,还主动寻求教师的帮助与支持,不断修改和完善产品。在真实的情境中,来自不同班级的学生、教师进行直接的交流和合作,发展自己的交流与合作素养。

"秋之叶"主题项目学习中,学生选择自主开发符合自己认知结构的、感兴趣的项目开展研究。这些项目都具有综合性,几乎都是跨学科、跨领域的研究。同时,由于项目研究分组是根据项目选题的一致性进行的,这也让项目的研究具有跨年龄的特点,学生很有可能需要跟自己不同年龄的同学进行合作、交流和分享。这一方面要求教师满足儿童的需求,关注学科的整合、不同年龄的融合;另一方面也要求学生在更广泛的领域开展学习,与更多年龄层次学伴进行合作学习。

二、丰富形式

在国外,经过研究证实且行之有效的合作学习具体方式有许多,比如"切块拼接法""游戏竞赛法""共同学习法""小组调研法""成绩分阵法""思考—配对—分享法"和"轮流表现法"等。苏联数学家卡甘在其合作结构研究中设计的用来鼓励学生读、写、说的合作结构,如"轮流说""循环写作圈",我们在语文教学实践中经常会用到;而数理学科则经常会使用适用于生成信息的结构法,如"头脑风暴"和"小组陈述法"等。这些合作方式都是学生小组内部的活动形式。学生合作学习想要成功,教师的组织、引导、总结和评价作用也十分必要。换句话说,合作不仅发生在生生互动之间,师生互动也可以认为是一种合作。

不管是哪种形式的合作，我们发现小组合作学习都会涉及“对话”。“对话”是指师生通过平等对话或对话式情境相互作用，双方(特指师生之间、生生之间)互教互学，角色交替转换，多边双向互动，产生强烈的心理需求，造成认知失调，形成最近发展区，发散创造性思维，激活创造力，从而最有效地挖掘学生潜力的过程。对话双方在互动过程中不是互相对抗，而是共同合作。通过对话，每个人都会从中受益。

(一)丰富师生对话模式

在传统教学或仅有新理念形式而无新理念实质的教学中，有许多“课堂对话”不过是师生间问答的简单重复，属于单纯的教示式问答教学。再如，另一种“课堂讨论”是教师发问，众多学生作答，教师从众多回答中选取正确的、适当的答案。此方法向真正的课堂对话靠近了一步，但从学生角度看，他们的回答与发言是互不直接相关的，是受教师支配的。

在“人人会合作”的课堂上，师生对话多采用互动式和情感式对话模式，课堂教学或者某个教学环节是开放式的，学生可以参与到教学的过程中来，与教师达成积极讨论互动。在特定条件下，还可以实现从学生到教师的转变，这样更能调动他们学习与实践的积极性，提高学习效率。在情感式对话模式下，教师与学生的情感交流发挥着重要的作用，学生能够通过情感体验与教师产生共鸣，更容易形成理解和接受。在日常教学中，以上两种模式在课堂上很难明显区分开来，很多时候是交融在一起的。比如课堂中的“合作研讨”就是一种基于互动式和情感式的师生对话过程。

对话教学所需的“合作研讨”需要在异质小组中展开，要求师生共同思考探索，共同解决问题，它交织着“讨论线索”。真正的合作研讨是教师—学生1—学生2—学生3……—教师通过多边互动进行的。这种教学讨论的特征是，无论从教师角度看还是从学生角度看，彼此的发言是交织在一起的，具有内在联系(见图6-8)。在这里，学生不仅注意到教师的问题，学生之间也彼此直接联系而开展活动。一旦谁发了言，各组学生都参与，倾听彼此发言，彼此发表自己的想法，互相启迪、互相补充，使对话一步步深入，直至解决问题。

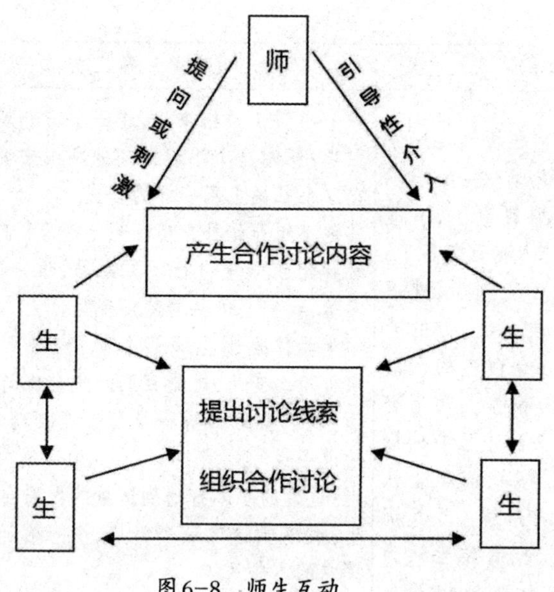

图6-8 师生互动

我们以科学课“小苏打和白醋的变化”前后两次教学的对比来说明有效的师生互动如何进行。

【案例6-11】 教科版小学科学六年级下册“小苏打和白醋的变化”教学对比

	第一次	第二次
具体操作	在学生观察了小苏打与白醋的特点后，便开始混合小苏打与白醋的实验，接着学生观察、记录15分钟后，便开始交流研讨，学生自由表达	学生观察、记录，小组展示记录单并在老师的指导下阐述观察到的现象 教师引导：现在我们来说一说实验中观察到了什么。请一组学生上台，把记录单展示一下 生：我们放入第一包小苏打的时候，产生了很多很多的气泡，并且气味也变淡了。说明液体…… 师：我们先说现象

续表

	第一次	第二次
学生研讨	学生非常积极地表述了观察到的现象:如小苏打遇白醋冒泡了;有嗤嗤的声音;液面变高了;泡泡从多变到少;液体有的时候透明,有的时候混浊;有白色的沉淀物出现,等等。学生努力运用头脑中已有的概念进行解释,有学生认为小苏打溶解不了便沉淀下来,也有学生认为苏打与白醋是相互反应,而不是溶解	一个小组汇报结束后,组织全班开展研讨,教师进行引导:谢谢这个小组！其他小组来说一说,你们小组在这个基础上不一样的补充 其他小组开始补充观察到的现象 教师组织学生进行现象小结:谁来说说通过刚才的实验,我们全班共同的发现是什么 学生具体表述后,教师提炼:太好了,气泡变化了,气味也随之变化,这是我们刚才全班同学的共同发现 师:我们全班的解释是什么呢？哪位同学来概括性地说一说 生:适量的小苏打遇到适量的白醋会产生气泡 生:我感觉这像一个链接,少一者,另一者就无法发挥它的本领了 生:如果不停地加小苏打的话,白醋会减少的;如果不停地加白醋的话,小苏打也会减少
区别	学生积极地表述自己的发现与想法,自由的交流与研讨已有所展现,但存在的问题是学生们表述的内容相对较散,一会儿说现象,一会儿进行解释,并且没有达成共识	学生们先交流观察到的现象,通过组内交流,组间补充,得到了"不断加小苏打,气泡由多到少到无;不断加白醋,气泡由多到少到无"的现象共识后,再对该现象进行解释,得到"气泡多是小苏打与白醋都较多,气泡少是其中一方量减少,气泡无是其中一方已经基本没有了"的原理共识,学生自己不断地补充与修正,最终达成全班共识,达成理解现象原理的教学目标

交流与研讨是两个层面的活动,交流是基础,研讨是深化;交流在前,研讨在后。很明显,第一次执教只是让学生进行交流;第二次执教基于学生的交流,再通过师生互动,让学生很好地经历了从现象到本质、从零散到聚焦的学习过程。

(二)丰富生生研讨方式

合作学习中的生生互动主要是指学生在合作学习小组内部或小组之间的相互作用和相互影响,生生之间以语言、非语言的方式进行互动,以合作学习小组为基本活动形式。互动的内容既包括认知、情感、态度、价值观等方面，也包括学生的生活经验、行为规范等信息；互动的过程包括交流、分享、讨论、争辩、反馈等外部的“交流”方式，以及学生与自身进行的内在的“自我交流”活动，最终实现学生学业成绩、合作意识和技能等的提高，促进学生个体社会化发展的过程。①

生生互动是个体之间通过互动实现小组目标的过程，是合作学习的主要部分。课堂中，我们经常用到的合作形式就是“小组讨论”。它涵盖三个方面的内容：一是表述自己的看法；二是倾听他人的意见；三是综合大家的智慧。在小组讨论时，还要根据实际情况，选择恰当的讨论方式：(1)轮流采访式，即小组成员围绕问题，逐个发言，一个不漏；(2)翻滚雪球式，即学生面对问题先由一人发言，再由其他同学补充说明或就某个问题每人准备其中一部分，然后以“后语接前言”的方式发言，从而构成一个整体；(3)激烈辩论式，即小组成员各自列举一定的理由或证据来说明对事物或现象的见解；(4)自由发言式，即小组成员自由发表自己的观点，谁先想到谁先说。以浙教版小学数学五年级上册“平均数的意义”为例，说明教学中如何选择合适的讨论方式。

案例【6-12】 浙教版小学数学五年级上册“平均数的意义”

教学环节：完成思考与讨论③“平均数”到底是怎样的一个数？

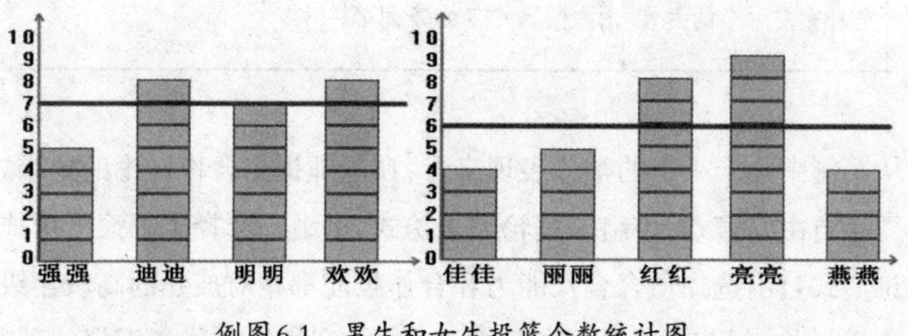

例图6.1 男生和女生投篮个数统计图

① 吴仁英．合作学习中的生生互动研究[D]．济南：山东师范大学，2005．

教师提问：有了平均数，水平高低就很容易看出来了。对比男生和女生的统计图（见例图6.1），打开课堂锦囊，和同桌进行第二次讨论。

课堂锦囊

思考与讨论③："平均数"到底是怎样的一个数？

1. 明明的7个和平均数7个一样吗？

2. 女生组中没人投中6个，但平均个数为6怎么理解？

3. 个人最好成绩在女生组里，为什么整体水平比不过男生？

学生思考，合作讨论，全班反馈讨论结果。以下是几个小组的发言记录（见例表6.1）。

例表6.1　小组发言情况汇总表

小组	小组整体表现	具体发言
一	有想法的先说	A. 明明7个是个体水平，平均数7个表示是整体水平 B. 第二个问题我知道，6是求出来的 A. 第三个问题我知道，因为女生组有几个投得太差了
二	按问题顺序发言，发言先后也是轮流	A. 明明7个是个体水平，平均数7个表示是整体水平 B. 一个7是明明个人成绩，一个7是男生的整体水平
三	有想法的先说，后一个补充前一个的发言	A. 明明7个是个体水平，平均数7个是男生整体水平 B. 对，两个7的意思不一样

从案例中几个小组的整体表现来看，在教师提出合作讨论的要求之后，小组一是自由发言式，小组二是轮流采访式，小组三选择了翻滚雪球式。小组讨论形式自由选择适合合作能力和合作技能都相对成熟的高段年级。此时的小组讨论，组与组之间是相互独立的，等到各组派代表汇报的环节，全班的小组为了解决"平均数是一个数吗"这个问题又形成了合作的关系，可

以采用辩论式，也可以继续采用轮流采访式，教师也可能会引导学生采用翻滚雪球式，当遇到认知冲突或相左意见时，还可以组织学生用激烈辩论式来完善问题的答案。

由上可以看出，在指向合作素养的SMART灵动课堂上，教师针对不同的探究内容，灵活运用各种方式，满足了学生的学习需求，确保了学生探究的积极性和合作互动的有效性，促进了学生合作素养的培养，推动了“人人会合作”课堂的实现。

第五节　强化互赖机制

社会互赖理论认为，合作努力的内部动机来源于共同工作的人际关系和实现重要目标的共同愿望。从合作准备到合作技能习得，再根据一定的合作策略开展学习，合作学习已经初具形式。但要让合作学习的组织更为顺畅和有效，组员间需要建立积极的互赖关系。没有积极互赖，合作也就不复存在，积极互赖是动力机制的核心及合作学习效度的动机保障。

基于合作学习的内在机制，我们在“人人会合作”的课堂实践中，根据合作的不同任务和内容、成员的不同年龄特点，采取强化互赖机制的策略，使小组合作学习过程有源、有序、有质，促进小组内深度学习行为有效发生，真正提升合作学习效度。积极互赖包括积极的目标互赖、积极的奖励互赖、积极的角色互赖等。在培育团队积极互赖的过程中，我们以目标互赖为统领，奖励互赖为辅助，并给予学生充分的尊重和选择权，将目标互赖与奖励互赖结合在一起，使合作学习更为高效。我们还从多个维度优化团队之间的互赖关系，使团队的互赖结构更加完善，让积极互赖成为合作学习的动力之源。

一、目标互赖

社会互赖理论认为，在众多积极的互赖方式中，目标互赖是最根本、最重要的互赖方式，是合作学习有效的根源。和谐、团结的团队是形成积极互赖的前提基础，要想培育小组积极的目标互赖，就要树立团队目标意识。在合作学习小组正式建立之初，教师与班级内各小组共同约定小组合作学习目的与目标，让小组成员在团队目标作用下形成对组内成员和小组团队的心理依赖。另外,目标互赖往往是与合作学习任务紧密联系在一起的,小组积极互赖是在解决一个个具体的合作学习任务过程中得以体现的,积极的目标互赖应体现在每一次的合作学习活动任务之中。[①]据此,我们在具体的合作学习任务中,通过远近目标结合,短、中、长期目标三位一体;尊重主体性,学生自定目标;承认差异,个体目标和小组目标相结合等策略,积极渗透目标互赖。

(一)远近目标结合,短、中、长期目标三位一体

从合作学习角度来看,短期目标是指一次合作活动或一天合作任务要实现的目标,是中期目标(一周或一月)和长期目标(一学期)的具体化、现实化和可操作化,是最清楚的目标。短期目标是可以令长期目标实现的物质保障。长期目标一般可分解成若干个短期目标,从而使长期目标变成可以实现的计划。目标的长短是相对而言的,三者需要有机地结合在一起,这样,学生的合作才更有驱动性。以我校四(4)班的合作小组管理为例,说明如何运用远近目标结合,短、中、长期目标三位一体的办法,实现目标的积极互赖。

【案例6-13】“远近目标结合,短、中、长期目标三位一体”的合作小组管理

从三年级开始,该班开展合作小组管理模式,在日常教育教学过程中,从课上到课下、从学科到常规、从教学到活动,学生都以固定的异质小组为单位进行活动。

1.短期目标:全班讨论并通过班级管理中合作评比项目分2大类,共16个小项。学科类有语文、数学、科学、英语、音乐、体育、美术、道德与法治、综合实践,常规类有早读、文明、用餐、好事、两操、书包、卫生。只要小组符合条件,得到相应的加分,比如体育课上,某同学受到老师表扬,该同学所在小组就能得到1分。

①李帮魁.优化小组合作学习的内在机制[J].教学与管理,2017(35):23-25.

2. 中期目标：以一周为单位，每周五班级固定时间9个小组进行得分汇总，得分最多的小组为本周“优秀小组”，较上周进步分数最多的小组为“进步小组”，“每周之星”就在这两个小组中产生(见例图6.2)。当小组合作管理比较成熟的时候，可以改为一月一评比。为了让班级中每一个学生都能积极投入小组合作，特意在班级显眼处张贴“四人小组5天合作情况汇总表”，课代表根据每日每课小组表现第一时间登记各组的得分情况(不同学科得分会有区分)，让学生时时刻刻都能感受到自己小组在不同时期的表现是否达成预期目标，如果没有达成，接下来可以在哪些地方努力。

3. 长期目标：以学期为单位，评选出“最佳合作小组”。这项荣誉是每周得分的积累，更是每日收获的一种肯定。分数最多的小组被评为“最佳合作小组”，评上的小组会获得一份特别大奖，获得期末评优评先进优先的资格。“四人小组学期合作情况汇总表”和“四人小组每周合作情况汇总表”张贴在班级显眼处，让每周得分的反馈变得显性可见，时刻激励小组达成目标。

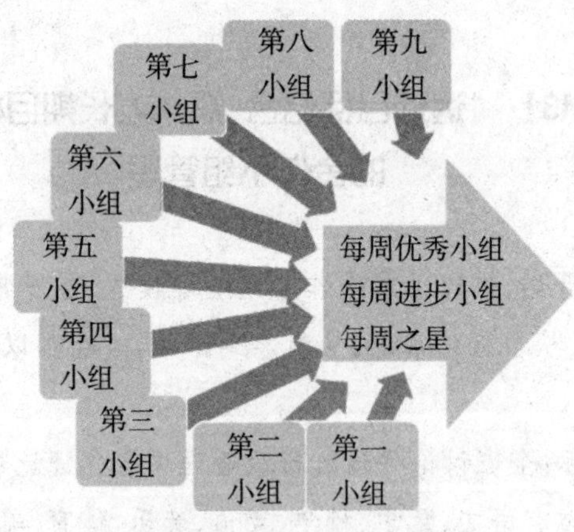

例图6.2　小组目标

按时间周期来看，短、中、长期三个层次的目标是相对独立的，每一天、每一周、每个学期都是一个新的开始，但决定长期目标是否能实现，依赖中期过程中每个小组的收获；中期目标的实现则依赖每日目标的实现，每日目标的达成依赖每个组员在学科学习和日常管理中付出的努力。三个层次的目标是彼此包含和联系的，而且从目标实现的标准来看，都是以“得分高低”为评判标准，所有的目标又是一体的。之所以要进行区分呈现，是因为我们倡导“一点点进步”“进步一点点”“每天有进步”的理念，而不同周期的目标可以给予学生不同程度的刺激和动力，就如全程马拉松过程中的加油站，努力实现一个小目标，再积累为一个大目标，这是符合学生学习能力循序渐进的发展规律。

（二）尊重主体性，学生自定目标

学生只有在自觉、主动、深层次地参与学习的过程中，才能有所发现、感悟、创造，才能真正理解与应用知识，发展合作能力，享受到小组合作学习的乐趣。教师在小组合作中要尊重学生主体性，帮助学生做到正确定位自己，找到小组中适合自己的位置和作用，并制定出切合自身特点的作用策略，促使小组成员不断地超越自我，不断地增强合作主动性，推动合作水平的整体跃升。

班级管理中的合作目标确定需要结合学校的各项评比，班级大目标是全体学生一起合作努力的方向，小组目标则是整个小组阶段性的奋斗方向。在“人人会合作”的课堂中，由组长带领，小组成员群策群力，根据各成员实际情况和追求目标，形成组内认可的“小组目标”，并公布于教室显眼位置。除了核心内容目标之外，组名、成员、口号或座右铭、组员的优缺点分析、实现目标的措施等，都包含在这次商讨之中，借助小组文化建设增加互赖。

特别是对初步接触小组合作学习的学生来说，教师可能会发现部分学生不同程度地存在着动力不足、目标不明、学习被动、态度懒散、方法不当等问题。这时，教师应有针对性地发掘、诊断出这些学生的认知特点，根据其学习风格对症下药。当然，教师还要注意到这个过程中的小组成员可能表现出的波动、摇摆现象，耐心做好巩固工作，防止合作成绩的反弹。

（三）承认差异，个体目标和小组目标相结合

合作学习理论中强调，个人的成功必须以他人的成功为依据，个人不可能离开其他组员的帮助或协作而自己取得成功。尽管如此，这一观点有时会在现实教学中遭遇尴尬。因为就小学阶段的学习内容来说（除了团队活

动，如合唱、足球比赛等），的确会有部分学生仅凭个人能力就能解决问题。如果奖励仅仅看小组整体的话，部分强者的个体水平会得不到展现，长期下去，强者的积极性会被削弱，这样不利于小组和群体的发展。

在指向"人人会合作"素养培育的教学实践中，我们意识到，合作学习强调团队协作，但并不等于忽视个体差异或是抹杀个性。学生完全可以融合个体目标与合作小组的目标，以实现自我和小组的双赢。当然，这需要一定的机制保障。我们可以在班级或是课堂上施行两套评价体系。学生个体不仅可以吸收小组中其他同伴的目标，同时结合自己的实际情况，融合个体目标和小组的目标，朝着个人目标奋斗，也为小组的目标奋斗。对于小组来说，不仅完成小组的目标，还要兼顾每位合作小组成员的目标。表6-3表明在这种有机结合的模式下，正确分析小组优势与不足，对合作目标的达成会起到积极的作用。实践表明，承认差异，个体目标和小组目标相结合，会使小组成员产生更强的自主感，借助在小组合作的环境下彼此相互提醒、相互激励、相互帮扶，最终实现个体目标和小组目标。

表6-3　向日葵小组制作的合作目标分析表

项目	具体内容	点评
小组名称	向日葵小组	要有吸引力
小组口号	没有最好，只有更好	
组员	*小张、小陈、小许、小周	
小组目标	学期力争3次获得班级优胜小组，期末各科平均85分以上	目标很重要，要符合实际，有实现的可能，也要多元化
优势	*小张：主动好学，乐于助人，善解人意，责任心强，音乐有特长 小陈：热情，学习比较轻松，会跳舞 小许：有极高的班级荣誉感，特别爱帮忙，爱好模型 小周：乖巧、善良，热爱班集体	发挥优势，帮助小组成功

续表

项目	具体内容	点评
不足	*小张:作业粗心 小陈:做事不细致,过于大大咧咧 小许:学习上不够主动、作业比较拖拉、贪玩 小周:学习比较困难	将组员的不足点分类,规划如何克服,实行有效管理
实现目标的措施	学习上,小许要做到按时完成各项学习任务,组员辅导小周弄懂题目;纪律上,四人相互监督,开展小组内竞赛;通力合作完成班级任务	目标需要小组合作才能达成,措施要体现合作性和自主性

注:*代表组长。

二、奖励互赖

奖励是一种激励手段,通常包括精神奖励和物质奖励。奖励互赖是指个体所获取的报偿如名次、表扬等不再是个人成功的象征,而是基于小组的出色表现,这是合作学习发挥其独特功能的核心。

奖励互赖的组织实施需要遵循两个原则:首先是以团队名义奖励。教师的奖励不是指向小组内的个人,而是给予团队,并且这种团队奖励不设数量的限制,只要达到了既定标准的小组都能获得相应的奖励。其次是奖励互赖要与目标互赖相结合。一方面小组可以只有目标互赖而不对结果进行奖励,但没有只有奖励互赖而缺少共同目标的小组合作学习,实行小组奖励互赖必定意味着小组成员已经有了共同目标。另一方面国内外大量的合作学习研究表明,将目标互赖与奖励互赖结合在一起会使合作学习更有效,两者结合比只有目标互赖更能提高学生的学业成绩。

比如,某小组想拿到"英语朗读分",小组中的4个人就要做到"指读无误,不加词,不漏词,有一定的语音语调"才可以,如果其中一个组员的行为不佳,就会记录在小组整体表现之中,影响这个小组的"英语"评价。与此同时,个体的良好表现则会帮助小组在最终评价中得到成功,比如某位同学在某次英语课上表现特别积极,多次发言,就可以为小组获取"英语分"

记录在小组总分之中。学生个体通过这样的鼓励，会对“我个人做得好，小组也会跟着好起来”的体验更加深刻。在小组评比中设立“合作之星”的奖项，也是出于这个想法，让学生体验“小组成功了，个人才可能获得奖励”。

因此，我们要充分利用好教师的奖励评价所具有的导向作用，如果教师的奖励指向个体行为，学生个体行为就会因被强化而得以持续表现；如果激励团队行为，学生就会倾向于表现出良好的团队合作行为。在培育小组积极互赖的过程中，教师应改变传统课堂中习以为常的奖励评价方式，适当地减少个体评价，增加团队评价，以教师的团队奖励评价强化小组合作的团队意识，促进小组团队凝聚力、团队积极互赖意识的形成。

【案例6-14】 我们可以这样说——

老师要求上午吃饭前完成语文课堂作业，课代表在11:45开始收作业，发现A小组4个人都已经完成了语文作业——语文课代表就可以向全班宣布“表扬A小组按时交语文作业，‘语文’加1分”。反之，如果B小组的某位成员没有认真早读——早读负责人就向全班宣布“提醒B小组的××同学没有认真早读”。当然，这些评价一方面物化为得分，另一方面也会在记录本上留下痕迹，以供各小组自评和阶段性总结反馈时查询所用。

在上述案例中，课代表看似简单的一句话，其实是经过精心设计以及前期进行过训练的，表达的意思有以下几点：第一，小组奖励是建立在人人完成个人该做的事情的基础上，一个人的成功无法得到奖励。第二，个人行为不到位，会导致小组得不到奖励，责任到人以建立个体和小组之间的联系。第三，想要得到奖励，组员之间要相互督促、提醒和帮助。

合作性奖励结构实际上也保证了小组的成功必须依赖大家同心协力去争取。传统的课堂教学通常采用的是竞争性奖励结构，有的学者称为“负性的奖励结构”。在这种结构下，别人的成功意味着自己的失败，反之也成立。我们在“人人会合作”的课堂或班级中构建的合作性奖励结构，就是“正性的奖励结构”。在这种结构下，一个人的成功并不以他人的失败为前提，一个人的成功能够帮助别人也取得成功，各人之间存在一种相互依赖的关系。[1]在奖励结构中，合作小组管理把以往表面上面向全体学生实际上却鼓励个人间竞争的奖励形式，改为面向小组的合作性奖励，这是合作小组发挥其独特功能的最关键之处。

三、角色互赖

角色互赖的实质就是建立起相互支持、相互配合的角色关系。角色互赖的建立需要一个过程，我们借鉴社会学中的角色理论、认同理论以及其他相关理论，来阐述角色互赖关系形成途径中的三个主要环节。

（一）组内角色分工是形成角色互赖关系的首要环节

角色互赖是合作学习的要求，也是评价合作学习是否达成的重要尺度，因此，要想深入研究角色互赖关系形成途径的具体环节，就必须明确分工的重要性，通过分工产生角色，角色产生个体责任，同时在设计角色时要考虑到角色之间是否有很强的角色关系。

在实际的课堂教学过程中，合作学习常常因为缺乏分工或分工不合理，造成合作学习流于形式的简单化倾向。因此，实现角色互赖的首要环节就是组内角色的合理分工。教师可以通过设计有利于建立角色关系的角色和规定角色所承担的责任来促进角色分工。其中根据活动的特点进行科学的分工，产生有利于建立角色关系的角色显得尤为重要。合作学习一般分为活动上的合作与知识上的合作，目的都是通过合作学习让学生学会合作。活动的合作一般包括课堂教学活动与课外教学活动。

典型的课堂教学活动就是角色扮演，根据教学情境，安排相应的角色，共同演出教学情境。例如在语文和英语教学中，经常模拟课文的场景，分小组表演，每个成员扮演不同的角色，每个角色之间本身就有关系，有利于之间相互配合。典型的课外教学活动主要是课外调查活动，根据教学任务，组织小组进行课外调查，每个成员承担不同的任务，相互配合完成调查报告，或是基于一个项目在课外完成一个产品，等等。

---

①庞国斌，王冬凌．合作学习的理论与实践[M]．北京：开明出版社，2003.

表6-4　六年级下册道德与法治“日益重要的国际组织”学习表单

<table>
<tr><td colspan="5">日益重要的国际组织
班级 ____________ 姓名 ____________
同学们，在经济全球化和互联网时代，国家、地区间的交流日益频繁，国际组织在中间发挥着重要作用，请和小组的同学一起选择一个国际组织，展开调查研究吧。</td></tr>
<tr><td>组名</td><td></td><td colspan="2">调查组织</td><td></td></tr>
<tr><td>研究方法</td><td colspan="4"></td></tr>
<tr><td rowspan="5">合作分工（可以从成立信息、成员国、徽章、职能，参与活动，与我们的关系等查找资料）</td><td>姓名</td><td>任务</td><td>姓名</td><td>任务</td></tr>
<tr><td></td><td></td><td></td><td></td></tr>
<tr><td></td><td></td><td></td><td></td></tr>
<tr><td></td><td></td><td></td><td></td></tr>
<tr><td></td><td></td><td></td><td></td></tr>
<tr><td colspan="5">将调查收获记录在下面，也可以贴照片作为辅助补充材料。</td></tr>
</table>

从以上学习表单（见表6-4）中可以看出，合作分工的内容以信息检索和选择、整理为主，各个知识点相对平行，没有太多的递进和联系，但却都是完成实践小报必不可少的内容。因此每个组员的角色分工相对比较自由和灵活，可以按兴趣分工，也可以随机按顺序进行，这样大家都能找到可以发挥自己才智的工作，相较于被动地分工，自主的角色选择更受学生欢迎。不过，很多临时型任务基于学科内容特点或是学习内容的要求需要有一定的序列性或程序性，那么，这样的临时型任务要基于老师的指导，以一定的顺序进行呈现和开展。

知识上的合作学习包括讨论学习和辩论式学习等。讨论学习是指老师可以通过对每个角色的要求进行规定，或者把角色之间的配合作为评价的依据，即通过制定规则、明确要求来增强角色之间的关系。比如教师可以规定在记录员记录讨论过程时，其他成员也要帮助记录主要信息，以免记录员忽略掉一些信息；联络员在对外联络时也要征求其他成员的意见，小组长也可以配合联络员与其他小组沟通协商。讨论式的合作学习，并不是每个组员独立完成各自的学习任务，然后把结果汇总到一起就算完成所有的学习任务，而是每个角色与角色之间要相互配合才能完成共同的学习任务，这些角色不是一成不变的，而是根据不同情况灵活变通的。

辩论式学习是指以辩论形式展开的合作学习，每个小组要根据辩题设计角色分工，每个辩论组由一辩、二辩、三辩和四辩组成，每个辩手要发挥自己的特长与优势。一辩负责阐述本方观点、要求，有较强的演讲能力和感染能力；二辩和三辩只要针对本方观点，与对方辩手展开激烈角逐，有较强的逻辑能力和反应能力；四辩负责总结本方观点，有较强的归纳和概括能力。如果辩论小组没有规定每个角色所承担的学习任务，那么组员之间就不知道自己该干什么，也不懂得如何配合，辩论活动就不能顺利开展。

（二）角色的自我认同是形成角色互赖关系的基础环节

美国当代媒介和文化研究学者詹金斯认为：“认同的过程就是追求与他人相似或者与他人有区别的过程。”在合作学习中，有了合理的分工，产生不同的角色，每个角色都要承担相应的学习任务或责任，如果想要很好地扮演在学习小组中的角色，就必须对角色进行自我认同，也就是认同角色自身所承担的任务或责任。

根据合作学习的课堂活动，设计不同的角色，每个角色都承担相应的学习任务或责任，每个小组成员要扮演好角色就必须认同自己的角色，认可角色所承担的任务与责任。根据教学活动设计的不同角色以及角色对应的任务及要求，编制角色任务分配书，给小组成员发放角色任务分配书，其中包括角色的名称、角色对应的学生、角色承担的任务或责任、角色的要求等。具体可参表6-5的“角色任务分配表”。提前发给学生角色任务分配表有利于学生做好充足的准备，学生要想认同自己的角色，就必须先了解这个角色，角色任务分配表为角色的自我认同提供了条件。

表6-5 角色任务分配表 ①

角色任务分配表			
成员姓名	角色	具体任务(责任)	能力特点
共同的任务(责任)			
我与角色的相似点			
我与角色的差异点			
我如何克服差异点			

(三)角色间的相互认同是形成角色互赖关系的关键环节

在一个团队中,每个成员不仅要完成自己的任务,还要明确自己的任务和团队任务之间的关系。团队共同任务可以驱使角色之间相互认同。比如全体成员为了争取得到本周"最佳小组"的荣誉而共同努力的过程,就是组员之间角色相互认同的过程。再如在篮球队中,每个球员都要扮演不同的角色,完成自身角色所承担的任务,中锋要明确自己是负责抢篮板、防守和组织进攻,前锋要明确自己是负责投篮得分,后卫要明确自己是负责防守和组织进攻。同时每个球员还要明确球队的任务是得分胜利,因此他们的个人任务需要相互补充、相互配合才能实现团队目标。中锋、前锋和后卫要互相配合,默契传球,才能组织好进攻,同时又能加强防守。这种相互配合、产生默契关系的关键就是要相互认同。

在教学实践中,角色的自我认同是前提,而角色之间的相互认同是关键,没有角色之间的相互认同就不能使学生之间产生相互帮助、相互支持的

① 赵凯.高中思想政治课合作学习中角色互赖关系形成途径的探讨[D].桂林:广西师范大学,2014.

关系，也不可能实现合作学习的价值。可以通过制定角色合作意见表及实行角色轮换制度来促进角色间的相互认同。

1. 角色合作意见表

在合作学习小组中，为了能相互配合，实现积极互赖，就必须认同其他角色。明确其他角色的任务与自己任务的关系及自己的任务与共同学习任务的关系，这样有利于角色间形成相互配合、相互支持的关系。每个成员认真填完角色合作意见表（见表6-6），然后相互交换，就能明确其他角色在完成任务时需要怎样的帮助，自己又可以帮助哪些角色来完成他们的任务。经过相互了解，角色之间就容易形成相互支持与相互配合的关系，从而实现角色互赖。

表6-6 角色合作意见表①

角色合作意见表	
共同的任务/目标	
自我介绍	
我对其他角色的认识	
我的任务和共同任务的关系	
我需要哪些角色的帮助	
我可以给他人提供什么帮助	
我想和谁互换角色	

2. 实行角色轮换制度

当小组角色之间相互接受、相互认可之后，合作学习便可以很好地开展。为了使角色之间的相互认可更充分，可以实行角色轮换制度，这样更有利于角色间建立互赖关系。比如在进行课堂辩论活动时，一辩可以和四辩相互轮换角色，这样一辩和四辩就可以相互了解对方具体的学习任务与责

① 赵凯. 高中思想政治课合作学习中角色互赖关系形成途径的探讨[D]. 桂林：广西师范大学,2014.

任，当他们再次转换角色时，就能明了对方最需要自己提供什么样的帮助，使角色之间配合更为默契，更有利于角色之间的相互认同。

由于课堂教学时间有限，很难在课堂中直接促进角色的相互认同，教师可以通过课外活动培养学生的合作意识，从而促进角色之间的相互认同。在合作学习之前，可以组织小组成员开展一些活动，让组员在活动中相互交流、沟通，通过自我介绍，了解彼此的兴趣爱好、特长等。每个成员还要表达自己所承担的角色有什么任务，需要其他角色怎么配合，自己也会配合其他角色。例如在集体项目的比赛中，让学生懂得谁上场，谁替换，替换谁，都要以实现最高目标为准则。一场比赛的胜利，除了队员个人的技术、技能的充分发挥外，主要是同伴间的相互配合，特别是少数技术好的队员，更应该提醒他们与同伴相互配合。在游戏中，由于各种原因，队友发挥失常或出现失误都是难免的。这种情况下，队员要相互谅解、鼓励与支持，切忌埋怨、责备。学生在实行角色轮换的过程中也会逐渐认识到，小组成员之间只有良好的合作，才能相处得更融洽，取得成功的机会也更大。

第七章

SMART课堂的评价

课堂教学评价的教育功能在于促进学生在原有水平上的发展和提高，对课堂教学的理解直接影响并决定着课堂评价的实践。SMART灵动课堂以“人人爱思考”“人人善表达”“人人能实践”“人人会合作”为目标，强调了解学生发展中的需求，强调发现和发掘学生多方面的潜能，帮助学生认识自我，建立自信。传统的书面测验方式已经不能适应时代要求，不能客观全面地刻画出学生的整体素养。SMART灵动课堂评价秉持多元化评价理念，不仅关注学生的学业成绩，更关注学生素养表现和形成过程，强调标准评估，建立促进学生全面发展的评价体系，实现绿色健康的个性化评价。

第一节　多元化评价理念

SMART课堂评价体系是我校课堂转型的一个重要组成部分，体现了学生评价从考试文化转向评价文化的一种变化。它的评价维度是多元的，摒弃以“逻辑—数学智能和言语—语言智能”为核心的做法，纳入对创新能力和问题解决能力的考核；评价对象多元，既注重对学习结果的评价，也注重对学习过程的评价；评价形式多样，且所有形式都是镶嵌于教学之中，并不像标准化测试那样游离于教学之外；评价功能多种，既有“对学习”的诊断，也有“为学习”的反馈，反对考试文化对学生进行排名的做法，提倡向学生提供促进学习的多维度反馈。

一、理论依据：多元智能理论

多元智能理论是由美国著名心理学家加德纳提出的一种人类智能结构理论。起初他提出了言语—语言智能、逻辑—数学智能、音乐智能、身体—动觉智能、空间智能、认知智能和自我认知智能七种智能类型，通过深入研究后又提出了第八种智能——自然观察智能。加德纳认为，每一种智能在人类认识和改造世界的过程中都发挥着巨大的作用，具有同等的重要性。多元不是一种固定的数字概念，而是开放性的概念。该理论自提出以来，引起了教育界的广泛关注。其中所蕴含的教育观点对我们深化课堂教学改革有很大的启示。

（一）尊重差异的理念

在加德纳看来，个体的多种智能不是以整合的方式存在，而是相对独立的，各自有着不同的发展规律并使用不同的符号系统。各种相对独立的智能以不同方式和程度有机地组合在一起。即便是同一种智能，其表现形式也不一样。正是这种在个体身上体现的智能差异性，使得人与人之间存在不同的差异。又因为每个人的智能都有独特的表现方式，每一种智能又都有多种表现形式，所以我们很难找到一个适用于任何人的统一的评价标准，来评价一个人的聪明和成功与否。

多元智能理论倡导因材施教的教学观念。这里的因材施教包括两个方面的含义：一是指针对不同的智能特点开展针对性教学，教师的教学方法和教学手段应根据教学内容的不同而有所不同；二是指针对不同学生开展个性化教学，同样的教学内容在教学时，应针对学生的不同智能特点、学习类型和发展方向"对症下药"。教育应该在全面开发每个人大脑各种智能的基础上，为学生创造多种多样的情境供其展现各种智能，为每个人提供多样化的选择，使其扬长避短，从而激发每个人的潜能，充分发展每个人的个性。教师应该树立这样一种信念：每个学生都具有某一方面的发展潜力，只要为他们提供合适的教育，人人都能成才。

(二)协调发展的思想

传统的应试教育过度强调"智育"的重要性，学科考试的分数和升学率是评价教育质量的主要指标，而以言语—语言智能和逻辑—数学能为核心的学科考试过分强调死记硬背，缺乏对学生理解能力、应用能力和创造能力的客观评价，难以真实准确地反映学生解决问题的能力。新时代教育坚持德、智、体、美、劳五育并举，要求全面发展素质教育。正如加德纳所说，"每一人都具有这些智能的潜能，我们可以依照各自的倾向或所处文化的偏好去动员或联结这些智能"。

多元智能理论主张的教育是通过多种渠道、采用多种形式、在多种不同的实际生活和学习情景下进行的，指向的是人的协调发展。即学生可以通过对自己优势智能的肯定建立进一步发展的自信心，从而带动弱项智能的发展，弥补其不足，最终达到各方面可持续协调发展。这也为评价形式的选择做出了指引，用简单的纸笔测验来确定学生在群体中的位置是不科学的，需要通过各种方式的评价来帮助学生认识自己的优势与不足。

(三)创新实践的呼唤

多元智能理论的应用指向创新能力和实践能力的培养。从创新实践的角度来看,多元智能和核心素养是一致的。核心素养概念的提出即源于为适应不断更新和变化的信息时代与知识社会的挑战,个体面临不可预测的情境时解决复杂问题的能力。加德纳将智能定义为"个体处理信息的生理和心理的潜能,这种潜能可能在某种文化背景中被激活以解决问题和创造该文化所珍视的产品"。[①]可见,他将创新实践视为智能的本质要求。他在研究中证明,世界上没有两个人有完全相同的智力结构,每个人都具有强大的创造力。

从课堂教学实践角度看,当"教是为了理解"时,学生会积累积极的教育体验和创造性地解决生活中的问题的能力。加德纳强调"为理解而教",他把"理解"同"知识"进行比较后指出,当我们说一个人"知道"某事时,通常是指他已经把信息储存在心里,并随时可以取用。但这里的"知识"只是对某一件事物的了解或知道,并不一定就理解了。而当一个学生"理解"某事时,就表明他具有了驾驭所储存的信息的能力。也就是说,所谓"理解"是指个体不只是掌握了静态的信息,不只是他记得什么,而是可以运用信息做事情,运用信息解决问题。换句话说,当学生理解事物时,他们可以用自己的话来解释概念;当面临新的情境时,学生能够适当地运用信息,做出创新和推论。加德纳所谓的"为理解而教",其中的"理解"和我们通常所指的记忆、背诵和知识是不同的,它实际上指的就是学生所掌握的知识经过了体验与内化,加入了自己的思考,有了自己的东西。这样,学生就有了自己的教育体验,并经过思考,可以进行创造性的应用。

二、价值取向:指向人人成才

多元智能理论所探讨的教育观点,对我们的评价体系建构具有积极意义。

(一)有利于重塑学生观

依据多元智能理论,传统教学观下的所谓"学困生"只是在"数理逻辑智

---

① 霍华德·加德纳.重构多元智能[M].沈致隆,译.北京:中国人民大学出版社,2008.

能”和“语言智能”占主导的测评中处于弱势地位,并不代表其他领域也没有发展前途。社会发展需要不同类型的人才,学校教育自然不能仅以培养数理和语言智能方面的优生为目标,需要秉持多元化的学生观。

多元智能理论倡导的学生观是一种积极的学生观。加德纳认为:“每一个学生都是具有潜能的天才儿童,只是他们所表现出来的方式不同。对孩子最有用、最重要的教育方式是帮助孩子找到他才能的强项,并为他强项的发展提供一个良好的地方,让他可以在那里尽情发挥自己的潜能。”换言之,虽然每个学生都同时拥有多种智能,但是在每个个体中智能组合是多样的。每个学生都会有自己的优势智能领域,拥有自己独特的学习风格。学校里不存在所谓的“学困生”,全体学生都是具有自己的智能特点、学习类型和发展方向的可造之才。适当的教育和训练可以使每一个儿童的智能发挥到更高水平。换句话说,适当的教育和环境有利于发现与发展每一个学生的智能强项,每个学生都是可以被培养成自身强项领域中的强者。

(二)有利于落实差异性评价

在多元智能理论指导下,如果沿用纸笔测验,只会让学生的独特性逐渐被磨灭。世界上没有任何两个人的智能组合是相同的,体现了个体智能的独特性。这种独特性意味着一个人如果具有很高的某种智能,却不能说同时具备同样程度的其他智能。也并不是说每个人只能具有某一种高智能,而是每项智能在个体的智能组合中占有不同的比例。由于比例不同,所以就出现了智能的强项和弱项。由这种智能组合的差异性可以看出,我们需要用不同的手段去发现不同的智能特征。

在了解不同学生智力差异的基础上,教师确定相应的教学内容和有效的教学方法,使学生的强势智力得到更好的发展,使学生的弱势智力得到有效提升。只有这样,教师教学才能使学生得到全面发展、全员发展。教师要从“划一性”的评价观转变为差异性的评价观,教学内容根据学生学习需要而不同,教学方法根据学生差异要多样化,摒弃灌输式、应试式教学,多开展启发式、探究式教学。多元智能理论让我们从全新的视角去看待智能发展,评价和培养学生。在实践中,多元智能理论强调通过情境化教学来促进学生智能的发展,采用多种途径、形式落实差异化评价,善用形成性评价,并为

学生今后的发展提供建议，以获得学生的可持续发展。

（三）有利于形成发展性眼光

智能发展是一个动态发展过程，对于学生的评价也应该包括对学习的动态过程进行评价。以往教师认为学习能力强、考试成绩优秀的学生智力好，前途无量，而学习能力不强、考试成绩不好的学生智力不好，前途不好。这是教师忽视“学困生”的提升，不愿在“学困生”身上多下功夫的重要根源。按照多元智力理论的观点，学生的某种智力不好，并不能表明他的其他智力就不好。教师在看到学生不足的同时，要发现学生独特的智能潜力并加以培养。通过师生双方努力，学生即使不能发展成为这种人才，也有可能发展成为另一种人才。教师要转变过去“一刀切”的学生观，用发展的眼光看待学生的成长与发展，坚信每一位学生都可以被培养成某种人才。

此外，从阶段性成长角度看，每个人的智能在最初阶段都只是一种潜能，只有在适当的教育和环境下，个体所特有的某种智能潜力才能够发展到一个很高的水平。这就提醒教师要形成发展性眼光，善于把学生在某一个阶段内的学习情况与之前的相比较，了解学生在学习过程中的变化，并在此基础上促使自己及时调整和改进教学，探索和运用有利于发展多种智能的形式与行为，根据学情确定多个教学目标，通过各个教学目标的实现，促进各种智能差异的学生在课堂中都学到知识，能力都得到培养。

三、校本评价思想：时代学子个个棒，而且棒得不一样

评价是教学的指挥棒，我们要把握好这根棒，充分发挥它的作用。浙江省教育厅在《关于深化义务教育课程改革的指导意见》中强调：“保护和培养每一位学生的学习兴趣，充分调动每一位学生的学习积极性，开发和培育每一位学生的学习潜能和特长……”我们在评价体系构建中把这一指导思想校本化，表述为“时代学子个个棒，而且棒得不一样”，从多种维度评价学生的智能发展，采用多种方式对其加以评价，并充分发挥评价促进学生发展的功能。

（一）评价维度多元化

在多元智能理论中，多元不是一种固定的数字概念，而是开放性的概念。这就意味着个体到底有多少智能还有待商榷和发现。事实上，在落实

素养的校本课堂中，素养的评价维度也会各有不同。时代小学把"四个人人"作为解读时代学子素养发展的一把"金钥匙"，"思考、表达、实践、合作"这四个方面成为评价的四个基本维度。

在不同的基础学科课程或拓展课程中，学生会呈现出不同的素养表现，比如有些学生善于用绘画艺术表达所思所想，有些学生善于用语言表达，还有学生会创作精美的视频来表达内心感受等。因此，我们在四个维度下面分学段列出详细的素养表现，用开放的标准而非封闭的标准来描述，以求发现每一位学生的优势智能，并为其提供适当的教育和环境。学校对学生具体的素养追求也会随着时间的推移以及学校的发展发生变化。目前，我校尝试使用雷达图等可视化形式对学生各方面的素养进行等级刻画。

（二）评价形式多元化

在纸笔测验之外，我们采用以表现性评价为主的手段对学生进行测评。表现性评价强调真实情境中知识和技能的运用，要求学生提供问题解决方案或通过自己的行为表现来证明学习过程和结果。因此，与表现性评价相匹配的必然是那些具有情境性的、复杂的、需要持久理解的、整合多种智能的目标。也就是说，表现性评价必然会与核心素养目标相匹配。

我们常用一些表现性任务给予学生展现素养的情境，任务形式有纸笔任务、展示、实验与调查、口头表达与角色扮演、项目等。这里所说的"纸笔任务"与传统的纸笔测验不尽相同，主要运用的是论述题（扩展反应式论文题）和问题解决题。问题解决题给予学生一个问题情境或任务，要求学生展示某种程序和正确的解决方案，最适合检测那些要求在问题情境中应用知识或技能的学习目标。"展示"需要学生使用知识和技能来解决一个复杂任务。一般而言，展示关注的是学生如何使用所掌握的知识技能，而不是看如何解释他的思考或者表述现象背后的原理。"口头表达"要求学生以访谈、演讲或其他口头表现的方式来展现所掌握的相关知识和口头表达能力。"角色扮演"则将口头表达、展示与表演等综合在一起，比如，学生基于他们对人物的理解，通过扮演角色来展现人物立场和性格。最后，通过项目完成情况，我们可以评价学生综合运用知识的能力。项目可以由学生独立完成，也可

以合作完成。[①]

(三)评价功能的多元化

评价功能的多元化表现为我们将“对学习的评价”和“为学习的评价”整合到评价体系中。首先,为了更精准地呈现对学生学习的评价,在保留纸笔测验的基础上,我们做出了一些评价变革:通过创设整合性的、情境化的、非良构的真实任务,直接评估学生的真实性学业成就,从内涵上变革考试命题;重视(跨)学科探究主题和基于现实社会实践的日常评价活动;通过多种形式从不同维度收集学生成长的证据。

其次,在日常教学中我们会利用评价单反馈,引导学生参与评价的过程,借助不断循环巩固学生“自我观察”“自我判断”“自我调控”的认知过程,帮助学生形成认识自己的优势、倾向和不足的能力。同时,学生成为教师的评价伙伴后,就把枯燥的学习评价变成令人渴望的挑战,不只对评价过程和评价目标有清楚的把握,学习动力也得到了激发。

① 周文叶.中小学表现性评价的理论与技术[M].上海:华东师范大学出版社,2016.

第二节　多维度评价体系

评价不仅赋有对课堂上学生的学习结果加以测量评估的功能，还可以借助反馈促进学生的学习发展。它是SMART课堂的重要组成部分，贯穿学习活动的全过程。为更好地达成SMART灵动课堂的素养指标，我校积极探索并构建了应用大数据的技术，从素养目标、课程内容(标准)以及学段细目等不同维度出发，形成促进学生全面发展的多维度评价体系。

明确的评价内容、具体的评价标准、可量化的评价细目，是我校SMART课堂评价体系的突出特点。以评促教、以评促学，真正实现“时代学子个个棒，而且棒得不一样”，是SMART课堂评价体系的直接目标。具体来说，这一体系将学生的素养目标分为四个维度加以评价，分学段、学科制定标准并划分细目，对学生在小学六年的学习过程进行全方位的动态追踪评价。评价结果直接作用于教师的教、学生的学，为实现SMART课堂“人人爱思考、人人善表达、人人能实践、人人会合作”提供了有力的支撑。

一、素养目标的基本意涵

根据SMART灵动课堂的素养目标，我校从“思考、表达、实践、合作”四个维度出发，实现评价重心的转移，即从单科独立评价到多科整合评价、从学业评价到综合评价，以此来全方位评价学生在学习过程中的表现，判断学生在“人人爱思考、人人善表达、人人能实践、人人会合作”中的层次及水平。

(一)敢思会想

“爱思考”维度，旨在评价学生是否能及时启动元认知，自觉发现问题，提出问题，解决问题，主动建立联系。例如，学生能够具备自我觉察、反省、

评价与调节的元认知能力，围绕学习内容提出问题，进行分析、综合、推理、判断等思维活动，尝试领会事物（信息）间的内在联系，并找到本质特征。

（二）有质表达

“善表达”维度，旨在评价学生是否能利用恰当的表达形式，如语言、文字、图形、声音、形体动作等，呈现表达依据，把观察到的客观事物和主观感受有质感地表现出来。同时评价学生在学习过程中是否带有积极而强烈的表现欲，乐于与老师、同伴分享他的学习感受、学习成果。

（三）擅长实践

“能实践”维度，旨在评价学生是否能熟练地运用相应的学科方法，积极地参与学科活动，包括课堂探究活动与课外拓展活动。例如，学生能在课前、课中和课后主动地进行“做中学”，运用一些简单而常见的方法性知识（学科方法与学习方法），完成观察、阅读、尝试、交流、争辩、提炼、概括、操作、运用、拓展等学科实践活动，在参与学科实践活动的过程中，有意识地、创造性地综合运用学科知识与各项相关技能。

（四）有效合作

“会合作”维度，旨在评价学生是否能在充分倾听团队成员意见的基础上，委婉地表达自己的建议，做出有原则的妥协，和谐地参与团队活动，形成相互信任、相互依赖的团队氛围，人人承担责任，有效地完成合作任务。实施评价的主体不仅仅是教师，同伴（团队成员）的感受与判断更为重要。

二、素养目标的工具研制

在充分考虑学科特色及学段差异的基础上，我校按课程制定标准、按学段划分细目，实现“四维”评价指标的升级，即从标准化评价到差异化评价、从单一智能评价到多元智能评价。

（一）结合课程，制定评价标准

基础性课程和拓展性课程在实施“四维”评价时，会制定彰显学科特色的评价标准，结合学生具体的行为表现，做出评价。

1.基础性课程评价标准：关注学科素养

基础性课程在制定评价标准时，会重点参考学生的学科表现。即使是同一维度，不同学科的具体评价内容和评价标准也是不同的，详见表7-1。

表7-1 小学三个学段不同学科的“四维”评价标准

第一学段		
学科	维度	评价标准
语文	爱思考	在识字、阅读的过程中，能结合直观、形象思维，发展想象和联想，并注重词句的积累和语言形式的发现
	善表达	自信、流畅表达，声音响亮，观点清楚，正确、流利、有感情地朗读课文，背诵规定篇目
	能实践	有良好的阅读兴趣和习惯，积极主动阅读儿童读物，每天独立阅读
	会合作	能与同伴和谐相处，安静倾听和吸纳同学意见，积极参与讨论
数学	爱思考	勤于思考，灵活运用数学知识解决问题
	善表达	善于表达，能大胆提出与他人不同的见解
	能实践	勇于探究，能用数学知识进行综合实践活动
	会合作	乐于合作，能主动与同伴分享学习成果
英语	爱思考	能够借助图片听懂、读懂小短文
	善表达	上课态度认真，积极发言，声音响亮，语音面貌佳
	能实践	喜欢英语阅读，乐于英语阅读拓展学习
	会合作	乐于用英语交际，参与合作学习，表达所见所想
科学	爱思考	有序观察，细致记录
	善表达	乐于表达，大胆交流
	能实践	进行家庭实验，参与拓展活动
	会合作	认真倾听，尝试合作

续表

第一学段		
学科	维度	评价标准
音乐	爱思考	对音乐有好奇心，能够运用人声、乐器或其他音源，创作1～2小节节奏
	善表达	能运用语言、线条、色块、图形、音乐表演等形式表达对音乐的感受
	能实践	能积极主动进行演唱、律动、器乐表演或即兴表演
	会合作	能够和同学、老师合作交流，尊重和关怀他人
美术	爱思考	能思考老师提出的问题并积极与师生进行交流，按时完成美术作业
	善表达	敢于举手发言，能表达对绘画作品的喜好
	能实践	能实践，根据课本中要求的美术工具进行简单实践
	会合作	尝试合作，根据老师分配的分工任务，按时完成合作活动
体育	爱思考	对体育活动充满热情和乐趣，愿意积极地参与，并且思考完成目标的要素
	善表达	勇于展示自我，并敢于表达自己的观点和想法
	能实践	完成跳绳、50米跑、坐位体前屈的测试要求，并达成目标，同时积极主动参与各种体育实践活动
	会合作	学会沟通，愿意积极参与团队活动，与同学和睦相处
第二学段		
学科	维度	评价标准
语文	爱思考	愿意主动提出疑问，会体会关键词句在表情达意方面的作用，能初步把握文章的主要内容
	善表达	自信表达，声音响亮，观点清楚，表述有条理，能有感情地朗读课文，能背诵规定篇目
	能实践	乐于用文字表达见闻和感受，文通句顺，感情真实
	会合作	善于倾听，积极参与讨论

续表

第二学段		
学科	维度	评价标准
数学	爱思考	养成专心听讲、认真作业的习惯，敢思会想，逐步积累良好的数学思维方法
	善表达	乐于表达，有条理地阐释自己的见解和看法
	能实践	擅长实践，能积极探索生活中的数学问题
	会合作	善于合作，能与同伴顺畅地沟通或互动分享
英语	爱思考	积极阅读，具备独立阅读、准确理解意思的能力
	善表达	积极朗读、流利背诵，发言、交流中具备良好的语言面貌
	能实践	积极参与各类英语活动，能对同学学习有正面影响
	会合作	课堂善于倾听，积极与同伴对话互动、共同探讨
科学	爱思考	高质作业，梳理概念
	善表达	勇于分享，有质表达
	能实践	建立家庭实验室，主动进行拓展探究
	会合作	认真倾听，有效合作
音乐	爱思考	学会用模仿的方法创作曲调(改编节拍、节奏等)
	善表达	能有表情地进行音乐表演，并能对自己和他人的表演进行简单的评价
	能实践	乐于运用所学的音乐技能参与各种音乐活动
	会合作	乐于合作，懂得互相尊重
美术	爱思考	主动思考美术问题并尝试解决问题，按时完成美术活动
	善表达	积极发言，能够对美术作品的细节进行描述、分析
	能实践	敢于实践，根据美术课本的作品，善于运用自己熟悉的美术工具进行实践
	会合作	勇于合作，自主分工，有效地完成美术合作活动

续表

第二学段		
学科	维度	评价标准
体育	爱思考	在活动中会思考提升能力的办法，同时根据练习内容的不同，思考不同的练习形式
	善表达	积极参与体育活动，在活动中勇于展示自我，并能关心帮助他人
	能实践	完成跳绳、50米跑、坐位体前屈、仰卧起坐的测试要求，并达成目标，同时积极主动参与各种体育实践活动
	会合作	在团队中可以表达自己的想法，同时可以和同学共同完成活动任务
第三学段		
学科	维度	评价标准
语文	爱思考	勤于思考、自主学习，收集整理资料，处理运用信息，提升思维能力
	善表达	积极举手发言，条理清晰、声音响亮，有自己独到的见解
	能实践	喜爱阅读，有一定作品鉴赏能力
	会合作	善于合作，积极交流沟通，能组织简单活动
数学	爱思考	勤于思考，乐于完成各项数学学习任务，能在学习中提出问题并解决问题
	善表达	善于表达，能严谨地表述自己的见解与看法
	能实践	勇于实践，能在研究活动中大胆尝试，小心求证
	会合作	乐于合作，能有效地与同伴进行交流与分享
英语	爱思考	主动阅读，能应用阅读策略理解较长短文，抓住关键信息
	善表达	日常读、背习惯好，能就所学话题，恰当进行口头表达和交流，语音语调准确，能就所学话题，按要求进行正确的书面表达
	能实践	积极阅读，有良好的阅读习惯及语言理解能力，乐于在学习中了解外国文化习俗，大胆参与活动
	会合作	课堂善于倾听，积极与同伴对话互动、共同探讨

续表

第三学段		
学科	维度	评价标准
科学	爱思考	乐于学习科学,高质完成作业,呈现阶段成果
	善表达	获取真实数据,及时有效记录,解释交流现象
	能实践	完善家庭实验室,主动拓展探究,提升实验能力
	会合作	善于与人合作,小组有序实验,整理探究材料
音乐	爱思考	能运用各种打击乐器、自制乐器、人声创作命题音乐,并运用力度、速度的变化,表现音乐形象
	善表达	能客观地自评互评,并用准确的节奏和曲调有表现力地进行表演
	能实践	积极主动参与各种音乐实践活动,并从中享受快乐
	会合作	能组建音乐小组,进行团队学习或表演
美术	爱思考	乐于提出美术问题并善于解决美术问题,按时完成个性的美术活动
	善表达	创意发言,能对美术作品进行全面深层解读,拥有创意与想法
	能实践	善实践,根据课本中的美术作品,善于寻找创新有特点的美术工具进行创作
	会合作	善于合作,自主且合理地进行分工,高效、高质地完成合作活动
体育	爱思考	积极思考不同运动项目所带来的不同锻炼效果,同时可以找到适合自己的锻炼形式
	善表达	积极参与体育活动,勇于展示自我,并可以激发他人积极参与活动
	能实践	跳绳、50米跑、坐位体前屈、仰卧起坐、400米达标,符合足球测试要求,同时积极主动参与各种体育实践活动
	会合作	不仅能在活动中表达自己的想法,也能听取别人的意见,通过交流完成任务

(1)“爱思考”的学科评价

“爱思考”维度,旨在通过一系列将思维过程外显的载体,评价学生是否积极、主动地进行思考,并判断学生是否具备相应的思维能力及所处的思维层次。

以数学学科为例，低段“爱思考”的评价标准为“勤于思考，灵活运用数学知识解决问题”。《课堂乐园》得A的个数、日常口算等作业的完成情况都将作为教师评价学生是否“灵活运用数学知识解决问题”的重要载体。《课堂乐园》上的习题符合课堂教学内容，既有常规基础题，又有典型易错题，学生完成《课堂乐园》的过程就是对教师所讲的知识进行“理解”“消化”的过程，教师在批改《课堂乐园》时，将根据正确率与计算、解题过程的完整性来给予作业等级。得到A等级，说明学生充分开动脑筋，高效地“内化”知识，获得较高的正确率，并书面呈现了完整的计算、解题过程，体现出思维的严谨性；在解题过程中，能够一题多解，体现思维的创造性。口算作业的频率和正确率，则能较好地反映出学生的计算能力水平，学生朝着又快又好的目标而不断努力，就是锻炼思维能力的过程。通过以上日常性、阶段性作业及练习的情况，教师判断学生是否勤于思考，能较好地运用所学的知识解决问题，逐步积累良好的数学思维方法，不断提升学生的数学思维能力。

在语文高年段和科学中、高年段中，引入思维导图作为评价学生自主学习效果的载体。由教师引导学生整理课后复习内容绘制成思维导图，再根据思维导图的知识性（内容的对错与完整度）、创造性、美观性来判断学生自主学习、处理信息的能力。

（2）“善表达”的学科评价

在SMART课堂中，学生表达的方式是多种多样的，除口头表达、书面表达，还能运用表情、肢体动作等。其中，口头表达是较为常见的表达方式，但绝不仅限于“说”。以语文学科为例，“善表达”维度除了评价学生在课堂上能否积极、自信地发表自己的观点外，还对“诵读”这一学科能力提出了不同的评价指标。在低年段课堂中，重点评价学生是否“学会朗读”，即正确、流利、有感情地朗读课文。在中年段课堂中，基于“能有感情地朗读课文”，还需考查学生是否能大方、顺畅、高质量地背诵规定篇目。在音乐学科中，表达的方式就更丰富了，演唱、演奏、舞蹈、综合艺术表演等都被纳入“表达”范围。教师将根据不同的表达方式，在速度、节奏、力度、音色、音准、技巧、演绎效果上进行专业评价，同时考查学生在表达时的完整性、流畅性和表现力、创作力。

(3)“能实践”的学科评价

各个学科都有极具学科特色的实践活动,在活动中评价学生的实践能力和综合素养。以美术学科为例,美术学科的实践活动不限于课堂绘画作业,主要评价学生在生活中对美术知识的应用情况。如,低年段学生是否能感受美术与生活的联系,在尝试设计时注意美观及实用;高年段学生是否能设计与创作出兼具审美性、实用性和创新性的作品,解决生活中的“美化”问题。同时,美术学科提出了一系列具有强烈学科特色的实践活动。例如,带领低年段学生了解剪纸的相关知识,组织学生学习简单的剪纸装饰,用来美化生活;引导中年段学生熟练运用素描、水粉、水墨等多种美术表现技法,创作出具有独特审美取向的美术作品;鼓励高年段学生结合生活经验和课堂所学的知识,用绘画、纸艺、泥塑等方式进行表现,设计并创作作品。教师将根据以上实践活动,判断、观察学生的表现及完成度,综合考量实践过程和作品成果两个方面,得出最终的评价。

(4)“会合作”的学科评价

合作学习是SMART灵动课堂中重要的学习形式,不同学科的合作内容有较大的差异。例如在英语学科中,“会合作”维度具体表现为评价学生是否乐于用英语进行交际,在课堂合作学习中用英语表达所见所想。与同伴对话互动、共同探讨,是英语课程中常见的合作内容,学生处于“愿意说”“只是听”“不参与”三个层次,反映出“乐于合作”“偶尔合作”“从不合作”三种水平,由教师、同伴、学生本人共同实施评价。在音乐学科中,“会合作”维度则重点评价学生能否组建音乐小组,进行团队学习或表演,根据团队的和谐程度、组员任务分工、成果展示效果等方面进行综合评价。

在不同的学科中,思考载体是丰富的,表达方式是多样的,实践活动特色鲜明,合作内容也具有明显的差异。因此,依据学科制定“四维”标准,实施学科层面的个性化评价,能更精准地反映学生的学科素养。

2. 拓展性课程评价标准:重视跨学科素养

在拓展性课程中,评价标准更突出学科间的兼容性,体现多学科、多角度,全方位实施评价。学生在参与拓展性课程时,将进行知识的迁移,把不

同学科的知识融合为“创造性的理解”,加以运用。通过分析问题、提出解决方案、动手操作等一系列活动,经历一个更持久、更深入的合作,同时进行充分的沟通、交流,达到个人观念与集体意识的平衡,最终解决问题、形成成果。例如,“四季课程”作为我校极具代表性的拓展性课程,打破了学科边界,用项目学习的形式组织学生以季节性事物为主题展开研究。“四季课程”的“四维”评价标准就是围绕“学生能否综合地运用不同学科的知识与技能进行研究”而制定的,详见表7-2。

表7-2 “四季课程”的“四维”评价标准

第一学段	
维度	评价标准
爱思考	能基于生活情境尝试提简单问题,积极尝试用多学科的知识提出猜想,获取解决问题的方法,能对方法进行简单反思
善表达	能使用一些简单方法收集信息,并将信息进行简单加工后用多种形式与小组进行展示交流。表达自信,内容信息完整,语言组织有条理
能实践	围绕着研究主题,能进行简单的活动计划填写;初步尝试用科学的方法开展研究;能用喜欢的形式呈现自己的研究过程、研究内容及项目成果
会合作	根据既定的分组和分工,合作完成项目成果制作;乐于表达,能遵守合作要求,有初步的合作意识和集体荣誉感,能简单评价自己及他人的合作表现
第二学段	
维度	评价标准
爱思考	能基于生活情境尝试提多个问题,并能进行分类筛选确定研究方向,积极尝试用多学科知识提出猜想,探究有效地解决问题的方法,能对方案进行比较深入的反思
善表达	能自主应用技术收集信息,并将信息进行整理、加工后用多种形式与小组进行展示交流。表达自信,内容信息完整,中心明确,语言组织有条理,逻辑清晰

续表

第二学段	
维度	评价标准
能实践	能选择合适的研究主题，制订较详细的活动方案；能有条理地记录过程，掌握一定的研究方法，能较科学地展示、分析、解释研究成果
会合作	在教师、组长的组织下开展活动，能合理分工，乐于表达和分享，自觉遵守规则和流程，具备友好交往能力和共享意识，能公正评价自己及他人的合作表现
第三学段	
维度	评价标准
爱思考	能够基于生活情境发现问题并开展自主研究，积极尝试用多学科知识提出猜想，探究有创意、有效地解决问题的方法，能对方案进行深入的反思
善表达	能够自主熟练应用技术收集信息，并将信息进行整理、加工、分析后用多种形式与小组进行展示交流。表达自信，富有表现力，内容完整，中心明确，有理有据，语言组织有条理，逻辑清晰
能实践	自主探讨确定研究主题，设计较规范的活动方案，有规范的行动路径及有效的实施工具；项目成果有一定的研究价值，包括现象分析、原理解释和策略选择等要素
会合作	根据项目主题，自发形成合作小组；在明确的分工、规则制度的保障下，主动、有效地完成合作任务；能正确地评价合作表现；能有效分析和总结合作经验，提升合作技能

拓展性课程在制定评价标准时，会更侧重于对学生跨学科素养的评价。例如，判断学生是否“用多学科知识提出猜想”“用不同的形式表达和交流”“用多种策略进行实践”等，以促进学生综合能力的发展。

（二）依据学段，划分评价细目

在6年的学习过程中，“四维”目标下的评价标准呈现可持续的动态变化，随着年级升高，同一维度中的评价标准不断提高、评价内容不断深入，这

是符合小学生身心发展规律的。教师会根据学生的成长逐渐调整评价细目，力求划分出不同的层次匹配学生的行为表现，给予量化的评价。

以科学学科为例，教师基于学生6年间科学素养的逐步提升，分学段划分细目实施评价，详见表7–3至表7–6。

表7–3　小学科学“人人爱思考”三学段评价细目

学段	评价标准	评价细目
第一学段	有序观察，细致记录	科学活动手册得到： A+(　)次；A-(　)次；B+(　)次；B-(　)次；C+(　)次；C-(　)次；D(　)次
第二学段	高质作业，梳理概念	(1)课堂作业本课时作业得到： A+(　)次；A-(　)次；B+(　)次；B-(　)次；C+(　)次；C-(　)次；D(　)次 (2)课堂作业本单元练习得到(加倍计算)： A+(　)次；A-(　)次；B+(　)次；B-(　)次；C+(　)次；C-(　)次；D(　)次
第三学段	乐于学习科学，高质完成作业，呈现阶段成果	(1)科学课堂表现情况(无下类情况：上课迟到、无课前准备、未整理器材、上课走神、违反课堂纪律等)，总分100分：获得(　)分 (2)作业本平时得分(总分100分，单元练习按双倍计分)：实际获得(　)分 (3)五次阶段测试成绩得分： 第一单元(　)；第二单元(　)；第三单元(　)；第四单元(　)；中期笔试(　)

表7–4　小学科学“人人善表达”三学段评价细目

学段	评价标准	评价细目
第一学段	乐于表达，大胆交流	(1)举手发言情况：本学期获得发言印章/贴纸(　)个 (2)小组交流时：愿意说(　)；只是听(　)；不参与(　)

续表

学段	评价标准	评价细目
第二学段	勇于分享，有质表达	(1)举手发言情况:本学期获得发言印章/贴纸(　)个 (2)发言是否有质量: 能主动对前一位同学发言作表态,用科学语言提出或补充不同观点(　) 能独立思考,并用科学语言清晰表达实验探究结果(　) 发言大部分时间是重复同伴的回答,没有独立思考能力(　) (3)以思维导图的方式,表达单元学习成果,并在年级内展示(　)次
第三学段	获取真实数据，及时有效记录，解释交流现象	(1)实验过程遵循原理,可以做到实事求是,会尝试多种方法解决问题: 总是(　)、经常(　)、有时(　)、偶尔(　)、很少(　) (2)有科学记录本,记录内容完备且具有特色: 记录本每个单元评价得分,总共获得(　)分 (3)能积极主动发言,阐述实验现象和得出实验结论: 本学期有效发言次数(　),高质量发言次数(　)

表7-5　小学科学"人人能实践"三学段评价细目

学段	评价标准	评价细目
第一学段	进行家庭实验，参与拓展活动	(1)每个单元布置的课后拓展活动得星:第一单元(　);第二单元(　) (2)参加校级以上科技比赛获奖(　)次,请罗列奖项
第二学段	建立家庭实验室，主动进行拓展探究	(1)寒暑假布置的家庭实验活动得到(　)分 (2)是否建立家庭实验室(　) (3)每个单元布置的课后拓展活动得分: 第一单元(　);第二单元(　);第三单元(　) (4)参加校级以上科技比赛获奖(　)次,请罗列奖项

续表

学段	评价标准	评价细目
第三学段	完善家庭实验室，主动拓展探究，提升实验能力	(1)寒暑假布置的家庭实验活动得到(　)分 (2)每个单元布置的课后拓展活动得分： 第一单元(　)；第二单元(　)；第三单元(　)；第四单元(　) (3)其他在家庭独立自主地完成科学实验(　)个 (4)参加校级以上科技比赛获奖(　)次，请罗列奖项

表7-6　小学科学“人人会合作”三学段评价细目

学段	评价标准	评价细目
第一学段	认真倾听，尝试合作	小组合作探究： 能承担相应任务，积极配合小组探究(　) 组内合作活动中常不参与，或与他人抢夺任务(　)
第二学段	认真倾听，有效合作	(1)小组合作探究： 能积极主动地承担任务、分配任务，常是组内合作活动中的小小领导者(　) 能完成相应的任务，常是组内合作活动中的得力协助者(　) 组内合作活动中常不参与(　) (2)安静实验情况：经常(　)、有时(　)、偶尔(　)、很少(　)、从不(　)
第三学段	善于与人合作，小组有序实验，整理探究材料	(1)能听懂别人的观点，听得进不同的意见，能理解他人的意见，客观看待各自贡献：总是(　)、经常(　)、有时(　)、偶尔(　)、很少(　) (2)组内有明确的分工，各司其职，服从组长安排：总是(　)、经常(　)、有时(　)、偶尔(　)、很少(　) (3)器材整理情况，总计获得(　)分

学段越高，评价的内容越多、越细致。教师将统计各细目的得分、等级，并按权重比例进行换算，最终得出学生在该目标中的水平(星级)并呈现在雷达图中。

需要说明的是，由于拓展性课程不像基础性课程那样具有延续性，学习时间较短，所以学生行为表现的变化并不十分明显，学生往往要经历多个相关联的拓展性课程（或项目式学习），才能对其能力的发展产生积极、稳定的影响。因此，如何在学生参与某一个拓展性课程的过程中给予连续的评价，而不仅仅是对表现结果进行分层级的判断，是后续我们要重点突破和落实的。

第三节　多样化评价实施

《国家中长期教育改革和发展规划纲要(2010—2020年)》中指出:“基础教育阶段要提高基础教育的质量,要求着力培养学生的学习能力、创新能力和实践能力。”在学业评价中,为了更全面地评价学生,我校SMART课堂评价体系从“四维”标准出发,构建指向能力表现的评价指标,将对知识掌握情况的评价转变为对学生核心素养、学科素养的综合评价;以雷达图形式呈现基础性课程评价,用档案袋来体现基础性课程和拓展性课程评价,在这个基础上形成可视化的特色评价方式;利用信息化平台实现形成性评价,促进学生的学习。

一、综合化实施

“爱思考”“善表达”“能实践”“会合作”是我们寄予时代学子的发展愿景。如前所述,为检验学生素养的发展结果,我们研制了一系列的评价工具,主要包括课程内容(标准)和学段细目等。为获得更准确客观的数据,我们采取了多种措施实施综合化评价:教师和学生多评价主体参与,即在教师评价之外,鼓励学生自评和小组评定;定量定性多评价形式结合,发挥评价主体的主观能动性,为无法加以量化的内容进行合理评判;学科学段多水平层次关联,在同一学科、同一维度下明晰不同学段间学生水平发展的递进性和关联性;补偿教学多学习阶段干预,即根据学生素养评价反馈在课堂的不同阶段跟进补偿性教学。

学科课堂不但要培养学生的学科素养,还需要培养学生的跨学科素养。时代SMART灵动课堂更注重学生跨学科素养(爱思考、善表达、能实践、会合作)的培养,与之相对应的评价也更加注重跨学科素养的综合评价。以合作素养的评价为例,我们如何在学科教学中展开评价呢?接下来,我们以科学学科为例,阐述具体的实施过程。

小组合作探究是科学课堂的重要内容,因此对学生合作意识、合作能力的评价就显得尤为关键。科学学科综合考虑学生的年龄、心理、能力等诸多因素,在三个学段划分不同的评价细目,对学生在"会合作"目标中的达成程度做出精准而细致的评价。同时,教师会根据评价结果进行相应的教学调整,如轮换小组成员、细化组内分工、改进合作方式、延长或缩短实验时间等,以此优化小组实验的效能,促进学生合作意识的养成。

(一)低年段:建立合作意识

低年段的科学课堂中,"会合作"的评价标准为"认真倾听,尝试合作"。对于一、二年级的学生来说,他们刚开始接触小组合作的学习形式,成员间的磨合是首要的,组员间友好交流、融洽相处、默契配合,是顺利开展探究的第一步。学生需要认真倾听老师布置的探究内容和操作要求,明确"做什么""怎么做",再在组内进行分工并完成相应的任务,齐心协力进行探究,最终对实验结果达成共识、得出结论。低年段的小组探究往往不是单纯为了实验结果,而是让学生有机会体验"合作",初步建立合作意识。

以一年级"溶解"实验为例。实验内容为:将食盐、红糖、石子放入水中,用木棒搅拌,观察并描述现象。其实,这个实验由一位同学就能独立完成,但当它作为小组实验时,就更能体现"合作"的意义与价值。学生听清楚老师布置的实验内容后,需要在4人小组内进行分工,具体到谁负责放入食盐(红糖、石子)、谁负责搅拌(由一位同学全权负责搅拌,还是成员间轮流搅拌)等实验操作细节,都需要共同讨论、商量;对于三种物体放入水中并搅拌后的现象,也要充分交流、统一描述。操作前,学生能否积极地参与有关分工的讨论,耐心倾听同学发言,主动表达自己的想法,最终服从多数人的意见;操作时,学生能否严格遵守规则,不争抢实验器材,按时、安静地完成自己分内的工作;操作后,学生能否与组员共享自己的发现和看法,等等,都需要学生本人和组内同伴做出公正的评价。

在一次又一次类似的小组合作探究中,学生会对自己在组内的表现有

一个定位。根据低年段“会合作”的评价细目，每个学期结束，学生将在“能承担相应任务，积极配合小组探究”和“组内合作活动中常不参与，或与他人抢夺任务”两种状态中做出选择。对于综合自评与他评的结果，如果学生的状态是前者，说明他正逐渐适应小组合作的学习形式，初步建立了合作意识，值得鼓励和肯定；如果学生的状态是后者，教师就需要介入该小组内部，调查清楚原因，做出相应的调整，帮助他在后续学习中参与小组探究。

（二）中年段：形成合作机制

到了中年段，“会合作”的评价标准上升为“认真倾听，有效合作”。学生已经有了丰富的小组合作探究的经历，随着学生合作经验的丰富，合作意识较强的同学就会在小组中成为“领导者”“得力协助者”，组内也会形成良好的合作机制。因此，中年段“会合作”的评价细目不仅对合作状态也对合作时扮演的角色进行评价，分为：能积极主动地承担任务、分配任务，常是组内合作活动中的小小领导者；能完成相应的任务，常是组内合作活动中的得力协助者；组内合作活动中常不参与。学生需要回顾、总结自己一学期的表现，选择出最符合自己实际表现的情况，进行自评。组内同伴也要进行相互评价，三、四年级的学生已经具备评价他人的能力，来自同伴的判断在某些时候更有真实性和说服力。

以四年级“探究尺子的音高变化”实验为例。在实验中，学生需要将尺子伸出桌面不同的长度，通过拨动使尺子振动发声，观察并描述尺子伸出长度与音高高低的关系。由于全组只有一把尺子，谁负责按住尺子、谁负责拨动尺子、谁负责听音高变化、谁负责记录实验结果，是一人负责一项任务，还是在“尺子伸出桌面不同的长度”的过程中轮流完成某一任务，轮换的顺序如何安排，等等，都需要组员共同商量。商量的时间不能过长，因此，当出现分歧时，就需要一位“领导者”来决定任务的分配并组织组员有序开展探究活动。如果“领导者”的任务分配是合理的、组织是有效的，就能获得组员的信服，积累“威信”。同时，在优秀“领导者”的组织下，将涌现出一批“得力协助者”，听从“领导者”的分配和安排，积极、认真地完成自己的任务，为小组实验助力。

同时，教师会根据评价结果对小组成员进行轮换，避免出现“绝对领导者”。对不常参与组内探究的同学给予一定的关注，将某些合作活动调整为两人一小组，创造条件，积极鼓励他们参与到合作活动中。在布置实验内容时，教师也会进一步细化组内分工，确保每位成员都能分配到任务，增加平均动手操作的机会。

为了能更好地实现中年段“会合作”评价标准中的“有效合作”，教师对学生“安静实验”的情况也提出了较为细致的评价层级，分为经常、有时、偶尔、很少、从不。这里的评价主体不仅是学生本人和组内同伴，教师的判断也作为重要的评价依据。该项评价细目主要是为了提醒学生，只有安静地投入实验中，才能更高效地完成合作活动。

（三）高年段：提高合作效能

到了高年段，“会合作”的评价标准上升为“善于与人合作，小组有序实验，整理探究材料”。从“尝试合作”到“善于合作”、从“安静实验”到“有序实验”，高年段的评价标准对学生的合作意识、合作能力都提出了更高的要求。五、六年级的学生开始显露出独特个性，在小组实验时“不愿意合作”的现象也明显增多。教师需要通过评价，让学生有针对性地反思自己在小组中的表现，找到自己值得肯定和有待改进的地方，以便后续合作的开展。因此，高年段“会合作”的评价细目是基于学生对一个学期的合作情况做出的总结评价，在“能听懂别人的观点，听得进不同的意见，能理解他人的意见，客观看待各自贡献”和“组内有明确的分工，各司其职，服从组长安排”两个条目中对自己的表现进行分层判断，分为总是、经常、有时、偶尔、很少五个层级。

以五年级“制作一个太阳能热水器”实验为例。实验内容为根据所学的知识，利用身边的材料，制作一个简易的太阳能热水器，加热一瓶500毫升的矿泉水。在动手制作之前，组员需要讨论选择何种材料并陈述理由、如何将这些材料进行组合（设计和制作）等。由于每个人的背景知识及知识水平不同，每位组员都需要认真倾听并理解他人的观点，发表自己的看法（认同或不认同并说明原因），在“头脑风暴”中达成共识。组员在讨论时的态度及表现，对能否顺利地进行接下来的探究活动有很大的影响，将作为评价的重要内容。提供最优方案并获得其余组员认可的同学，自然就成为“领导者”，由

他分配任务。分工是否明确、组员是否服从安排、组员是否认真并及时地完成自己的任务,都直接关系着该组的太阳能热水器能否制作完成并高效地加热一瓶500毫升的矿泉水。因此,组员在制作过程中的配合度及具体的行为表现就成为评价的另一个重要内容。

在小学高年段,类似的较为复杂的工程类合作内容比较常见,学生需要回忆并总结自己在"能听懂别人的观点,听得进不同的意见,能理解他人的意见,客观看待各自贡献"和"组内有明确的分工,各司其职,服从组长安排"两个条目中的表现,判断所处的层次。若有条目没有达到"总是"水平,就要回顾组内达到"总是"水平的同学是如何参与合作的,对照他的表现进行调整、改进,不断强化合作意识、合作能力,进而提高整个小组的合作效能。

二、可视化实施

SMART灵动课堂主要采用档案袋和雷达图等可视化评价形式,记录学生的学习过程与结果。具体来说,评价数据的可视化包含两层意思:其一,以档案袋的形式存储学生学习过程的证据材料,主要用于基础性课程当中的综合性学习内容及拓展性课程学习内容(主要指不易用纸笔测试完成评价的内容);其二,以雷达图形式覆盖学生日常学业测评数据,并呈现学生阶段性素养发展状态和趋势。

(一)基于档案袋的评价

档案袋评价,又称为学习档案评价或学生成长记录袋评价,是20世纪90年代伴随着西方"教育评价改革运动"而出现的一种新型质性教育教学评价工具。档案袋是指按一定目的收集的反映学生学习过程以及最终产品的一整套资料。档案袋的制作过程,涵盖了一项任务从起始阶段到完成阶段的整个跨度,目的是展示学生的学习和进步状况。

档案袋评价能够保存学生学习实验的过程、制作完成的作品、收集的资料、取得的成绩以及教师和家长的评价。教师根据学习内容和具体的评价标准帮助学生系统地收集、汇总资料,这有利于教师准确、及时地发现问题,并根据学生的实际情况,及时给学生以反馈,提出具体的改进建议。

课堂要具有生命的活力并充满成长的气息，就必须回归生活本身，在生活经历中丰富和完善“人”的意义。成长档案袋里装着的是孩子在课堂中学习的过程，是孩子在校园里生活的轨迹。我们从“爱思考、善表达、能实践、会合作”四个维度中选取三个作为例子呈现SMART课堂中档案袋评价的具体操作。

1.“善表达”的档案袋评价

正如前文所言，表达有多种形式，包括语言表达、肢体表达、数学表达等。我校创设多样的平台帮助孩子表达自我，展现风采：开设“钱学森”班，鼓励有理科思维的学生；将世界级体育冠军引进校园，激励体育爱好者；设立韩美林美术室、王超合唱团、爱乐乐团等，让喜爱艺术的孩子找到展示自己才华的舞台。

每个平台根据实际需要选择适宜的直观形式将学生的个性表达保存下来，比如作品实物、展示过程的照片或视频等。高新技术为评价的可视化提供支持，比如5G技术、校园机器人。它们为学生拓展了广阔的课堂，不仅提升了学习的兴趣，更为评价这些具有各领域“优能”的学生提供了特殊通道——记录下他们参与的每一次学习、每一次活动、每一次获奖数据。通过可视化的评价数据，教师可以发现学生们不同的兴趣与爱好，积极鼓励，因材施教，使他们勇于发展特长，努力实现自己的梦想。

【案例7-1】 时代学子的展示舞台

时代小学艺术团曾参与全运会开幕式，多次赴北京亮相中央电视台录制《歌声与微笑》《合唱春晚》等节目，受邀参与杭州电视台西湖明珠频道《我和我的祖国》MV录制，登上人民视频首页，代表上城区学生参与新中国成立70周年文艺演出、区育人风采舞蹈展示，与上海师范大学泊乐合唱团、浙江财经大学韵落钱塘合唱团三校联谊共同举办丰富多彩的公益活动（见例图7.1、例图7.2）。

例图7.1　杭州大剧院举办“春天音乐会”

例图7.2　时代小学艺术团亮相中央电视台

2.“能实践”的档案袋评价

在档案袋评价中，教师要关注学生生活与课堂的联系，努力用档案袋来表现这种关联。依据不同学科、不同课型的具体特点，不同的课堂实践中对档案袋的确定、选择、分享、交流和回顾等也会有所不同：审美性实践使用展示型评价，调控性实践使用教学型评价，探究性实践使用展示型评价，技术性实践使用教学型评价。如在“落叶服装”项目中，教师指导学生利用落叶资源，借助纸板或铁丝等材料，采用拼贴、串挂等方式，制作落叶服装，最终项目产品是每人完成一件服饰。整个项目组至少完成男女生服装饰品各一套：1件女生树叶上衣，1条树叶裙子，1件男生上衣，1条男生裤子，2条落叶项链，1顶落叶帽子。最后以时装秀的形式向其他项目组展示作品。该项目的具体评价标准（见表7-7）中也涉及了“会合作”的评价标准。

表7-7　玩转四季——落叶服装项目评价量规表

评价内容	水平1	水平2	水平3
收集与整理	收集到一些常见落叶带到项目组	能收集各类落叶资源带到项目组	既收集各类落叶资源，还查找整理相关服饰资料
交流与参与	参与度一般，需要时进行操作	积极参与，只关注自己负责的服装	积极参与，对于项目组系列服装都能建言献策

续表

评价内容	水平1	水平2	水平3
成员间合作	能考虑到整体系列服装,但不听意见	考虑系列服装,能根据整体舒适度调整自己	与同伴友好协商,考虑到整体与自己的设计造型
产品的创意	只完成落叶服装雏形,较凌乱,不美观	基本完成落叶服装,造型中规中矩,不出彩	制成完整的落叶服装,造型别致、色彩漂亮、美观大方
展示的效果	只是匆匆上下展示台,效果较差	想要尽量展示自己或同伴的作品,但效果一般	能落落大方地演绎项目组服饰作品,展示效果好

3. “会合作”的档案袋评价

开展档案袋评价工作,要充分调动学生的内在动力因素(学生本人)和外在动力因素(同学、教师和家长等)。为了提高各主体的参与热情,我校在学期初就把建档意见向学生、家长做了详细的说明,使大家在明确目标的情况下积极配合。同时,档案袋评价工作的有效展开离不开合作小组的组建和各类具体而合适的评价标准的建立。在组建合作小组时,根据每班的情况,教师可以按照座位分组,以4人为一组,尽量使成员在各个方面保持合理的差异,让每个学生能轮流承担不同的任务,同时也让每个小组的整体实力趋于接近。

在将电子档案袋和纸质档案袋结合使用时,教师通过拍照、视频等方式,把学生的作品、实验表现、观察发现等一一保存在电脑上,建立所有小组的电子档案袋,加强学生对小组的认同感。显然,根据学生在小组中的表现和贡献来进行评价,能够让学生之间相互影响、相互激励、共同发展。以合作小组为单位进行评价,将学生看作不断成长的个体,用发展的眼光评价学生,他们的学习潜力就会被充分地调动起来,向积极的方向前进。

【案例7-2】 走桥研学活动:合作测量拱宸桥

背景:在三年级数学课上,学生学习了“两位数乘法”,已经认识了长度单位米和厘米,掌握了一些基本测量方法。

任务:在无测量工具的情况下估量拱宸桥的长度。

评价内容涉及以下几点:1.估量长度是否准确;2.小组内有无合作、合作效度如何。

活动过程:如果一个人单独估测,方法受到局限,测量误差比较大。三年级学生大多使用合作测量的方法,全班分小组,通过合作,用测臂长、步长等多种形式进行估算。

(二)基于雷达图的评价

雷达图具有简洁、直观的优点,不仅能系统地把整个评价指标完整地显示出来,还能使教师、学生从中发现系统的薄弱环节,找到完善改进的方向。雷达图可以对学生的综合能力、情感态度以及认知结构进行考察,反映出学生一学期来在各学科内部的能力与素养发展的状态,从中看出学生各学科发展是否均衡,有无优势学科和短板学科,发掘出可供学生进行自我定位、认识个人学业发展情况、改进学习策略的有效信息,以从容的心态应对下一阶段的学习生活。

基于学校的信息技术优势,我们每一学期都会为每一位学生制作一张动态跟踪的学科素养评价雷达图(以下简称“雷达图”),依据学生的学科素养给予学生适切的评价。每一学年会生成两张表,小学阶段共生成12张表,整体呈现螺旋式上升的动态变化,全面地反映出学生在各方面的发展水平。

1.对照评价细目,核验评定等级

在实际操作过程中,每个年级各学科教师依照细化目录的水平层次标准为学生打星。现以第二学段科学学科的“爱思考”和“会合作”两个细目为例介绍等级核定的操作方式。

在小学科学“人人爱思考”第二学段的评价细目(见表7-8)中,教师根据一个学期内课堂作业本每一次的成绩，为学生打星，分为五星、四星、三星、二星、一星五个水平层次。一学期共有36篇课堂作业，教师根据学生的作业水平评定等级，全对获得"A+"，如果出现错误，则按照错误数量降等级。若获得30个及以上"A+"，这一项的水平则为五星；若获得25～29个"A+"，这一项的水平为四星；若获得20～24个"A+"，这一项的水平为三星；若获得15～19个"A+"，这一项的水平为二星；若获得15个以下"A+"，这一项的水平为一星。

表7-8 小学科学"人人爱思考"第二学段评价细目

学段	评价标准	评价细目
第二学段	高质作业，梳理概念	(1)课堂作业本课时作业得到： A+(　)次；A-(　)次；B+(　)次；B-(　)次；C+(　)次；C-(　)次；D(　)次 (2)课堂作业本单元练习得到(加倍计算)： A+(　)次；A-(　)次；B+(　)次；B-(　)次；C+(　)次；C-(　)次；D(　)次

在小学科学"人人会合作"第二学段的评价细目(见表7-9)中，根据一个学期内参与实验时的表现，为学生打星，分为五星、四星、三星、二星、一星五个水平层次。经常能够安静实验，获得五星；有时能够安静实验，获得四星；偶尔能够安静实验，获得三星；很少能够安静实验，获得二星；从不安静实验，获得一星。

表7-9 小学科学"人人会合作"第二学段评价细目

学段	评价标准	评价细目
第二学段	认真倾听，有效合作	(1)小组合作探究： 能积极主动地承担任务、分配任务，常是组内合作活动中的小小领导者(　)；能完成相应的任务，常是组内合作活动中的得力协助者(　) 组内合作活动中常不参与(　) (2)安静实验情况：经常(　)、有时(　)、偶尔(　)、很少(　)、从不(　)

2. 借助“石墨文档”，形成原始数据

各学科教师经过平时表现的细化操作，依据学科素养评价细目表，对学生在一个学期的表现进行打星。在此基础上，各学科教师借助“石墨文档”的可协作编辑功能，把各学科的评价结果登记于在线文档中，形成原始数据。最终，我们借助宏代码将这些数字信息用雷达图的形式直观呈现（见图7–1）。

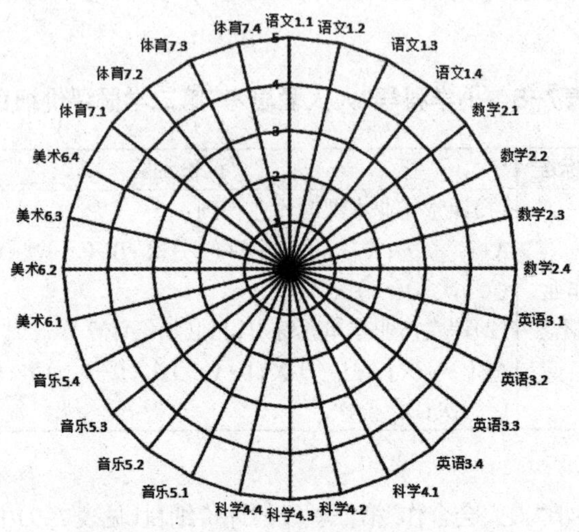

图7–1　学生学期学科素养评价雷达图

用雷达图呈现的学生多维度学科素养主要包括两个方面内容：第一，从多学科进行素养评价，从语文、数学、英语、科学、音乐、美术、体育七个学科综合评价；第二，在一个学科内多维度评价，每一个学科都从“爱思考、善表达、能实践、会合作”四个方面进行细化评价。雷达图中每一个项目序号中的第一个数表示科目，按照语文、数学、英语、科学、音乐、美术、体育的顺序排列，第二个数表示细化指标，按照思考、表达、实践、合作的顺序排列，如图7–1中“数学2.3”表示在数学科目中，在“能实践”这一指标下学生的具体表现。

3. 发布评价报告，解读学生成长

时代小学的每个孩子在学期结束时，都能获得一张贴在成长记录手册上的专属于自己的雷达图评价报告。雷达图的呈现效果非常直观，老师、学生、家长可以结合各学期的雷达图对孩子的成长进行解读。

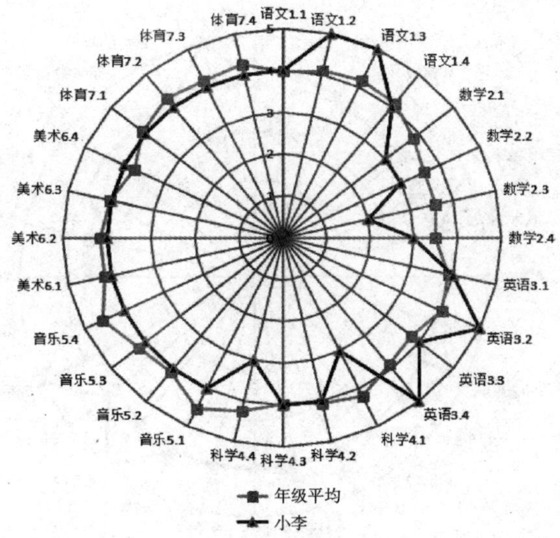

图7–2　2018学年第二学期学科素养评价雷达图

在雷达图中，灰色部分表示年级平均水平，黑色部分表示该生的实际水平。本校学生小李经过2018学年第二学期的学习后，各学科根据雷达图标准生成了素养评价雷达图（见图7–2）。从图中可以看出，在发展初期，该生的雷达图面积较小，有多处凹陷和凸起，呈现出不规则的整体形状，表示该生各项能力水平不均衡。从各项学科来看，小李的语文、英语学科水平高于年级平均水平，其中语文1.2、语文1.3、英语3.2、英语3.4的素养水平达到了满分，处于高水平；音乐、美术、体育学科水平的黑色与灰色基本重合，与平均水平相趋近；数学、科学学科低于整体水平，尤其是数学2.1、数学2.3、科学4.1、科学4.4的素养水平较低，并且与年级平均水平有较大差距。

在2019学年第一学期结束时，小李得到了一张新的学科素养评价雷达图（见图7–3）。与前一个学期的评价结果相比，这张评价雷达图相对丰满均匀一些，说明该生总体学业素养有了明显提升，"长短腿"现象得到了很大的改善，优势学科得以保持，其中数学、科学学科进步明显，语文学科略有退步。而到2019年第二学期末，小李的雷达图（见图7–4）变得更加圆润、饱满。从中可以很直观地看出，小李的学科素养水平在这一年中呈现出螺旋式上升的状态，各学科水平也趋于均衡。

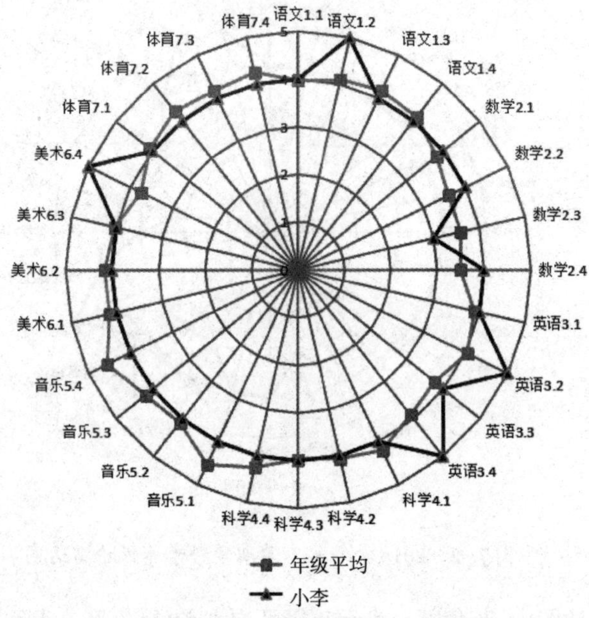

图7-3　2019学年第一学期学科素养评价雷达图

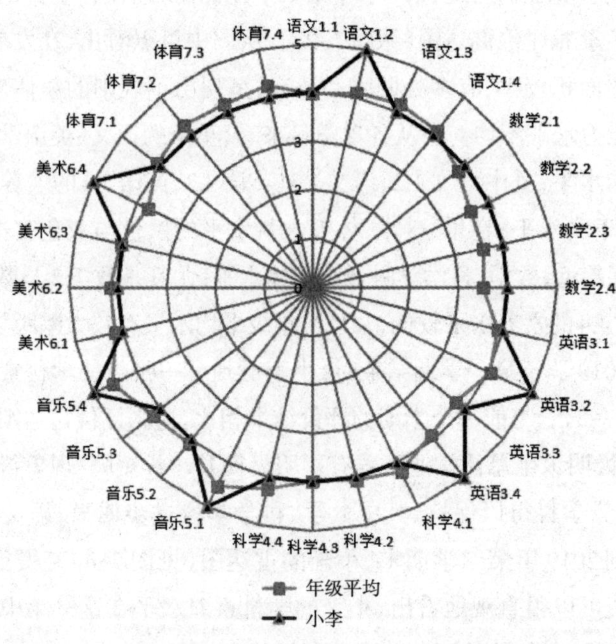

图7-4　2019学年第二学期学科素养评价雷达图

三、信息化实施

教学评价是对教学效果进行的价值判断,它直接作用于教学活动的各个方面,是教学工作的一个重要组成部分。在数字化学习环境中,传统的评价技术必然发生数字化迁移,教师可以根据不同的学习目标,选择合适的信息化平台实施评价。

在SMART灵动课堂实践中,我校教师运用信息化技术平台,如“希沃授课助手”“钉钉”“56教室”“UMU”等,来推进评价现代化和评价信息化。以“希沃授课助手”“56教室”App和我校数学组参与研发的“基于网络的小学生数学能力评估平台”的使用为例,评价手段的信息化为SMART灵动课堂的及时评价和特定学科的能力评估,提供了有力的技术支撑。

(一)课堂及时评价平台:希沃授课助手

我们发现,在没有现代教学评价手段参与的情况下,学生课堂交流汇报的形式较为单一,评价仅仅依托于脑海中一些简单数字和结论,课堂缺乏具体的、针对性的过程性评价,实验、操作等活动中很多精彩瞬间也无法及时保存。要解决这些问题,就需要恰当地利用现代教育技术来辅助教学,从而提高课堂教学的交互性。比如,在传统的数学课上,很多时候只能对课堂呈现的结果进行评价交流,对活动中的精彩瞬间和典型错误无法及时保存,在交流时容易空对空,无图无真相。盛亦楠老师运用希沃授课助手破解了这个困局。

【案例7-3】 化静为动的数学课

在一年级数学“退位减法”课上,学生一开始活动,盛老师就使用希沃授课助手跟踪拍摄孩子动手操作小棒的亮点,即时上传展示,以动态取代静态,给孩子一个无声的反馈,让孩子可以进行学习参考,还利用授课助手控制电脑,直接在作品照片上进行批注。这一做法可以抓住学生操作中的典型错误,在纠正学生前概念时一一对应,有针对性地对学生进行评价,以评促学,提高了课堂的实效性。

在交流汇报时，利用批注、评价、放大、聚焦等功能，对操作活动进行情景再现，丰富课堂交流的形式，让学生直接参与评价，使评价更加具有针对性、全面性和趣味性，从而形成多方交互式评价，使得反馈更加有效。

(二)学科能力评价平台：小学生数学能力评估平台

我校数学组在张天孝老师的指导下，结合信息技术，研发基于网络的“小学生数学能力评估平台”。教师采用定量和定性分析法，根据授课内容进行试卷设计，在平台上提供给学生，对学生的学习情况进行系统分析，监测学生的学习情况，从而得出学生对知识点掌握的一般情况。这一平台突破原有教学时空的限制，能够便捷地形成报告，对小学生数学能力做出相应的能力评价，直观显示能力水平的轮廓图。平台可以对学生进行专项测试，也可以进行期中或期末的综合测试。考核结果记录于信息化管理平台，作为学校大数据的来源。

信息化平台接收到学生的答题结果后，根据教师录入的正确结果，立即予以正误评价和正确答案解析。学生收到反馈后，就能及时纠偏补遗。而教师在录入学生成绩后，则可以开始对比学生对各学科知识点的掌握情况，对学生的成绩作出系统分析，出示诊断报告。诊断报告会综合反映该生对每一个知识点的掌握水平，以及这一水平和班级平均水平的对比情况，从而客观地反映该生的学科学业水平。接下来，系统能够很快生成一套关于该生错漏知识点的题库，由学生重新答题，检验复习效果。平台还会及时推送各种相应的习题供学生操练，学生在“对症”练习中获得相应的技能深化。

现代教育技术和信息化手段的介入，让学生能够迅速了解自己的知识水平与实践能力，并通过及时的巩固练习，高质量地完成查漏补缺的任务。同时，教师能够得到全班学生的学科能力检测结果，及时对教学重难点做出调整。比如当全班同学在某个知识点的掌握水平上都比较低时，教师就会对这个知识点进行相应的全班讲解和练习，从而最大限度地实现有效教学。

【案例7-4】 基于网络的小学生数学能力评估平台

测试平台会将每个学生测试的详细成绩按照"总分""各题得分""分类得分""题型得分"四个选项卡显示(见例图7.3),呈现给学生的报告单分为11个不同的维度(见例图7.4)。

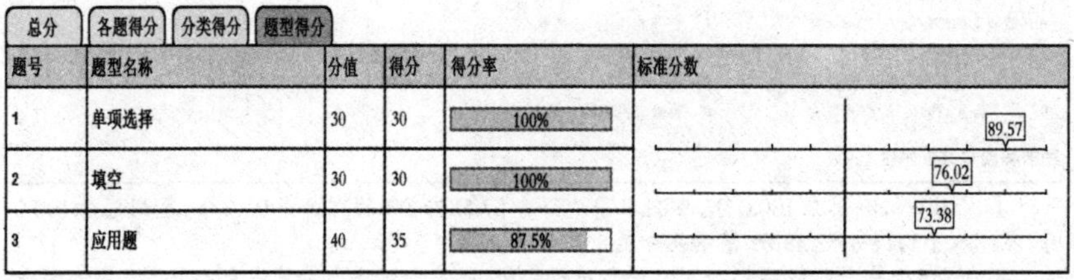

总分 | 各题得分 | 分类得分 | 题型得分

题号	题型名称	分值	得分	得分率	标准分数
1	单项选择	30	30	100%	89.57
2	填空	30	30	100%	76.02
3	应用题	40	35	87.5%	73.38

例图7.3 年级不同题型得分统计

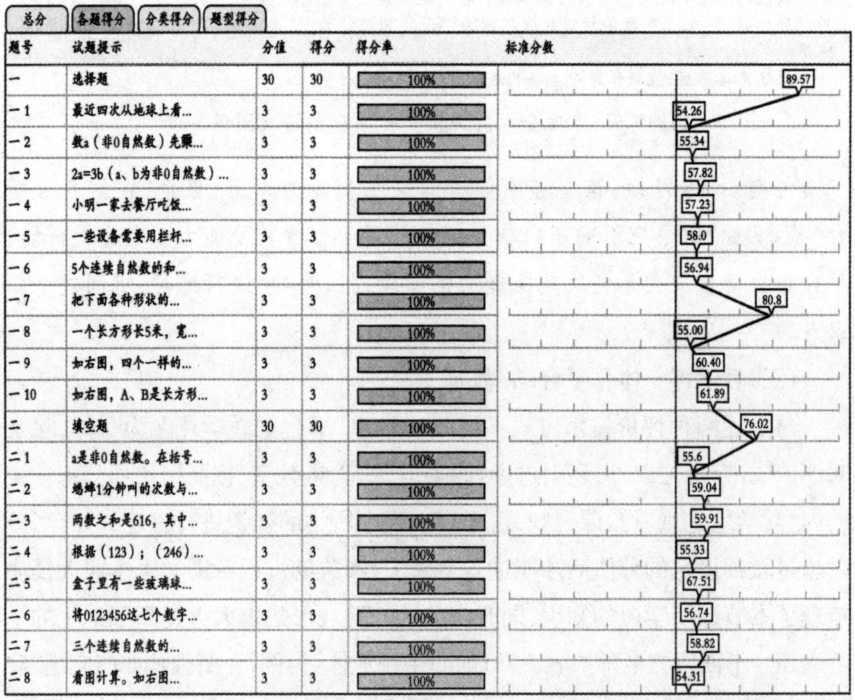

总分 | 各题得分 | 分类得分 | 题型得分

题号	试题提示	分值	得分	得分率	标准分数
一	选择题	30	30	100%	89.57
一1	最近四次从地球上看...	3	3	100%	54.26
一2	数a(非0自然数)先乘...	3	3	100%	55.34
一3	2a=3b(a、b为非0自然数)...	3	3	100%	57.82
一4	小明一家去餐厅吃饭...	3	3	100%	57.23
一5	一些设备需要用栏杆...	3	3	100%	58.0
一6	5个连续自然数的和...	3	3	100%	56.94
一7	把下面各种形状的...	3	3	100%	80.8
一8	一个长方形长5米,宽...	3	3	100%	55.00
一9	如右图,四个一样的...	3	3	100%	60.40
一10	如右图,A、B是长方形...	3	3	100%	61.89
二	填空题	30	30	100%	76.02
二1	a是非0自然数。在括号...	3	3	100%	55.6
二2	蟋蟀1分钟叫的次数与...	3	3	100%	59.04
二3	两数之和是616,其中...	3	3	100%	59.91
二4	根据(123);(246)...	3	3	100%	55.33
二5	盒子里有一些玻璃球...	3	3	100%	67.51
二6	将0123456这七个数字...	3	3	100%	56.74
二7	三个连续自然数的...	3	3	100%	58.82
二8	看图计算。如右图...	3	3	100%	54.31

例图7.4 年级各题得分统计图

能力测查标准分图谱

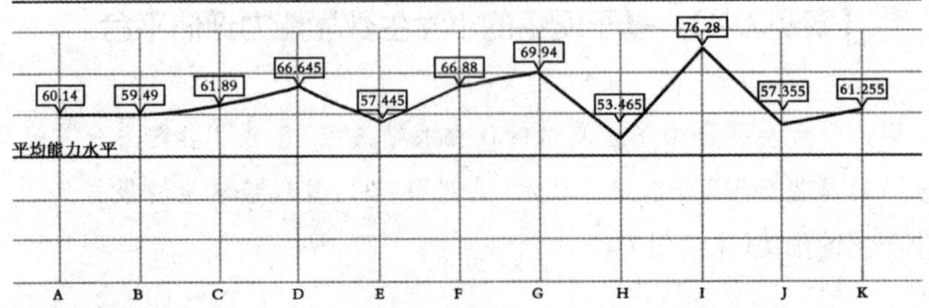

A：数概念的理解能力-基本
B：数概念的理解能力-综合
C：算术与代数的运算能力-基本
D：算术与代数的运算能力-综合
E：空间想象能力-基本
F：空间想象能力-综合
G：统计与数据处理能力-综合
H：解决应用问题的能力-基本
I：解决应用问题的能力-综合
J：数学材料的概括能力
K：逻辑推理能力

图谱解读与综合评述

本次测查初测总分100.0分，参测人平均得分57.58分，您的得分是95.0分；复测总分100.0分，参测人平均得分53.38分，您的得分是86.0分。

测查分5个基本领域共12个项目进行选择分析，标准分图谱中的黑线表示全体参赛者的平均水平，从图中可以看到：您在“算术与代数的运算能力—综合”“空间想象能力—综合”“统计与数据处理能力—综合”“解决应用问题的能力—综合”方面非常优秀，在“数概念的理解能力—基本”“数概念的理解能力—综合”“算术与代数的运算能力—基本”“空间想象能力-基本”“解决应用问题的能力-基本”“数学材料的概括能力”“逻辑推理能力”方面成绩高于全体参赛者的平均水平。

愿您再接再厉，在数学学习上扬长避短，取得新的突破！

例图7.5　学生个人能力测查标准分图谱及图谱解读

由例图7.5可知，该生各项能力均在平均能力以上，但是“空间想象能力-基本”和“解决应用问题的能力-综合”对于自身其他能力而言比较薄弱，平台会自动生成关于空间想象能力的题库，推动学生进行练习，巩固这个知识点。

(三)教学评一体化平台:56教室

与上述两种评价技术方式不同，“56教室”平台把教学评融为一体，除及时评价、补充练习以外，还引进了“闯关微课”。“56教室”按照模块划分每一关的内容，学生先观看微课视频，再根据视频中所学的知识进行答题，只有当分数超过教师设定的分值后才能进入下一关，闯关的过程帮助学生按照大模块梳理了本节课所学习的知识，同时闯关这一游戏形式也大大提高了学生的学习兴趣。下面以方老师执教“神奇的非牛顿流体”为例，介绍教师如何应用“56教室”在线学习平台，实现SMART灵动课堂的教学评一体化。

【案例7-5】 神奇的非牛顿流体

学生进入课程后能看到教师提前设置好的几个教学模块,可以选择看完两节微课以后再完成实践作业和课后练习,也可以选择先完成实践作业再观看第二节微课,接着完成课后练习。这在时间上给予了学生自主安排的权力,减轻了学生的心理压力。学生完成课后练习后,方老师及时予以评价批改,学生可以自行查看练习题目的答案和解析,如果学生对练习仍然存在疑惑,可以观看作业讲评的微课(见例图7.6、例图7.7)。

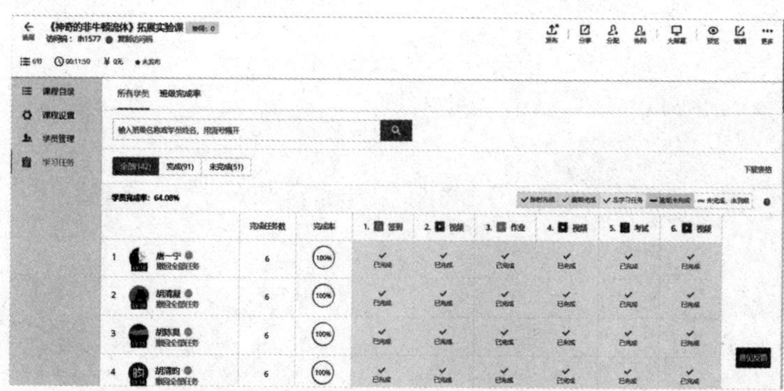

例图7.6 所有学生的学习任务评价

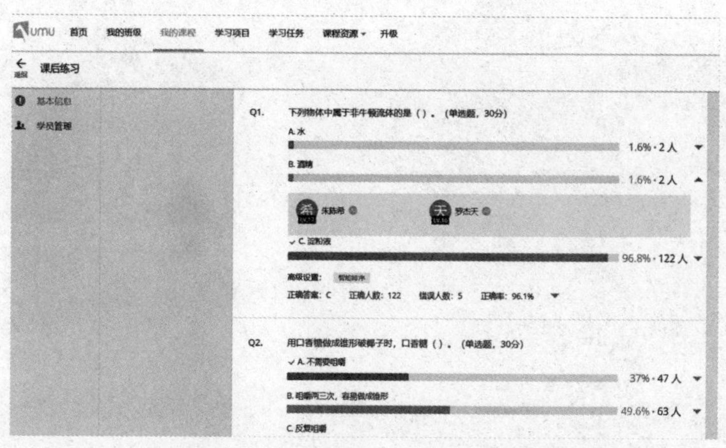

例图7.7 全班学生的任务统计图

第八章

SMART课堂的探索成效

培养什么样的人，是教育的首要问题。时代小学从2000年建校始，一直紧跟新课程改革的步伐，坚持探索培养德智体美劳全面发展的育人样式。自2015年8月始，学校依据教育部下发的《关于全面深化课程改革落实立德树人根本任务的意见》，开启了深化课程改革的进程。我们从规划时代课程3.0，提炼时代学子发展核心素养的校本化表达，到构建"素养本位的时代课程"，探索素养本位的SMART灵动课堂，一直贯彻落实"立德树人"的根本任务，坚持学生全面发展，人人发展。

"素养本位的时代课程"是杭州市第二届重大课题成果，在此基础上进行的课堂变革研究——"素养本位的时代SMART灵动课堂"——是杭州市第三届重大课题的主要物化成果。我们在创新具有时代特色的课堂学教新范式，实现提高教育教学效能的过程中，减轻了学生学业负担，增强了学生思考、表达、实践、合作能力，促进了学生核心素养发展。同时不断激发教师的内驱力，对提升教师专业高度起到了显著的推动作用，使学校整体呈现出良好的、可持续发展的态势。

第一节 创新学教新范式，打造时代新课堂

在立足“素养本位”“人人发展”理念的基础上，我校以“提高师生教学效能、减轻学生学业负担、提升教育教学质量”为中心，以当代认知心理学为理论依据，以学术研讨、主题培训、专题教研以及日常说课、听课、评课等形式，进行了扎扎实实的实践探索和理性研究，还通过每学期一周的专家集中指导会诊不断提升教师的研究能力，逐步转变师生的学教方式，创新了具有学校特色的课堂学教新范式。

一、系统·范式：创建了SMART灵动课堂的新范式

随着科技发展和人工智能的广泛应用，人类社会迎来人机协同、跨界融合、共创分享的智能时代。智能时代对人才的需求更趋多元，综合、互动、创新、跨界的职业将成为常态。世界各国普遍认识到，过于注重知识记忆的教育方式已不能满足信息时代社会经济环境的快速变化以及全球化竞争市场的需要，由此引发了教育领域的系统变革，即原有教育思想、教育目标、组织形式、内容体系、培养方式、学习空间和评价体系等的系列变革，与之相适应的传统的课堂“范式”也开始转型。为此，时代小学为培养学生适应未来社会的必备品格和关键能力，在课改深化亟须进行课堂变革的背景下，提出了以培育学生发展核心素养，促进学生人人参与学习，达成“人人爱思考、人人善表达、人人能实践、人人会合作”目标的SMART灵动课堂新范式。

经过近5年的研究并实践，我们总结出了素养本位SMART灵动课堂范式的实施路径和相关策略。我们以“学生素养发展”为核心，以培养学生“爱思考、善表达、能实践、会合作”为目标，以学生“人人参与课堂”为路径，借鉴

布鲁姆关于课堂教学目标分类的理论体系、皮亚杰的认知发展理论、加德纳的多元智能理论、波利亚的主动学习理论和合作学习理论、维果斯基的最近发展区理论等，构建了以学生为中心、参与为动力的课堂学习机制，探索了时代SMART课堂的操作新范式。具体研究了："人人爱思考"的四大策略12项举措，"人人善表达"的五大策略12项举措，"人人能实践"的四大策略12种方式和举措，"人人会合作"的四个方面12项举措（见图8-1）。

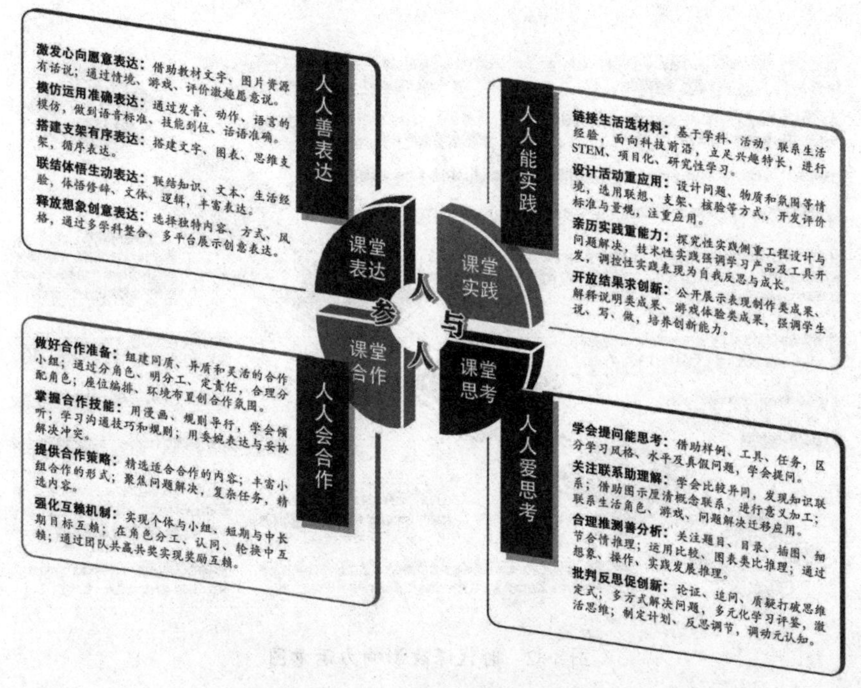

图8-1　时代SMART灵动课堂新范式

学校在深化课程改革，建构并落实素养课程，创建SMART灵动课堂新范式的研究历程中，逐渐形成了一些经验，已出版科研书籍《弄堂里的小学校》《素养本位的时代课程》，《素养本位的综合实践活动课程》入选《人民教育》2018年第3期综合实践课程专辑，《四季课程：项目式学习的校本探索与实践》在《中国教育报》2019年9月发表，《学得扎实·玩出名堂——浙江省杭州市时代小学的育人实践与探索》在《人民教育》2020年第8期发表，

《学得扎实·玩出名堂:小学生健康快乐成长的时代样式》获杭州市第六届基础教育教学成果一等奖;课题成果《四维学习:落实小学素养课程的时代新变革》获杭州市2019年教育科研优秀成果二等奖,素养课程实施经验分别在墨尔本及我国香港、上海、杭州等地举办的国际论坛交流,相关课题获杭州市第二、三届重大课题立项;学校被评为"2017年度浙江省教科研先进集体""2018年杭州市教育改革创新年度学校",在全国范围内起到了一定的辐射引领作用(见图8-2)。

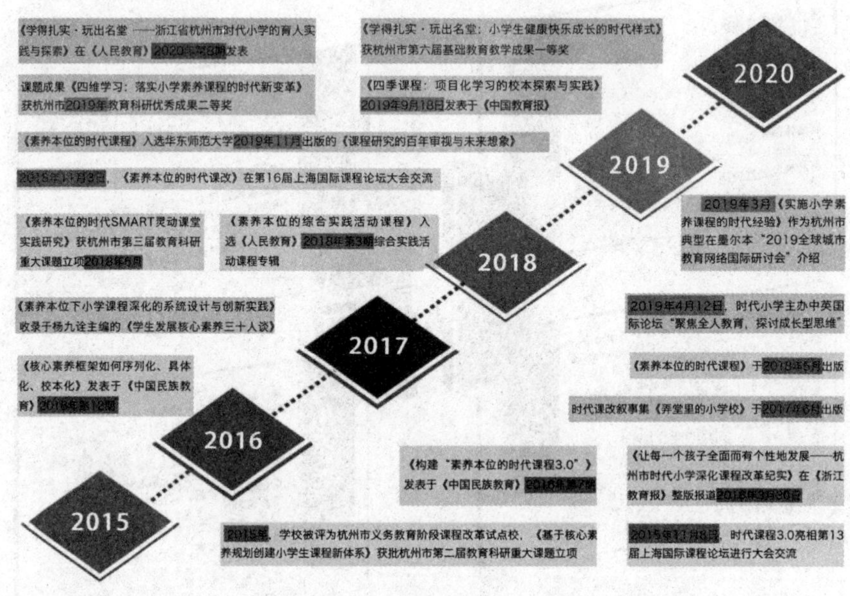

图8-2 时代课改影响力示意图

二、融合·共建:发展了时代课程的新体系

课程是育人指南和载体,是连接儿童经验、生活世界与未来社会的桥梁。核心素养视域下的学校课程应该"崇尚人的身体、心灵、精神、灵魂的整合,情意、灵性、灵感、直觉的激发,想象力、创造力、多元综合理智的开发,人与自然、人与人、人与社会的和谐发展"。①

① 杨亚辉. 全人教育:培养全面发展的人的一种视角[J]. 中国高等教育,2010(12):62.

2015年，时代小学在杭州市教科所的支持下，由全国知名课程专家张华教授引领，研究了杭州市第二届重大课题“素养本位的时代课程”。我们依据课程规划边研究、边实践、边总结，形成了“凝练学科素养—创设真实情境—亲历学科实践—走向理解评价—实现自主管理”的实验路径，建立了较为完整的体现素养特色的课程体系3.0。在此基础上，我们继续探索时代创新课堂新范式，不断发展优化时代课程体系。在“融合·共建”理念之下，我们充分做到四个结合。一是国际经验与中国传统相结合：作为杭州市国际化教育示范校，一边学习借鉴PISA、TIMSS经验，保持与世界各地学校的联系，选派骨干海外研修，一边传承中国传统文化，立足国情办教育。二是校本实践与理论指导相结合：充分调配外部资源，力邀理论专家参与治学。全国知名教学论专家盛群力、马兰和张华等教授成为学校常驻专家，定点开展指导活动。近5年来，学校共邀请各级各类专家指导达100余人次。三是课题引领与教研跟进相结合：教、研、训一体，整、改、创并举，是学校工作经验，学校曾两次获省级规划课题立项、两次获市级重大课题立项，每学期每学科的校本教研都能扎实践行。四是家校合力和社会资源整合相结合：作为全国优秀家长学校，学校充分发掘家长的育人合力，建设全省第一批数字化家校，开展多样化家长会，理念认同、行为跟进，将校内外资源整合为推进学生全面发展的动力。

我们融合学校坚持20年的“学得扎实·玩出名堂”办学理念，不断设计、规划、实践、优化时代素养课程体系3.0，不断融合空间、技术和课程，给学生提供多种学习、实践机会，培育学生的多样才能，尽可能地挖掘学生潜能，努力做到课程精品、活动精心、管理精细、后勤保障精致，探索发展具有时代学校特色的课程新体系，跃升至素养课程3.0+版本。

“学得扎实·玩出名堂”源自天长小学20世纪80年代的集体智慧，时代将其传承并发展。最初的“学”和“玩”相对独立，“学”主要指文化课的学习，而“玩”主要指当时的社团活动。时代办学近20年，不断用实践赋予其新的意义。尤其在深化课程改革的今天，“学得扎实·玩出名堂”既是办学思想、育人理念，也是课程文化和教育精神，更是时代在素养本位下对发展学生核心素养的校本化表达。我们将国家有关学生发展的核心素养加以理解与融

合，校本化地表达为四个学会：学会关爱、学会学习、学会游戏、学会创造（基于“三个学会”之上，下图未单列）（见图8-3）。努力践行：素养本位，学玩相融，全面育人，个性成长。

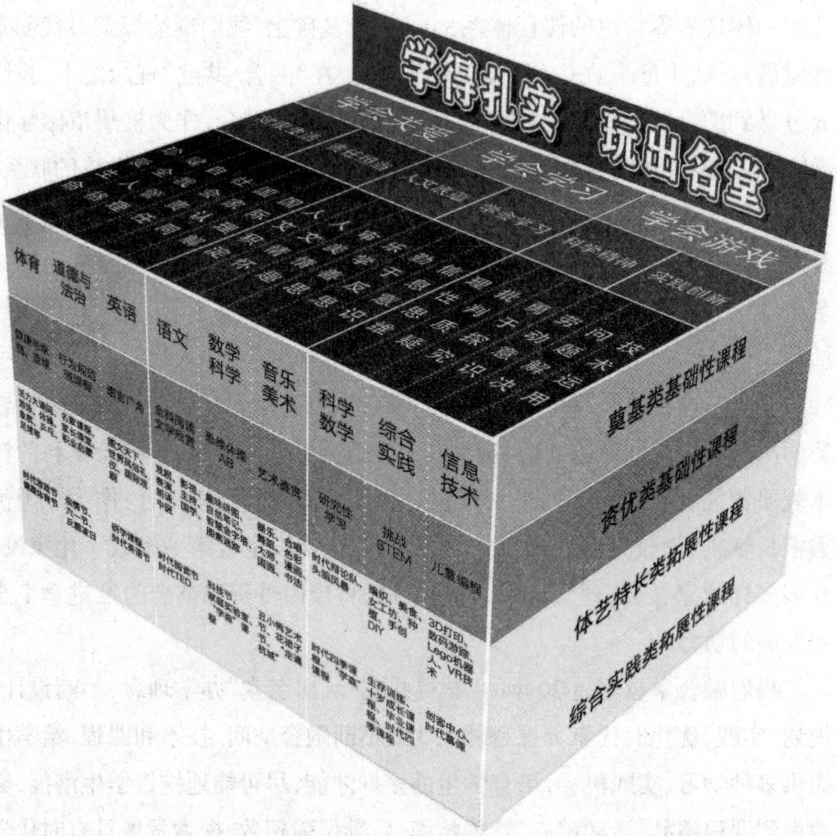

图8-3 “学得扎实·玩出名堂”的时代素养课程框架

知识的获取不同于智慧的生成、素养的形成。学生素养的形成有赖于知识的理解及应用。知识所固有的“文化性”“境域性”和“价值性”的属性从根本上要求学习在具体的文化和境域中发生。①新“时代”课堂变革的目标

① 刘晓琳，黄荣怀．从知识走到智慧：真实学习视域中的智慧教育[J]．中国电化教育，2016(3):14-20.

就是素养本位下的学玩相融,不仅要让学生掌握知识和技能,更重要的是能在真实的生活情境中灵活运用和迁移,真正解决现实生活中有挑战性的问题。只有将“学玩”融为一体,才能让知识和技能保持鲜活,让学生体验学习、探究、创造的快乐。这里的“学玩”是在学校老师有计划的指导下,有目的、有时间、有过程、有方法、有反馈、有作品的学与玩,能让每一个孩子在学中玩,玩中学,长知识,增能力,提素养。

三、共享·创生:探索了资源拓展的新路径

教育资源是指在开发教育对象的创造潜质,作用于经济社会发展和社会进步的人力、物力的优化组合。对于素养本位的时代课堂而言,这里的资源既包括物化的课程教学资源、校外的社会教育资源,也包括虚拟的网络平台资源、教师的智力资源等。在素养本位SMART灵动课堂变革进程中,我们不断探索、挖掘、拓展甚至是创生有利于学生素养发展的各类资源,包括对潜在课堂教学资源的开发,对人力资源的发掘,对场域资源的共享以及信息资源的创生等。

(一)发掘人力资源

对学校来说,人力资源主要是教师资源以及能够助力学生素养发展的其他人力资源,包括各行各业的专业人士及家长资源。这里主要指校外人力资源的发掘。

学校本着“不做学生天花板,只做学生垫脚石”的发展思想,广泛延请专家学者,引领学生的个性发展。近几年,时代小学不断引进多个领域的名家资源,包括培育学生科学探索精神的学森课程、张景中院士课程等;培育体育精神和技能的冠军课程,如吴鹏游泳、郑武篮球、鲍氏体操等;培养学生音乐才华的王超合唱团、爱乐铜管乐团、爱乐提琴乐团、爱乐打击乐团;发展学生美术才能的美林教室;注重学生身心健康的名医课堂;旨在传承发展中华文明的非遗传人课堂,等等。

这些冠军课程和大师课程为学生带来更加丰富的学习体验和更加优质的学习选择。例如,游泳世界冠军吴鹏经常亲临指导一、二年级的游泳课堂。学生在榜样的感召下,不仅提升了游泳的技能,更对游泳这项运动兴趣

倍增，甚至一些害怕游泳的学生在冠军老师的带领下也慢慢地学会游泳。体操健将鲍语晴和鲍语嫣姐妹在每天40分钟的大课间为学生带来动感十足的啦啦操，动感的音乐和欢快的动作让学生体验到了身心的愉悦。时代小学的学生宜动还宜静，学生在太极大师郑志鸿老先生带领下，体会中华文化的博大精深，同时感受到了太极以柔克刚的魅力。由著名青年指挥家、作曲家王超老师担任指导的小磨坊合唱团已经多次登上央视的舞台，在王超老师的指导之下，学生热情洋溢，刻苦训练，每一次大型舞台演出都获得在场观众的热烈掌声。

学校不仅引进冠军课程和大师课程，还充分利用身边的家长资源，进一步丰富学生的课程资源。时代小学的学生家长们来自各行各业，其中不乏一些在专业领域很有成就的人。学校专门开设家长课堂，让学生在自己或同学爸爸妈妈的课堂中了解更多信息，学习更多知识，帮助学生进行初步的职业启蒙，树立完整的世界观。例如，在医院工作的家长开设中医课堂，在电视台工作的家长为学生们开设主持与表演的课程，等等，这些课程都很受学生的欢迎。

（二）共享场域资源

我校坐落在杭州市上城区建国中路锅子弄里，百年校舍古朴精致，却苦于空间不足，学校占地面积不足10亩。于是，我们通过空间架构，拓展学生课堂学习的场域资源。一方面，重构校园空间，整修校园，更新设备，购置多功能家具，分设教室交流区域，叠加校园内物品及空间的多元功能，打造适合学生情境学习和交互学玩的空间；另一方面打通家、校、社区三者空间，拓展教室外延，租赁、借用学校周边资源，利用校外场馆，让学生可随时随地自主学习、交流互动。

除了常规教室、学科教室外，学校还利用所有校内空间启动落实“天天人人计划”，并制定了相应的学生艺术作品天天展示和保障学生天天运动、劳动的管理机制，落实在校园生活的时时处处：研四季课程、种一米菜园、养太空百合、解校园迷踪……真正做到一草一木皆探究，一砖一瓦皆关情，一桌一椅皆育人。

天天有画展：学校在走廊、通道、校门等地竖起画架办画展，每一个学生的绘画作品均有机会展出，有特长的学生还可举办个人展。

天天有歌声：学校开设艺术节大舞台和演艺吧小舞台，还把所有铃声换成音乐，营造校园的音韵文化，让校园天天有歌声。

天天有阅读：学校开设6个学科阅览室，全天候开放，24个班每天午休时间轮流阅读，一周至少轮到一次，无论晨昏课间，学生随时均可去阅览室。

天天有运动：学校与隔壁杭二中合作，借用二中大操场保证每天一小时户外运动时间；学校还专门为学生编排了太极操、武术操、啦啦操、篮球操、室内操等，增加运动乐趣的同时，感受运动的文化内涵。

天天有劳动：除拓展课程中的劳动教育和日常班务劳动外，学校还通过小蓝本等载体，家校合作培育孩子劳动能力。

校园里"天天有画展、天天有歌声、人人爱运动、人人爱阅读、人人爱劳动"已经形成了特有的时代"样式"。以我校"天天有画展"活动为例，学校通过每周一次主题绘画，以展览的形式天天对全体学生进行的艺术熏陶，同时也为孩子们提供展示平台。考虑到校园空间有限，不能同时容纳全体学生的绘画作品，所以在每周更新之外，我们还通过微信推送"天天有画展"，让更多的人欣赏到学生的作品。

除了充分利用校内空间，我们还与社会多家机构合作，把课堂搬到校外，尽可能利用社会资源为孩子们创设更大的展示平台。如我们曾将学校"童心童画"展开设在杭州市历史街区五柳巷、杭州名胜钱王祠，让时代小学小书画家们的书画作品从学校走向街区、走向社会。而广受学生欢迎的"走遍杭城"场馆体验课堂（见表8-1）、"体验星期五"的游泳课程等也是在校外进行的。

我们相信小时候经历大场面，长大了会有大格局。为给学生参与未来创造无限可能，我们不仅将课堂搬到了校外，更是将场域资源拓展到全国各地，开发出了具有时代特色的研学课程。我们积极争取孩子们参与大运会开幕式、G20国际会议鲜花队、政府迎新会，还带着小磨坊合唱团与舞蹈队登上了央视大舞台……作为浙江省第一所在小学设立"钱学森实验班"的学校，为培养学生科学探究精神，组织学生到海南文昌卫星发射基地亲历"神舟五号"运载火箭的发射。

（三）利用信息资源

多年来，时代小学充分利用在互联互通技术上的优势，积累了许多优秀

的特色课程资源，除了学校的校园网和微信号，还自主研发“全科阅读App”“小学数学公开课公众号”等，让学习无边界，师生可以随时随地取用。如理科组利用平台，制作不同类型的微视频，从翻转课堂、练习提升、总结归纳等方面，满足不同学生的自主学习需求，帮助学生突破重难点，提高效率。

2019年，时代小学携手杭州移动公司共建了“5G+智慧校园示范基地”，为学生搭建起了自由自在的“云空间”。除了专用的电脑教室，学校还另外开设了一个VR教室，作为信息技术专用教室（见图8-4）。VR眼镜可以带孩子们上天入地，仿佛进入真实的世界。VR可视化、形象化的展示，让学生领略了大千世界的林林总总，如日食是如何形成的，太空中八大行星的运行轨迹等。而“5G+VR艺术创客”是一款VR绘画创造工具，拥有强大的3D空间涂鸦、编辑工具和建模工具，学生可通过简单操作创造出充满想象力的3D绘画作品，通过3D打印机便可将作品转换成实物，所见即所得。基于学校课程建设个性、丰富和跨学科的特点，时代小学的VR教学课程已经与语文、科学等课程部分教材相对应，借助VR技术进行课堂教学。后期，我校还会联合VR厂家开发更多的课程，如5G智能机械臂、VR书法系统、AR试衣镜等，让孩子们学得轻松，玩得开心。

图8-4　时代小学的VR课堂

2020年春，由于受突发新冠肺炎疫情的影响，学校2019学年第二学期教学采用了线上和线下同步进行的方式，这对我们而言是个巨大的挑战。学校充分利用网络信息资源，快速建起了基于网络的"云课堂"。我校"校本化云课堂促进学生个性成长的实践研究"成功立项为浙江省"防疫与教育"专项课题。线上教学期间，全校教师充分利用QQ、微信、钉钉等平台进行个别交流与辅导，共录制供区域共享的微课1250节，上传到爱数企业云盘(AnyShare Cloud)。很多班级和教师还组建了网上合作小组，通过小组学习竞赛，来点燃孩子们居家学习的热情。通过执行小组学习任务，学生们调整居家学习散漫的状态，认真投入线上学习。在实践线上教学的同时，全体教师不断补充、改进、完善时代学生云端学习大系统。经在线问卷星调查，学生和家长满意度达到90%以上，师生教学交互度达到80%以上。

四、引领·锻造：形成了校本培训的新策略

新时代的教师培训需要在"坚持立德树人""深化课程改革""培养核心素养"的大背景下思考如何提升教师顺应课改热潮的专业素养。我们主要通过理念引领，实践锻造，团队凝聚，努力做到教、学、研一体，整、改、创并举。时代小学的师训项目多次被评为上城区校本培训优秀项目，并多次在区域交流分享。

华东师范大学的崔允漷教授与柯政博士在梳理世界相对发达国家和地区的教师专业标准后，归纳出教师专业素养的三个范畴：专业反思、注重合作和终身学习的专业品质；理解、尊重学生，促进学生全人发展的专业知识与技能；利用课堂教学，促进学生有效学习的专业实践技能。[①]与之相对应，我们在深化课改背景下的校本培训策略主要有以下五个方面。

(一)促进学生全人发展的专业引领与指导

1.校长挂帅

2015年7月，唐彩斌校长调任时代小学，马上带领全体教师学习教育

① 崔允漷、柯政．学校本位的教师专业发展[M]．上海：华东师范大学出版社，2013.

部与省教育厅的课改文件，着手制定学校课改规划，进行专业引领。唐校长认为每一位老师都是学校层面学生核心素养校本化表达的参与者，都是学校课程的建设者。因此，在国家正式颁发学生发展核心素养之前，他组织全体教师多次用“头脑风暴”“集体会商”“问卷星调查”等方法，凝聚、提炼具有学校特色的学生素养，进行校本化的表达，使继续深化课程改革成为全体教师的共识，顺利完成了基于素养本位的时代课程3.0版本的建构。

2.专业论坛

近5年来，众多国内外知名专家、领导、学者亲临学校，通过专业论坛和专题讲座，为学校的课改保驾护航，贡献智慧。他们是张景中、林崇德、朱永新、张绪培、柳夕浪、成尚荣、韩平、崔允漷、肖川、刘良华、李政涛、杨向东、张侨平、刘力、盛群力、马兰、吴卫东、任学宝、柯孔标、滕春友、张丰、杨玉东、朱永祥、王健敏、林莉、曹宝龙、朱可、俞晓东、施光明、方张松、郑文、李烈、刘可钦、刘希娅、杨燕燕、周俊、王崧舟、黄兴丰、刘树旸、刘晋斌、朱国华等。此外，上城区教育学院的教研员们也时常走进学校、走进课堂，为时代小学的课程改革、课堂变革及教师的专业发展传经送宝、指明方向。特别是张华教授、盛群力教授、马兰教授，作为我校第二、三届重大课题的指导专家，一次次走进时代小学，给全体教师传播国际教育改革新理念，指导聚焦学生核心素养的课改新策略，诊断时代教师的课堂教学行动。理论专家的高位引领，省、市、区教研员的实践指导，让我校的教师成长走上一条课改快速道。

(二)提升实践技能的课堂观摩与研讨

1.课堂诊断

在探索素养课程的征途中，全校师生一边学习研究，一边尝试实践，不断改进教育教学。我们多次通过问卷星平台向全体家长征集课改建议，同时举办了近50次聚焦素养的课程诊断活动，既包括通过教研组进行基础性课程的实施诊断，通过年级组进行拓展性课程的实施诊断，也包括聚焦素养的基础性课程课堂小改变讨论，聚焦素养的教学评价改革研讨，对“四季课程”项目学习的诊断，等等。通过对课改理念的不断学习，对课程实施即时诊断和分析，老师们逐步清晰了课程、课堂与素养目标的关联，在课程开发、教学组织、课堂评价等方面进行了积极的尝试，提升了课程改革的实践技能。

2.学术研讨

每年春冬两季,时代小学都要举行为期一周的时代学术周活动,以课堂观摩、专家评课及讲座为组织形式,分文科、理科和综合三个大组进行研讨分享。除了邀请名家助阵,还向来自全国各地的数百位教师展示我校聚焦学生核心素养发展的课堂变革,与全国同行一道切磋、琢磨。这样的展示研讨活动不仅促进了校际间的教育交流,达到"共同进步、共同提高"的目的,更为素养本位灵动课堂的变革提供了有效的研究载体,为我校教师的成长提供了平台和机会。在学术周执教观摩课的教师因为优异的表现,赢得了同行以及相关学科教研员的赞赏,杨洁、鲍心如、郑李旭等老师也因此在区域平台以示范课形式得到再次展示的机会,杨洁、朱元华、张忠华等老师的课例和观点报告还在报刊或互联网上发表。

3.STEM+交流

STEM学习是以工程设计为基石,学生综合运用在科学、技术、数学领域的知识来解决真实世界中有意义的问题。"+"则是学生科学精神和综合能力的延伸,是人文艺术、社会价值、信息技术与STEM的融合。对我们来说,STEM不仅是课程,更是教育思想与学习方式。在基础性课程中,科学教师带领孩子制作太阳能热水器、设计制作声音工厂;数学教师带领学生研究生活中的几何现象,探索数学规律;美术老师带领学生进行工艺设计与制作;音乐老师带领学生玩转蔬果音乐会,等等。在拓展性课程中,"春花"项目学生制作"数学之花",欣赏"分形之美";"秋果"项目学生研究切果技能;"秋叶"项目学生测量落叶边长,研究落叶承重,等等。时代小学已承办两届由浙江省教育厅主办的"中美STEM教育论坛"交流活动,时代小学教师与美国教师同台开课,做学术报告,研讨分享中美STEM教育的宝贵经验。STEM+教育为学生现在的学习与未来的发展提供了无限的可能,也为教师的"一专多能"提供了平台,是SMART灵动课堂变革中的新探索。

(三)提高反思能力的教育科研与学习

1.课题研究

我校是杭州市深化课程改革试点校,承担了杭州市教育科研第二、三届

重大课题。近年来，在课改专家的引领和唐彩斌校长的具体指导下，我们搭建了时代小学学生的核心素养框架图，形成了一套实施课表，开辟了“课程特区”“快乐星期二”与“体验星期五”，尝试了课程整合、分层教学、项目学习、STEM+学习等实施路径，启动了学校课程的自我评价机制。我们还以“项目学习”推进“时代四季课程”开发与实施，进行“时代四季课程”春花、夏水、秋叶、冬雪等学习体验，积累了丰富的课改案例。在理论层面，我们的研究成果在《人民教育》《课程教材教法》《中国教育报》《浙江教育报》《中国民族教育》《当代教育家》等多家报刊发表。

2.报告论文

全体教师在学校“素养本位课堂研究”的大环境下不断学习思考研究，不仅在学术周、中美STEM教育交流活动中展示优质的课堂教学，还以观点报告的形式展示自己聚焦核心素养的实践思考。在学校科研中心的组织指导下，全体老师在课题、论文、案例等方面成果颇丰。以2019学年为例，2位老师获省级规划课题立项，8位老师获2019年市、区科研成果奖，9位老师2020年市、区课题立项，11位老师获2020年上城区中小幼论文奖(全校参评13篇，其中2篇一等奖，4篇二等奖，5篇三等奖，获奖率85%)，还有各类学科奖项这里不一一统计。

3.集体研学

我们认为要培育学生的批判性思维与创造性思维，教师首先要具备这些素养，要多看多学，再付诸实践创新。因此，近几年我们安排了多次为期一周的集中研学，组织教师赴江苏吴江、清华大学、华东师范大学、南京大学等地进行高质量、高效率的全员培训，服务教师的专业发展。我们邀请国内最高学府的教授、专家以及名校长与我们一起研究学习植根中华文化的立德树人教育，以开阔我们的视野，创新我们的素养课堂。每次研修课程均是根据我们的需求所设，主要分四个板块：一是名家讲座，邀请清华大学谢维和教授、华东师范大学李政涛教授等来讲课；二是名校参观，包括清华大学附属小学、上海协和双语学校；三是场馆学习，走访清华大学艺术馆、上海钱学森图书馆等；四是动手体验，进行华东师范大学的STEM项目体验等。每次学习都非常紧张，有时候中午参观，晚上还要安排讲座，但老师们乐此不疲。

(四)培养合作能力的青蓝工程与项目学习

1.青蓝工程

新教师踏入时代小学,我们首先送他们两件礼物,一是新进教师培训手册;二是配给他两位师傅(学科教学与班级管理),给予全方位关心、指导、示范与评价,让新教师很快融入新环境,缩短适应期。同时,在传帮带中,促进新老教师间的相互学习和提高。新入职教师在每年暑期都会接受培训,培训分为四个阶段:第一阶段为集中了解时代办学历史、文化、理念,初步掌握学校各职能部门的常规工作的要求与规范;第二阶段为课堂实践,请教研组长为新教师辅导备课,邀请专家教师课堂观察把脉;第三阶段为集中进行先进理念的学习(专家报告);第四阶段由各学科教研组长领衔学科教学骨干示范指导下的集中备课与家访培训。

因为有制度保障,师徒的积极性大幅度提升,老教师充分发挥成熟教师的传帮带作用,青年教师的学习进步也非常明显。在日常教学以及深化课改拓展课程建设与项目学习中,年轻教师不落窠臼,敢为人先,表现不俗。例如广受好评的《G20小学生读本》《小学生全科素养读本》就是一群年轻人在老教师的带领下,利用业余时间完成的。

2.项目学习

"时代四季课程"是学校一个综合实践类拓展性课程,致力于儿童跨学科的问题解决能力、实践能力和创新思维的培育。课程的每一个主题、每一个项目设计均围绕学生的核心素养展开。课程从一年四季儿童熟悉的自然景观和社会生活中选取主题,让全校师生聚焦主题开展项目学习。从课程的开发到实施,我们进行了一轮轮的研究和讨论,老师们互相合作,群策群力。有些项目是基于学科的延伸,有些项目需要课程的整合,有些项目则源于生活体验。在实施过程中,大家还需要互相提醒帮助。每当星期二下午,学生们能从自己的兴趣爱好出发,基于主题,寻找问题,开发项目,小组合作,探索实践,研究量规,调整尝试,收获成果,感受前所未有的学习乐趣。对于教师团队来说,这就是最大的快乐与满足,项目学习成了"时代四季课程"开发的新生态。

(五)凝聚教师精神的师德培训与工会活动

1.师德培训

每年寒暑假雷打不动的两期培训,经常性的“寻找感动身边的事例”“时代因你而美丽”等回顾和分享活动,以及“暑假生活大盘点”“假期读书交流会”等师德培训活动,丰富和充实了教师的精神生活,也让教师更加团结和励志。“两学一做”学习实践活动、社区送温暖、交警送清凉、新春送苹果等活动,树立榜样,弘扬正气,凝聚精神,让教师形成了正确的育人观和价值观。学校组织教职员工多次赴衢州常山、金华浦江、贵州雷山等结对学校,让老师们在深切体会当地教师物质贫乏的同时,感受到他们精神的富足,增强了教职员工在新时代艰苦创业、敢为人先,为教育事业奉献终身的使命感和责任感。

2.工会活动

为缓解工作压力,加强教师相互融合,丰富教师的生活,我们积极倡导一种自由的、简单的、快乐的、高雅的、健康的生活。我们开展各种各样的工会活动,让每个人都能找到适合自己的发展区,找到在团队中的价值。科技节、英语节、游戏节、感恩节、花裙子节等节日活动,充分发挥了科学组、英语组、美术组、班主任等团队教师的无限创意和工作热情,既锻炼了教师的能力,又培养了团队凝聚力。在各类工会组织的学习交流、团队拓展、参观考察、团队展示活动中,所有时代人彼此感动和欣赏,促进了教师对学校价值理念的高度认同。

第二节　增强学生四能力，促进素养新发展

时代SMART灵动课堂着眼于学生未来发展所需的关键能力和必备品格，提升了素养课程落地实施的质量，增强了学生思考、表达、实践、合作四项基本能力。首先，在构建SMART灵动课堂新范式的实践中，学生们努力组建合作团队，充分学习合作技能，有效促进合作互动，积极增进团队互赖，真正实现了不同特点、不同层次的学生进行优化组合、优势互补、相互促进的合作成效。其次，他们从模仿到学会，从学会到自觉，逐步达成了“人人爱提问，人人善联系，人人会推理，人人勇批判”的课堂思维模式，几乎每节课都具有了“人人爱思考”的浓郁氛围。再次，借助教师搭建的言语训练支架，我们的学生成功促进了言语智能在表达实践中快速生长，有话可说，说而有序，语言表达能力显著提升。最后，学生们还通过亲身观察、亲身实践、亲身探索等亲历各种学科或跨学科实践，发挥自身智能优势的空间，获得真实的学习体验，在实践操作中不断增强自我效能感，并能在丰富多彩的评估活动中展示其学习成效，其学科素养和跨学科素养均得到了新的发展。

一、兴趣·合作：由“有人漠然置之”到“人人兴趣盎然”

在SMART灵动课堂上，无论是基础性课堂2人小组或4人小组合作，还是拓展性课程假日小队自发组队合作，合作学习都已经成为课堂常态，成为孩子们学习的必要组织形式。在时代小学经常可以看到这样的课堂现象，学生自由选择自己感兴趣的内容去参与课程，去融入课堂。无关年级和班级，无关性别，平时学业成绩对团队组建也没有任何影响，仅仅是出于兴趣

爱好聚集在一个教室里，真正实现以兴趣为导向的小组合作模式，充分打破了个人自我封闭式学习的被动局面，在合作中人人兴趣盎然。

(一)点燃了学生的合作兴趣

时代小学教师在教学中充分考虑到每一个学生学习起点和知识接受能力，通过师生、生生思维的碰撞激发学生主动学习的内驱力，学生更加自觉参与到学习活动中，乐于展示和分享自己的学习成果。学生获得了比传统课堂更多的展示机会，来反馈自己的或者小组的学习成果。在近3年的实验研究中，学生们通过一次次合作论坛，互相评价、互相反馈、互相激励、互帮互学、互为师生，逐渐达成思想上的共识，行为上的共融。即使是原来性格孤僻的学生，也乐意加入合作的队伍中来，“人人会合作”的课堂氛围愈加浓厚，这就说明学生的合作兴趣已被点燃，合作意识在潜移默化中也得到增强。

【案例8-1】 居家游戏开发

“居家游戏开发”研究项目组“灿烂阳光小队”设计了四款居家趣味在线小游戏，包括家庭投球、穿越火线、消灭病毒君、调皮的乒乓球。4位组员都积极参与，亲身示范。他们用趣味视频记录研究过程，用美观的思维导图设计项目框架，用个人计划表规划每人的研究进度，录制视频亲身示范游戏操作，绘制指导编程的流程图，在小码王平台搭建积木块，练习个性化游戏设计，研究成果高质高量。组内成员默契合作，分工明确，有行动力超强的组长，有对编程兴趣十足的游戏大王，还有擅长平面设计、认真参与的组员。通过项目学习，同学们更加明白团结协作带来的便利，他们的认真努力、聪明机灵和游戏制作过程中体验的快乐，为这个特殊时期留下独特的记忆(见例图8.1)。

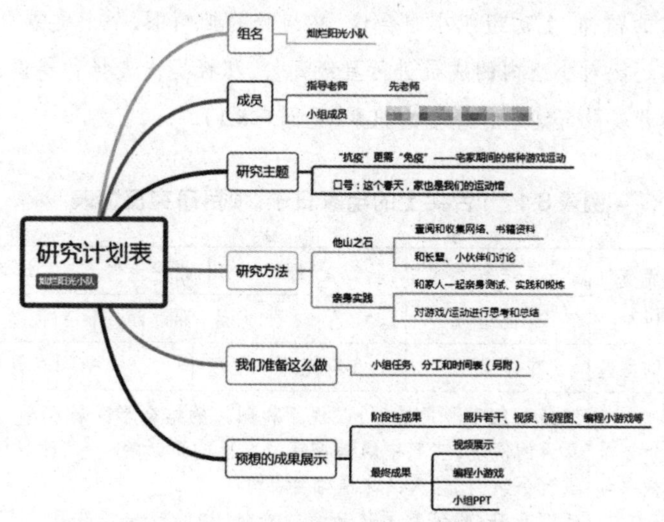

例图8.1　居家游戏研究计划表

(二)提升了学生的合作技能

在SMART灵动课堂实施的过程中,我们倡导合作学习,关注学生“人人为我,我为人人”积极互赖、人人尽责的合作意识的培养,也关注学生倾听、认可、接纳、妥协等合作交往技能的训练。学生为了完成共同的任务,有明确的责任分工的互助性学习,在互动分享的过程中使信息与知识增值,使智慧与生命成长,以追求课堂学习效益的最大化。学生通过组内与组间的成果分享让个体获得更丰富的信息,而不仅仅依赖教师。知识的增值在于成果分享过程中的互动,补充、质疑让不同观点得以交流碰撞,目的在于深化学习并产生个人新知识。思考产生智慧,交往发展人格。

【案例8-2】 舌尖上的宅家日子

“舌尖上的宅家日子”立足传统的饮食文化,融入西方独特的文化品位和饮食风格,旨在研习华夏饮食的内涵和精神,展现不同民族、不同国家、不同地域饮食文化的韵味和魅力。我们更希望同学们能够把健康的饮食习惯和态度带进校园,保持健康的体魄。在研究学习的过程中,同学们充分发挥

团结协作的精神，多次组织小组会议，在组长的带领下，个个贡献自己的智慧。最后还能对小组内的成员进行星级评价，积极提出表扬和建议，为下一次活动的开展做好铺垫和经验的积累（见例表8.1）。

例表8.1 "舌尖上的宅家日子"项目研究反馈表

<table>
<tr><td rowspan="2">研究组成员（四人组）</td><td colspan="2">姓名</td><td>严韬</td><td>指导老师</td><td>谭海楠</td></tr>
<tr><td colspan="2">其他组员</td><td colspan="3">张艺涵 邓远喆 李清吟</td></tr>
<tr><td>定向研究的主题</td><td colspan="2">应季菜肴</td><td>个人研究的小主题</td><td colspan="2">油焖春笋</td></tr>
<tr><td>研究成果（何种形式呈现？实际效果如何？150字左右，可以图文结合）</td><td colspan="5">作品以PPT形式展现，以视频和图片的结合形式展现学习成果
春天的傍晚，空气中飘满柳芽散发出的清新的气息，让我们做上几道时令菜，把春天的味道细细品尝
油焖春笋：春笋需要选新嫩的食材，切的时候需要用刀背拍松，成品后笋的口感会更加脆爽，形成一道老少皆宜的美味菜肴</td></tr>
<tr><td rowspan="5">研究评价</td><td>评价对象</td><td>评价星级</td><td colspan="3">评价理由：尊重、认真、团结、创新、成果</td></tr>
<tr><td>严韬</td><td>☆☆☆☆☆</td><td colspan="3">能参考书本认真琢磨，并且虚心请教家长汲取知识，深化实践上的不足</td></tr>
<tr><td>张艺涵</td><td>☆☆☆☆☆</td><td colspan="3">作为副组长，组织讨论的时候很负责很认真，展示的成果内容非常详细具体</td></tr>
<tr><td>邓远喆</td><td>☆☆☆☆☆</td><td colspan="3">小组讨论时专注，能认真琢磨学习和享受成功后的乐趣。经常帮助其他组员想办法</td></tr>
<tr><td>李清吟</td><td>☆☆☆☆☆</td><td colspan="3">认真学习，并且付诸行动，乐于接受组员提出的建议。建议本人多参与讨论，多给小组提建议</td></tr>
<tr><td>参与本次项目研究的收获或建议（150字左右，可以图文结合）</td><td colspan="5">这次"舌尖上的宅家日子"主题活动，让我们有了动手机会，虽然第一次做菜不是很成功，但这毕竟是我们第一次自己独立去做，还是有所收获。从这件事我感受到，平常一些事情，我们要多留意、多观察，去把握环节，掌握要领，到实践操作中才不会慌乱；还认识到，小事不能小看，要认真对待，把它当回事来做，这样才能做好，练就自己的本领！我们还能从烧菜中懂得色彩搭配的重要性，让我们在成品收获中多了一份对生活的热爱，感受到父母的不容易，体会平淡生活中坚定而真实的幸福。同时在参与中，培养了解决问题的能力以及热爱生活的态度。在和同学们的合作分工中学会了相互尊重、互帮互助，也从组员的成果中学到了很多知识</td></tr>
</table>

二、设计·思维：由"因循+粗放"到"创新+精致"

在SMART灵动课堂中，学生从具体形象思维向抽象逻辑思维过渡，提升了发现问题、提出问题、分析问题和解决问题的能力，善于关注课文内外联系，增强了批判与反思的能力以及自我觉察、反省、评价与调节的元认知与适应力。基于不同年段的培养目标，立足学生的高阶思维，通过课堂教学，我们摒弃了因循旧例、糊弄了事的旧观念，努力追求有价值、有创新的高阶思维。每位学生都享受并热爱这样的思维过程，真正实现了学生"人人爱思考"的素养目标。

（一）调动了学生的内在思维

在传统课堂上，很多学生并没有学习的内在动力，他们的思维也没能得到有效调动。为了改变这一现状，我们在教学中运用多种策略来激发学生兴趣，并借助学生外在行为来发展其内在思维。在学校承办的各级教学研讨活动中，学生上课表现积极，思维活跃，综合能力强。浙江省小学语文特级教师虞大明老师给学生上完课后感叹："时代小学的学生思维极其活跃，提出的很多问题都极具思维含量！"

学校科学组采用SMART灵动课堂中的精选材料、提前准备、样例示范、图示联结等策略，在科学概念的学习、实验操作等方面成效明显。在课堂上，我们欣喜地看到学生能一边给大家实验操作示范，一边讲解，旁观的学生还能提出建议或做出积极的评价，学生的思维能力在其合作实验中得到了极大的发展。

在这样的课堂氛围中，有科技特长的学生脱颖而出，代表学校参加区、市科技节比赛并屡获殊荣。如在航模比赛中，学生通过自我认知和反思，找到解决实际问题的方法来减少模型调试的次数，提高了模型调试的效率和飞行的成功率。经过逐级比赛，参赛学生中95%的同学在区航模比赛中获奖，10%的同学被选拔为杭州市少科院院士。除此之外，近几年来我校学子在区级各项科技竞赛中亦是成绩喜人。例如，区电子制作比赛一等奖10人，二等奖18人；区航海模型比赛一等奖4人，二等奖3人；区奇迹创意比赛一等奖2人，二等奖3人；区科技创新大赛一等奖5人，二等奖6人；区智能机器人

比赛一等奖1人，二等奖2人；区航空模型比赛一等奖6人，二等奖6人；区创意制造比赛一等奖4人，二等奖2人；区电脑作品比赛一等奖3人，二等奖4人，等等。

（二）发展了学生的高阶思维

单纯的认知互动并不能促进学生高层次思维的发展，学生往往会顺着教师的思维浅层思考，有些甚至不思考，只会通过死记硬背的方式来掌握知识。在创设规则开展有序竞争性的SMART灵动课堂上，学生的思维就如泄了闸的洪水一般，浩浩荡荡奔涌而来。在各类学习活动中，学生的理解、分析、综合、比较、概括、推理、判断等思维能力得到了极大发展。即使在“千课万人”的公开课上“实战”，孩子们也无所畏惧，表现出满满自信。

【案例8-3】 学生的创意表达

例如，“千课万人”“要素与序列”习作教学中有这样一个环节：陆天置身于冬日黄昏时车来车往的街头，请你用环境描写来铺垫即将发生的事情。学生们奋笔疾书3分钟后，老师让一名学生交流分享后提出：觉得自己写得比这位同学好的，请站起来。当场就有很多同学齐刷刷地站起来，纷纷自信地展示自己的作品。流畅的文章背后展现了时代学子丰富的想象力和大胆的思辨精神，赢得了在场所有老师的一致好评。让我们一起欣赏学生的精彩表达。

学生1：他抬头看看天，天上的云彩涂上了略显深沉的黑色。路旁的大树似乎冻僵了，没精打采地低着脑袋。凉飕飕的风从四面八方涌来，整个城市被寒冷笼罩。陆天不禁抖了抖，头不住地往围巾里缩，心里埋怨道：“这天可真冷！”

老师：刚才同学用到了拟人，你也用到了拟人，打个平手。你为何认为自己写得好？

学生1回答：她环境写得很美，但没有心理活动，而我有；何况我的动词用得不错，如“涂”上颜色，凉飕飕的风从四面八方“涌”来等。

学生2:片片雪花仍在慢慢飘落,阵阵微风仍在继续吹拂,路旁的蜡梅结束了花骨朵儿,天空中厚重的云彩,悄然挡住了冬日的暖阳。路边的早餐铺子也陆续开张,升起了股股炊烟……一切似乎平静却又不平静。一切都让陆天感觉到:有什么事马上就要发生了。

我觉得我写得比她好是因为我的开头就用了排比,我开始写的是自然美:蜡梅、雪花、微风、云彩、暖阳,然后写人们开的早餐铺子,"袅袅炊烟"体现出了一种动态的感觉。动静交替,写得不错吧!

学生3:冬天的风刺骨,树叶早已落光,空枝在寒风中摇晃,小草无助地弯下了腰,接受狂风的洗礼。晚间,天色渐暗,远边的太阳渐沉。余晖下,马路上,车流茫茫。这傍晚,凉意透进心底,望前方,只觉寒意拂脸庞。去何方?

我觉得自己平时比较喜欢读古诗文,语言比她更有韵味、更有诗意。

三、探究·实践:由"一枝独秀"到"百花齐放"

为了让学生掌握更多的知识,以往我们习惯性地把知识做成"压缩饼干",用最快的速度、最高的效率,塞给更多的孩子,忽略了学生亲身探索、亲身实践的直接经验,忽视了活生生的现实世界不可替代的教育价值。这种做法导致多数学生得不到全面发展,出现很多"高分低能""有知而失智"的教育牺牲品。自实施SMART灵动课堂以来,学生亲身经历不同形式的实践创造性活动,在具体的情境操作过程中,人人置身其中的认识、体验、感悟变得真实,所需的知识技能掌握得更加娴熟,综合提升了应对现实生活中各种真实复杂任务挑战的能力,真正实现了教育上"百花齐放"的美好境界。

(一)提高了学生的学业成绩

儿童都是独特的个体,其生活世界有着区别成人的特殊性。只有重视与儿童生活世界的联系,让学习与其生活发生联系和相关,学生置身其中的认识、体验、感悟才会真实,这样才能构建真正属于他们自己的知识和能力。在SMART灵动课堂的学习中,学生能充分投入学习情境,增强了主动学习的内驱力,提高了学习效率,并能灵活展现学习成效。例如,在近3年的区域教学质量抽测中,我校语、数、科、英等综合成绩名列区域前茅(见图8-5)。而相比于以纸笔测试为主的成绩数据,我们更注重的是学生学习兴趣、习

惯、方法、思维等表现。可喜的是,在近几年区域教育系统满意率调查有关教育效果项目中,学校的所有指标都高于区域平均水平(见图8-6),依然名列前茅。

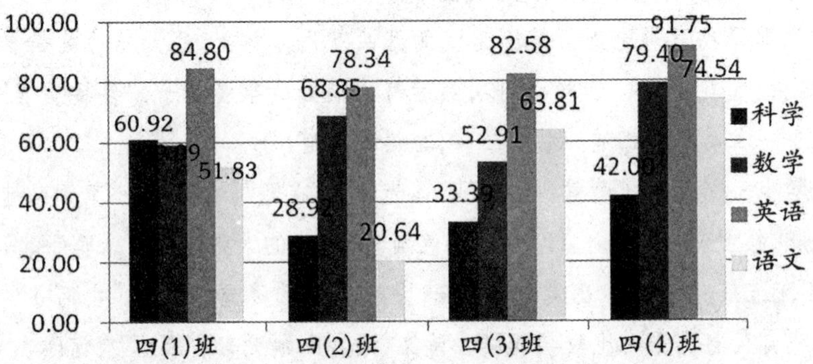

图8-5　2019年区域抽测年级四科成绩折算成标准分情况

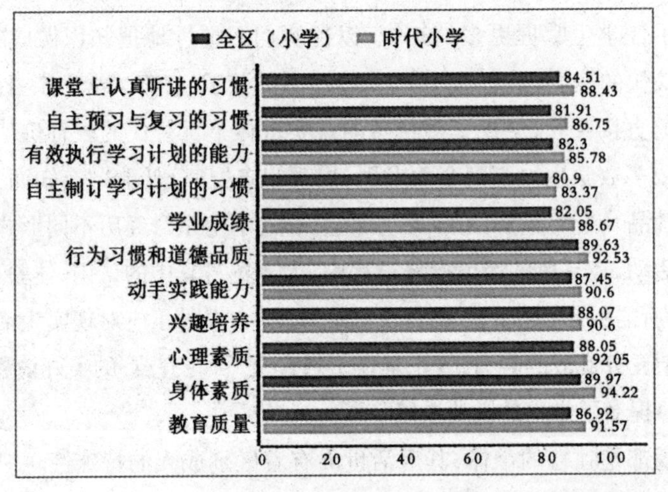

图8-6　2018学年时代小学参加区域“教育效果及学习习惯”调查情况

(二)健全了学生的身体素质

儿童身心发展有其自然规律,教育必须遵循儿童的生长规律才能发挥作用。我们秉持“学得扎实·玩出名堂”的理念,在SMART灵动课堂的学习中,努力促进学生健康快乐成长。实践证明,我校学生身体发育优良，素质不断增强（见图8-7）。近视率、肥胖率、龋齿率等在学校有效防控下得到了控制（见图8-8），学校成为杭州市首批近视防控试点校，家校协同预防近视的举措登上了中央电视台新闻频道。学生体育成绩进步明显，竞技项目尤为突出。840人的小学校在区域田径运动比赛中，团体总分逐年攀升：2015年、2016年排名第十五，2017年获第八，2018年排名第三，2019年蝉联第三，2020年继续蝉联第三。

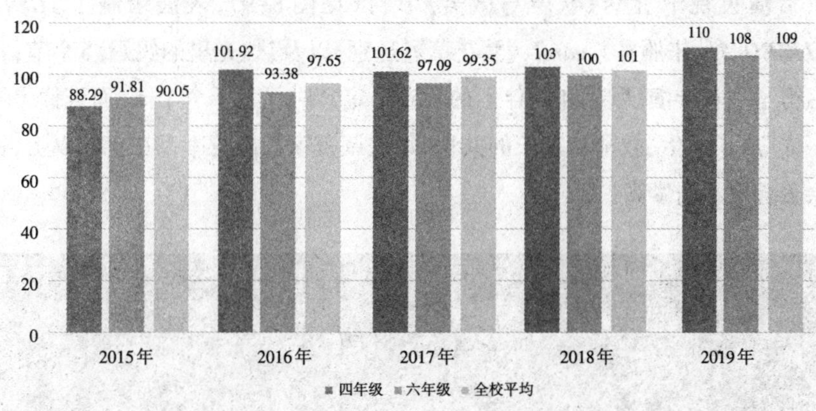

图8-7　近5年学生体能素质测查比较图

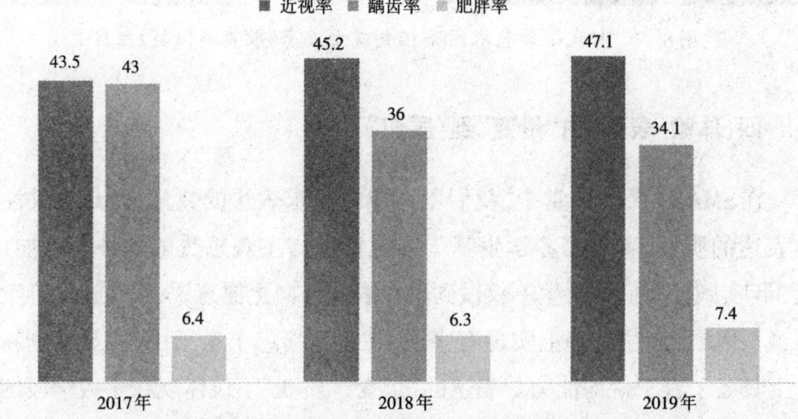

图8-8　近3年健康监测近视率、肥胖率、龋齿率对比数据

(三)提升了社会美誉度

SMART灵动课堂的学习释放了孩子的天性,“人人爱思考,人人善表达,人人能实践,人人会合作”,使其潜能得到更优发展。“四季课程”中的创意惊艳了媒体,引发很多报道和效仿;体艺项目获奖无数(近5年区域艺术节总分名列前三,2017年第八届中国校园合唱大赛金奖,2018年全国啦啦操联赛杭州市公开赛一等奖,2019年杭州市第十一届中小学生艺术节组唱一等奖、杭州市小学生篮球联赛冠军、小学生三跳比赛一等奖等),学校艺术团甚至赴京参演央视十五套《歌声与微笑》节目(见图8-9),表演录制了*THULA KLIZEO*、《秋来雁往》、*carol*、《兰花草》《送别》以及《烛光里的妈妈》6个节目,赢得了现场导演、歌手和同伴们的一致肯定。“时代学子个个棒,而且棒得不一样”成了学生、教师和家长的共识,每次调查家长满意率都在99%以上,社会美誉度不断攀高。

图8-9　时代小学艺术团亮相央视十五套《歌声与微笑》栏目

四、体验·表达:由“量变”到“质变”

在SMART灵动课堂中,我们不再单纯追求表达的数量,而是更关注学生表达的质量,着重培养学生基于客观世界与主观感受的各种表达能力。近3年实践让我们的学生不仅做到了在表达心向上愿意说、在表达内容上有话说,还能在表达条理上实现有序说、在表达情感上乐于说,甚至在创新表达上具备了善于说的能力。表达的“量变”“质变”不仅体现在年级学段的纵向变化上,还体现在横向的对比上,即同一年级或者同一学段的学生和以往比,或者和一般标准对比,表达能力的提升也十分显著。结合两方面情况来看,时代小学的学生已初步实现了人人从“要我表达”到“我要表达”再到“我善表达”的华丽转身。

(一)激发了学生的表达意愿

表达能力是学生学习能力的综合体现,也反映出学生在与他人交流合作时的交往能力与表达素养。班杜拉认为,人的主体因素引导和支配着行为的结果。因此,培养学生的表达能力,需要激发他们的表达兴趣与意愿。围绕“人人善表达”这一分支主题,我们进行了大量的课堂实践性研究,历经了由低年段到高年段的表达素养培育过程,逐渐形成了具有校本特色的表达意愿激发策略,营造了“人人想表达,人人会表达”的课堂氛围。

首先是构筑了自由、民主的对话关系。我们鼓励学生与老师、家长、其他人友好对话,充分表达自己的见解、观点、想法。

其次是提供了表达与互动的机会。学生认知发展各异,对万事万物的感兴趣程度也不同,因此我们提供了形式多样的表达活动。例如新闻播报、情景表演、辩论比赛、演讲比赛、小组讨论与合作学习、绘本故事书籍的阅读分享与交流等活动。

在课堂上,举手发言是表达意愿最明显的行为。随着年级的升高,我们发现学生课堂举手发言的积极性会逐渐下降,使课堂失去生机,变成了教师的“一言堂”。自实施SMART灵动课堂模式的研究和实践以来,我校学生无论是在校内常态课还是在校外公开课,举手发言总是非常积极,人人都能主动参与到课堂中来,与老师、同学充分互动,真正成为课堂的主人(见图8-10)。又如我们两周一期的英文版《时代环球周报》超有国际范儿,一至六年级的同学都积极化身新闻主播、小记者,也可以担任节目

图8-10 学生课堂举手

编辑、视频剪辑制作……他们在视频节目中，用英语播报最新的国际国内新闻，演绎精彩的英文线上“云朗诵”“云合唱”和绝妙的脱口秀等。我校的“时代环球周报”(见图8-11)课程还被评为上城区英语优秀线上拓展课程。

图8-11　“时代环球周报”课程剪影

(二)提高了学生的表达质量

提高学生的表达质量，需要从鼓励多样化的表达行为做起。小学生正处在感知、记忆和表达的关键期，一方面学生是有真情实感的人，他们具有独立的人格，教师的启发引导会帮助他们主动地表达真实的情感体验和认知经验。另一方面学生是有差异性的、独特的个体，不同学习风格的学生有不同的表达方式，例如有些同学善于书面表达，有些则喜欢运用语言、肢体动作来表达。我们认为，表达方式没有优劣之分，适合自身的就是最好的。因此，我们对待不同发展特点和能力水平的学生，都会鼓励他们自由、多样化的表达。实践证明，学生在勇于表达、乐于表达和善于表达中找到了自信，有差异的学生得到了不同的发展，综合提高了学生的表达质量，真正实现了“时代学子个个棒，而且棒得不一样”。

【案例8-4】 时代学子毕业个人展

学校毕业课程专门开设了毕业个人展。六年级组安排了一周时间举行“时代小学2019届毕业生个人展”活动：周一独唱、合唱；周二书画；周三舞蹈与民族乐器；周四钢琴；周五舞蹈与西洋乐器。观看个人展不仅有同年级老师、同学，还有低年级的学弟学妹。这一场场毕业个人展既是毕业生送给母校的礼物，也是母校送给孩子的毕业礼。我们用摄像记录并一直珍藏。不管孩子去到哪里，有怎样的发展，时代小学永远是孩子梦想启航的地方(见例图8.2)。

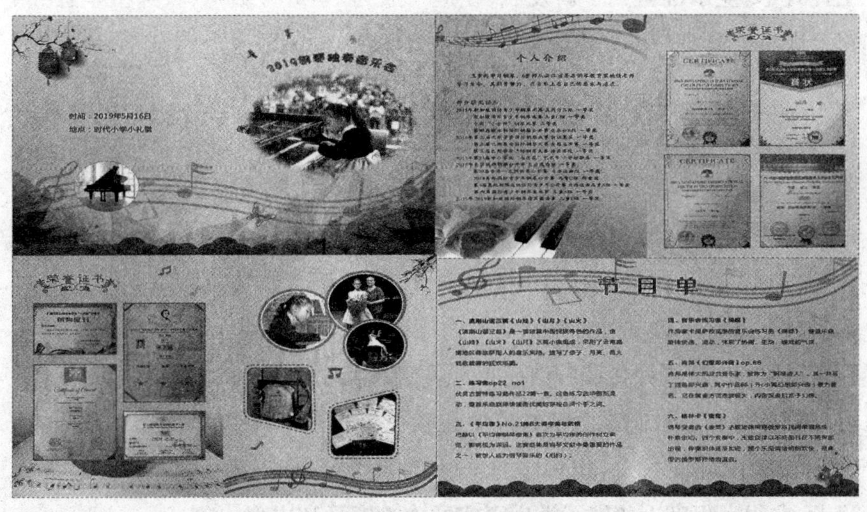

例图8.2 小徐同学毕业钢琴独奏会组图

第三节　激活教师内驱力，提升专业新高度

通过实施素养本位的时代SMART灵动课堂，我们不仅在学生身上看到了可喜的变化，同时也看到教师教学和教研的内驱力被成功激活，教师的专业素养也得到了大幅度提升。从学习深化课改文件，讨论深化课改方案，提炼学生核心素养的校本化表达，到构建并实施素养本位的时代灵动课堂，探索时代学习要素的变革，每一位老师始终参与其中。一方面，教师的教学实践能力提升较大，许多年轻教师脱颖而出。另一方面，教师的科研能力稳步进步，课题组教师已经完成了多篇有关素养课程以及课堂实施的课题、研究论文和课例。在3年多研究和实践中，各学科教研组已形成了合谋共研、以学论教的教研氛围，各学科教师的课程意识得到了增强，课堂实施能力得到了提升，专业水准得到了新发展，在追求成为“学者型教师，教师型学者”的路上迈出了重要一步，“智慧型专家”大批涌现。

一、自主·研究：由“低头拉车”到“顶天立地”

在深化课程改革的进程中，课堂教学的变革始终是块“硬骨头”，正因为这块“骨头”难啃，教育部部长陈宝生两次在《人民日报》撰文，呼吁“课堂革命”。中共中央、国务院在2019年6月印发的《关于深化教育教学改革全面提高义务教育质量的意见》中，也号召“强化课堂主阵地作用，切实提高课堂教学质量”。虽然深化课程改革已经实施多年，但许多传统课堂的顽疾、陋习却依然存在。教师观念依然停留在教书而非育人，教知识而非育素养，只管低头教书，不善反思，用自己的思想、观点、语言和行为代替了学生的学习思考，在很大程度上忽视了学生真实的内心感受和主观体验。

要想啃下课堂这块“硬骨头”，就需要彻底转变教师的育人观、知识观。教师既是课堂改革的实践者，更应该是学习者和研究者。在时代小学素养本位的课堂改革中，在SMART灵动课堂课题研究中，时代小学的教师做到了既仰望星空，又脚踏实地。在顺应课改深化潮流，树立了基于学生发展的素养观、基于学生素养的课程观基础上，老师们的课堂教学设计与实践能力、教学反思与研究能力都有了明显的提升。

时代小学教师的自主研究能力首先体现在课程意识明显增强。老师们从时事热点及周边生活中选择与小学生成长密切相关的资源，并将这些资源引入课堂，使之成为丰富课堂教学和促进学生学习、实践的课程资源。

例如，在2016年杭州承办G20国际峰会之际，老师们广泛收集关于参会的20个国家的信息，从小学生的认知水平出发，精心选取适合小学生阅读和了解的内容，以拓展国际视野为目标，以孩子们喜闻乐见的内容为载体，完成了《G20小学生读本》（由浙江教育出版社出版）的编写工作。这本书一出版就受到了广大师生、家长以及社会团体的欢迎。

2022年第19届亚洲运动会将在杭州举行，我校早两年已经由体育组牵头编写好了《亚运会知识普及读本》，并即将出版；作为“一带一路”和“网上丝绸之路”重要枢纽城市，杭州正积极推进与“一带一路”沿线国家的合作交流，我校编写的《“一带一路”青少年读本》也将出版。这些课程资源都将走进学校，走进小学生的日常课堂，成为我们培育学生国际素养的重要载体。

倡导全科阅读一直是我校深化课改的举措之一，但是作为列入课表的课程却缺少具体的教材，这也让阅读课堂显得相对薄弱，很多老师甚至挪作他用。于是学校组织老师们编纂出版了一到六年级《小学全科素养读本》（见图8-12），并在图书室配齐了读本中必读书目的全套图书资源，做到每本图书均配全40套，每次阅读课均可以做到人手一本，保证了学生阅读的系统化和全面化。为了让学生摆脱题海战术，减轻学业负担，我校数学教师根据自己的教学经验并经集体商讨，为每个年级精选100道数学题编辑成《小学数学轻负高质100题》以及《数学在哪里》系列丛书，现均已出版；语文组老师编写的《小学语文阅读轻负高质100题》也正在紧锣密鼓进行中。

图 8-12 一至六年级《小学全科素养读本》

二、跨界·分享:由“单打独斗”到“集团作战”

传统课堂在应试教育驱动下,各学科间互不往来,缺乏必要的联系和有效的整合。教师往往只专注于本学科知识的教学和研究,对学科外知识较少涉猎,即使是有所涉猎,也只是皮毛,这使得学生所获得的知识也具有片面性,不能综合运用所学知识解决问题,不利于学生的多元智能发展,也不利于教师自身的专业发展。从2015年开始,我校把各个学科教研组进行了统整,全校共分为三个教研大组:文科组,即语文、道德与法治;理科组,即数学、科学、信息技术;综合组,即英语、音乐、体育、美术。这样的分组也为我校的STEM教学、项目式学习、研究性学习的跨界组织与实施提供了便利。

为了彻底改变“教师‘孤立’地教,学生‘孤立’地学”这种传统的课堂教学模式,学校三个学科大组经常进行跨学科教研,年级组内在开展项目式学习尤其是实施“四季课程”时,也时常打通融合组内各学科老师的教学资源,实现跨学科教学。我们以“学习四要素”为着眼点,研究如何开发整合课程内容、改善学习时空、有效实施教学与评估、优化学生的学习过程。在了解本学科新的思想、新的发展动向、新的研究成果的基础上，我校教师对所涉及的其他学科知识进行整理加工、分析研究、系统整合、重新建构，以最终实现学科间的真正融合。在SMART灵动课堂的研究推进中，我校教师不仅能创造性地利用教材资源，还能利用并开发教材以外的课程资源，同时整合各学科资源，进行跨学科教学。在课程实践中，我校教师在选择课程内容、运用教学策略、营造课堂氛围、创设真实情境等教学行为时，能够自觉地考察这些教学行为对学生知识生成、情感培养、能力发展等方面的意义和价值。

2019学年，时代小学数学教研组被评为浙江省优秀教研组（见图8-13）。这一成绩的取得，反映了数学组过硬的专业素养和合作共研的团结精神，也是全组成员长期努力下厚积薄发的结果。首先，这是学校高位引领，邀请专家团队合作共研的成绩。近年来，在唐彩斌校长的引领下，我校特别聘请特级教师杨薇华每周二进行随堂听课指导，寒暑假结束后进行解题能力培训；为了更加准确地理解和把握教材，邀请了教材主编特级教师张天孝的新思维团队来校教学诊断，进行教材解读和学生思维能力培养的专题讲座。其次，这是各学科教研组之间跨界整合的硕果。数学组注重数学与科学、信息技术等相关课程的整合，在与科学组、信息技术组经常性的合作共研中，不断尝试探索项目式学习等新型教学模式，实施分层走班教学，构建校本化特色的拓展课程。例如"桥梁设计"一课通过桥梁设计师App游戏，辅助教学；"密铺问题"一课通过视觉识别AR技术，实现教学时空、虚实等维度的转化。最后，这是教研组内部成员团结协作的结晶。一次又一次的教研展示课背后，凝聚了数学教研团队每一位成员的心血。很多时候为了某个教学环节，老师们会仔细琢磨、反复推敲，常常备课到深夜；为了同伴在赛课中获得好成绩，老师们经常帮着模拟上课，帮着做教具，帮着拍录像，帮着改课件。在丰富的教研活动中，教研组成员不仅提高了自身的数学素养和专业水平，还增进了彼此之间的感情。

图8-13　浙江省先进教研组

三、成长·智慧:由“知识型教师”到“智慧型专家”

“知识型教师”的形象是伴随着20世纪60年代以后教学研究与教师在职研修的发展而逐渐得到普及的,而在20世纪80年代后出现的“智慧型教师”,它的出发点不是为了寻求科学知识与技术,而是致力通过教学实践情境的创设与反思,形成在课堂上发挥极大作用的实践性见解与学识。在时代SMART灵动课堂实施过程中,时代教师以研究者的姿态进行教育教学,在不断的实践研究中发现问题、解决问题,创造性地运用现代教育理论和现代信息技术提高教育与教学质量,并且每一节课都有针对学生的表现进行评价和反馈。同时,我们在实践中不断总结和提升教学经验,进行应用性理论的学习和研究,积极参与教改实验课和本学科领域的探讨,用研究的体会和成果充实与丰富教学内容,优化知识结构,改进教学方法。我们力图提升自身的专业素养,让学生在课堂中有所学有所获,真正实现通过素养课堂的实施提升学生的素养。

(一)青年教师成长明显加速

青年教师作为学校的新鲜血液,富有活力,善于学习接受比较先进的教学理念,对教育事业也充满着憧憬。激发青年教师活力对学校素养本位的时代SMART灵动课堂的实行有着重要作用。我校采用以老带新的方式,围绕学习四要素的变革,通过课程交流、学术研讨、课堂诊断等,为青年教师营造了良好的氛围,也促进了他们的快速成长。许多青年教师在相应学科教师队伍中脱颖而出:英语组吴美兰老师获得了杭州市小学教育学会课堂比武一等奖、上城区小学英语教师素养大赛一等奖,在评上区教坛新秀的同时,还评上了杭州市教坛新秀;语文组谭海楠老师、数学组盛亦楠老师等都进步巨大。

【案例8-5】 吴美兰老师的成长之路自述

2013年6月,进入时代的第一年,学校便为新进教师安排了非常优质的提升工程——青蓝工程。师傅徒弟结对"传帮带",以带促教。教研组和年级组双向扶助,分别从年轻教师的专业成长和育人技能上给予手把手的经验和技能引领,指引年轻教师快速、稳健成长。我的师傅是时代小学英语教研组组长张祎,师傅几乎从零起点,耐心地手把手引领我精准解读教材,做优秀的课程设计,进行有质量的教学反思,把教学上的金点子都一一传授于我。

我的每一节课,都会有英语组的老师进入课堂进行现场观摩指导,给予我非常详尽的帮助与指导。同时学校和教研组每学期都会邀请很多专家来校对年轻教师的课堂进行观摩与指导,这其中有区、市、省教研员,还有教学名师。我从一个教学新手到慢慢找到教学的门路,从模仿他人到有自己的想法与设计,这些成绩都离不开每一位引路人的指导。

每学期学校都会举行青年教师的教学比武、晒课等活动,旨在通过活动加强青年教师之间的交流,提升青年教师的教学素养。除了学校层面,我们还有校际间的教学竞技,甚至区级、市级的教学活动。通过不断的磨课,我们对课堂有了更多的反思与思考,同时,自身专业技能不断得到提高。

(二)“智慧型专家”大批涌现

图8-14 时代小学科研书籍

时代小学教师紧紧把握课改脉搏，将教学活动建立在清晰的理论基点之上。在“以学定教”的原则指导下，从“学习是如何发生的”这一本质问题出发，借鉴认知心理学理论，研究如何改善我们的教学设计、有效实施教学、优化学生的学习过程，改变了以往教学“跟着感觉走”的盲目状态，在追求成为“学者型教师，教师型学者”的路上迈出了重要一步，“智慧型专家”大批涌现。落实到教学实践中，各学科的教师都有强烈的素养本位意识，在教学设计伊始就能综合运用各项灵动课堂实施策略，以学定教，引导学生自主建构知识，提高学习效能。

近5年，教师们不仅在课堂上研究反思，更是把自己的研究所得形成文字：全体教师人人写作，编写了《弄堂里的小学校——素养本位的时代课改叙事集》《素养本位的时代课程》（见图8-14）；在各类期刊上公开发表文章60多篇；开展各级各类课题研究，省级6项，市级15项，区级45项；获得杭州市中小幼教学专题研究论文奖项20多人次；获上城区级中小幼教学专题研究论文奖项40多人次；在省、市、区各级课堂教学比赛中获奖30多人次……

参考文献

[1] 陈世联. 从教师话语权到儿童多元表达——基于多元文化观的探讨[J]. 学前教育研究, 2004(4):46-48.

[2] 陈云恺. "自由表达"学生主体价值的寻获[J]. 南通师范学院学报(哲学社会科学版),2006,18(3):128-131.

[3] 崔允漷,柯政. 学校本位的教师专业发展[M]. 上海:华东师范大学出版社,2013.

[4] 冯小清.合作学习中生生互动的内涵与价值分析[J]. 基础教育研究,2014(10):22-24.

[5] 霍华德·加德纳. 重构多元智能[M]. 沈致隆,译. 北京:中国人民大学出版社,2008.

[6] 韩吉东. 合作学习中的100个问题[M]. 青岛:青岛出版社,2009.

[7] 李帮魁. 优化小组合作学习的内在机制[J]. 教学与管理,2017(35):23-25.

[8] [美]David W.Johnson,Roger T.Johnson. 合作学习[M]. 伍新春,郑秋,张洁,译. 北京:北京出版社,2004.

[9] [美]查尔斯·M.赖格卢特,詹妮弗·R.卡诺普.重塑学校:吹响破冰的号角[M]. 方向译,盛群力校. 福州:福建教育出版社,2015.

[10] [美]杜威. 学校与社会·明日之学校[M]. 赵祥麟,等译. 北京:人民教育出版社,1994.

[11] 课程教材研究所. 20世纪中国中小学课程标准 · 教学大纲汇编:语文卷[M]. 北京:人民教育出版社,2000.

[12] 联合国教科文组织编．教育——财富蕴藏其中[M]. 联合国教科文组织总部中文科,译．北京:教育科学出版社, 2014.

[13] 梁穗．以小练笔为抓手,提升学生语用能力[J]. 小学教学参考,2019（10）:77-78.

[14] 刘晓琳,黄荣怀．从知识走到智慧:真实学习视域中的智慧教育[J]. 中国电化教育,2016(3):14-20.

[15] 庞国斌,王冬凌．合作学习的理论与实践[M]. 北京:开明出版社,2003.

[16] 潘菽．教育心理学[M]. 北京: 人民教育出版社,1983.

[17] 盛群力,等．参与就是能力——“ICAP学习方式分类学”研究述要与价值分析[J]. 开放教育研究,2017,23(2):46-54.

[18] 盛群力,等．学与教的新方式[M]. 杭州:浙江大学出版社,2007.

[19] 吴仁英．合作学习中的生生互动研究[D]. 济南:山东师范大学,2005.

[20] 吴向丽．合作学习[M]. 青岛:青岛出版社,2006.

[21] 唐彩斌.素养本位的时代课程[M]. 北京:现代出版社,2018.

[22] 唐玉玲．重视思维导图提升复习质量——小学数学复习课中借助思维导图辅助教学的调查报告[J].中国科创新导刊,2014(3):106.

[23] 屠美如．向瑞吉欧学什么——《儿童的一百种语言》解读[M]. 北京:教育科学出版社,2002.

[24] 夏雪梅．项目式学习设计:学习素养视角下的国际与本土实践[M]. 北京:教育科学出版社,2018.

[25] 杨培松．接受理论视域下师生对话模式的重构[J]. 教学与管理,2017(36):68-70.

[26] 杨亚辉．全人教育:培养全面发展的人的一种视角[J]. 中国高等教育,2010(12):62.

[27] 叶澜．重建课堂教学价值观[J].教育研究,2002(5):7-9.

[28] 张华．研究性学习的理想与现实[M]. 上海:上海科技教育出版社,2004.

[29] 张维平．平衡与制约——20世纪的教育法[M]. 济南:山东教育出

版社,1995.

[30] 赵凯. 高中思想政治课合作学习中角色互赖关系形成途径的探讨[D]. 桂林:广西师范大学,2014.

[31] 钟启泉. 课堂转型[M]. 上海:华东师范大学出版社,2018.

[32] 周文叶. 中小学表现性评价的理论与技术[M]. 上海:华东师范大学出版社,2016.

[33] 朱智贤. 儿童心理学[M]. 北京:人民教育出版社,1980.

[34] [日]佐藤学. 学习的快乐:走向对话[M]. 钟启泉,译. 上海:华东师范大学出版社, 2004.

后　记

2020年，是杭州市时代小学建校的第二十年，是学校坚持“学得扎实·玩出名堂”办学理念的第二十年，也是学校基于学生发展进行新课程改革与深化改革的第二十年。值此20周年之际，我校课堂改革实践成果《素养本位的时代课堂》付梓成册，它的姊妹版《素养本位的时代课程》已于2018年3月出版面世。这两本书是我校承担杭州市第二届和第三届教育教学重大课题的研究成果。特别感谢杭州市教科所的信任和支持，连续给了我们承担重大课题的研究机会和动力，研究的顺利完成得益于全体时代教师的团结协作、奋发有为和扎实践行，得益于每个时代学子的学习创造，得益于大批教育专家的鼎力支持。回首时代课改的又一个3年研究，唯有用感激、感慨和感恩来表达。

自2015年至2018年，时代小学构建了素养本位的“时代课程3.0”，并探索了利于素养课程实施的教学新方式——“创设真实情境·亲历学科实践”。基于此，我们进一步研究了素养视域下的课堂教学新范式——SMART灵动课堂；继续寻找课堂教学与学生生活的真实世界之间的联结，提炼了SMART灵动课堂的四个核心要素——人人爱思考、人人善表达、人人能实践和人人会合作。我们认为，思考、实践、合作与表达这四种学习素养是学生21世纪学习生活所必备的能力，也是其学习过程中弥足重要的学习经历。我们在实践中不断发现、验证和总结有助于发展四种素养的教学策略或举措，并把所悟所得记录下来，作为《素养本位的时代课堂》的素材。历时3年，我们再推新作《素养本位的时代课堂》。它体现出时代人继承发展“学得扎实·玩出名堂”理念、校本化表达素养目标的创新意识，展现了时代人以学为中心、以学定教、以评促学的创造行为。

由衷感谢杭州师范大学马兰教授，在杭州市教科所的组织下，成为《素养本位的时代课堂》的指导教师。作为时代小学的“老朋友”，马兰教授和浙江大学盛群力教授夫妇二人常常来到我们这个小学校，踏上讲台引领思想理念，分享教学理论，走进课堂把脉课堂教学，参与论坛碰撞思维火花。在书著成稿的过程中，两位教授为我们出谋划策，在框架打磨、理论推荐、书稿撰写等各方面都对我们进行了悉心指导。

在新的3年研究中，由于线上会议方式的深化普及，时代小学的学术周平台迎来了更多的专家学者，获得了许多学者、领导和朋友的帮助与支持。感谢张绪培、韩平、林崇德、柳夕浪、成尚荣、崔允漷、李政涛、刘良华、张华、任学宝、滕春友、朱永祥、曹宝龙、朱可、施光明、俞晓东、杨向东、杨玉东、夏雪梅、张生、马兰、盛群力、刘力、李烈、刘可钦、刘希娅、张化万、杨薇华、王燕骅、楼朝晖、丁杭缨、刘志华、刘晋斌、何鲁伟等专家给我们传经送宝；感谢英国沃尔瑟姆·圣劳伦斯小学、中国澳门濠江中学附属小学、西安高新一小、四川广元市北街小学等学校与我们共同教学研讨；同时还要感谢上城区教育局、教育学院的领导和教研员们一直以来对我校课堂研究的关注和助力，帮助我们的老师磨出了一堂堂留有时代印记的教学示范课例。正是由于众多力量的保驾护航，时代小学的课改之舟才能乘风破浪，勇敢前行；时代课堂才能学玩相融，多姿多彩；时代师生才能顺应变革，快乐成长。

本书编撰成册离不开全体时代人的智慧与汗水。时代小学的每一位教师和学生都是素养本位时代课堂的践行者。由于分工的侧重，在本课题的研究中，教学副校长孔慰、德育副校长郦云都给予了大力的支持，科研主任王云英和章秀花更是竭尽所能地付出；所有行政人员都是课题研究的积极贡献者；各学科教研组长胡方强、徐雅娣、孙罗、张祎、张忠华、杨莹、徐杰、徐再冉以及骨干教师倪国平、龚洵奕、吴美兰等积极撰写研究案例；全程参与书稿编撰的老师们更是不惜花费大量休息时间精心打磨稿件，把学校工作语言转化为学术语言，把老师个性语言转化为书稿统一语言，付出了艰辛的劳动。

本书各章节的主要执笔者分别为：第一章：唐彩斌、章秀花、谭海楠；第二章：唐彩斌、王云英；第三章：朱元华、张雅珊、章秀花、谭海楠；第四章：曹

海棠、乔璐；第五章：杨洁、王云英；第六章：过跃娟、王云英；第七章：章秀花、鲍心如、盛亦楠；第八章：王云英、谭海楠；全书由唐彩斌、王云英统稿。书中用到了时代教师的原创材料，包括课堂教学案例及学生的学习成果，参阅并应用了一些学者的研究，再次表示深深的感谢。

教育教学研究是一条漫漫长路，因为它的对象是充满朝气的孩童，这让我们有了坚持走下去的满满动力。在素养研究的道路上，我们已经迈出了长长一程，但远未到终点。为了每一个儿童健康快乐地成长，为了每一位教师幸福快乐地工作，为了祖国的美好明天与未来，我们将牢记使命，勇往直前。

杭州市时代小学校长　唐彩斌

2020年10月

图书在版编目(CIP)数据

素养本位的时代课堂 / 唐彩斌，王云英编著. -- 北京：现代出版社，2020.12
ISBN 978-7-5143-8980-7

Ⅰ. ①素… Ⅱ. ①唐… ②王… Ⅲ. ①课堂研究－教学研究－中学 Ⅳ. ①G632.421

中国版本图书馆CIP数据核字(2020)第257454号

作　　者：唐彩斌　王云英　编著
责任编辑：裴　郁
出版发行：现代出版社
通讯地址：北京市安定门外安华里504号
邮政编码：100011
电　　话：010-64267325　64245264（传真）
网　　址：www.xdcbs.com
电子邮箱：xiandai@cnpitc.com.cn
印　　刷：杭州万星印务有限公司
开　　本：710mm×1000mm　1/16
字　　数：339千字
印　　张：23
版　　次：2021年1月第1版　2021年1月第1次印刷
书　　号：978-7-5143-8980-7
定　　价：45.00元